イスラームからつなぐ
◆
7

紛争地域における信頼のゆくえ

石井正子［編］

東京大学出版会

Connectivity and Trust Building in Islamic Civilization Vol 7
Complexities of Trust in Conflict-Affected Areas

Masako ISHII, Editor

University of Tokyo Press, 2025
ISBN978-4-13-034357-2

シリーズ刊行によせて

　第一次世界大戦とその後の国際秩序模索の時代から100年が過ぎた。この1世紀の間に、第二次世界大戦と40年余りの冷戦を経て、脱植民地化が進み、ソ連崩壊によるアメリカ一極支配体制が出現し、人類はようやく安定した平和の時代を手に入れた、と見えた瞬間があった。

　しかしそれが錯覚であったとすぐに明らかになる。世界人口の約6割を占める一神教徒にとっての聖地が集中するパレスチナでは、アメリカなど西側諸国の後押しを受けた、イスラエルによる植民地化の暴力が止まらない。多民族国家ユーゴスラビアでは内戦が始まり、強制追放と虐殺が相次いで四分五裂した。冷戦期にアフガニスタンにて対ソ連戦の道具として西側に利用された「自由の戦士」たちは、その後「テロリスト」として9・11事件を起こしたとされる。アメリカが「大量破壊兵器疑惑」をでっちあげて起こしたイラク戦争は、イラク国家機構の完膚なき破壊と甚大な人命損失を招き、10年ほどしてシリア内戦に連動して「イスラム国（IS/ISIS）」を生み出した。

　これらはイスラームが何らかの形で絡んだ顕著な事件の一部でしかない。イスラームといえば、常に他者との対立・紛争を想起する人が多いのも無理はない。世界の移民・難民におけるムスリムの割合は非常に高く、排除と分断の動きは深刻さを増している。冷戦終結後最大の危機とされるウクライナ戦争も、この100年続いてきた排除と分断の大きな流れの中に位置づけられ、さらなる古層にはこの地域を支配したムスリム政権の記憶が横たわる。

　より一般化した見方をするならば、国民の同質性を国家の前提に掲げつつ、他方で人口の多数派・少数派を意識し、敵を措定して立ち向かうのを「文明化の使命」により正当化する——過去1世紀を通じて、こうした動きが世界各地で進んできたのである。それは私たちの身の周りでもふとした折に顔を出し、ひとたびインターネット空間に立ち入れば、その野放図な拡がりをまざまざと目にすることになる。

　もちろん、この間に数多の国際組織が形成され、グローバルなサプライチェ

ーンは緊密度を増し、コミュニケーション手段は驚異的な発達を遂げ、国境を越えた人々の交流が深まった。人類文化の多様性が強調されて、多文化主義が政策化される局面も現れてきた。しかし、こうした動きが排除と分断の動きに抗しきれぬまま押し流されようとしているのを認めざるをえない。

　本シリーズは、広い意味での「イスラーム」に関わる研究者が、「つながり」（コネクティビティ）と「信頼」をキーワードにしつつ、1400年間（2022年はイスラーム暦元年622年から太陽暦計算でちょうどこの節目であった）にわたるイスラームの拡がりの歴史と現在のなかに、排除と分断に対抗する知を見つけ出そうとするものである。ただし、イスラームの教義から出発して演繹的考察を深め、イスラーム文明の独自性を結晶化させる、という方法はとらない。逆に、研究者が取り組んできた過去と現在のイスラームをめぐる多様な時空間から、学知のみならず、暗黙知として認識してきたような「つながりづくり」の知恵と術を抽出しようとする。そしてそれを排除と分断をのりこえるための戦略知として鍛え上げることを目指すものである。

　もちろん、現在20億ともいわれる人口規模をもつムスリムもまた、排除と分断を経験し、苦しんでいる。しかし長い目で見れば、イスラーム文明はこれまで多様な集団や文化を包摂してきたのであり、「つながりづくり」と信頼構築のための知恵と術の宝庫でもある。本シリーズを通じて、その戦略知を様々な形で伝えたいと思う。「イスラームからつなぐ」という言葉にはそうした願いが込められている。

　本シリーズを生み出す母体となるプロジェクトは、文部科学省科学研究費・学術変革領域研究（A）「イスラーム的コネクティビティにみる信頼構築：世界の分断をのりこえる戦略知の創造」（2020-2024年度）、略称「イスラーム信頼学」である。本シリーズが、読者にとって新たな「つながりづくり」のために役立つ手がかりとなることを願っている。

編集代表　黒木英充

目　次

シリーズ刊行によせて

総論　紛争地域における信頼のゆくえ………………………石井正子　1

はじめに　1
1　平和構築が自明視する「信頼」への問題提起　3
2　「敵」や「外部勢力」に対する信頼とコネクティビティ　4
3　不信力の見直し　6
4　対立・不信のなかから生み出されるもの　7
5　「あいだ」に線を引く――同胞の「他者化」　8
おわりに　9

第Ⅰ部　武力紛争におけるつながりと信頼

第1章　信頼関係がもたらした軍の和平
――和平交渉の過程からみる南北スーダン間関係………飛内悠子　13

はじめに　13
1　分断・対立・協力の歴史　16
2　南スーダン――再活性化された紛争解決合意におけるスーダンの役割　20
3　スーダン――スーダンにおける平和のためのジュバ合意と南スーダン　24
おわりに――信頼関係がもたらす軍の和平　32

第2章　「宗教戦争」の条件
――中央アフリカ共和国の事例から考える……………武内進一　37

はじめに　37
1　宗教をめぐる対立の急進化と変容　38
2　中央アフリカのムスリムと非ムスリム　44
3　何が対立軸の変化をもたらしたのか　49
おわりに　52

第3章　シリア内戦およびレバノン内戦における和平会議の比較
──外部勢力の介入と紛争解決……………………小副川 琢　57

はじめに　57
1　外部勢力介入型内戦の和平会議に関する理論的な考察　61
2　「ジュネーブ会議」の展開と考察　65
3　「アスタナ会議」の展開と考察　70
4　「ターイフ会議」の展開と考察　73
おわりに　77

第Ⅱ部　「テロ」・難民をめぐる人びとのつながり

第4章　何が暴力を継続させるのか？
──インドネシアにおけるジハード主義勢力の行動メカニズム
……………………………………………見市　建　83

はじめに　83
1　インドネシアの宗教間地域紛争とテロリズム　86
2　地域紛争後の暴力継続のメカニズム　89
おわりに　97

第5章　対テロ戦争が生む不信
──フィリピン南部マラウィ包囲戦の国内避難民の声を聴く
………………モクタル・マトゥアン，モバシャル・アッバス，
ターミジー・アブドゥッラー／石井正子訳　101

はじめに　101
1　マラウィ包囲戦──不均衡な軍事手段による「テロリスト」壊滅作戦　105
2　軍事作戦による付随的損害と復興の遅れが生む疑問と不信　108
3　伝統的なコミュニティからの避難　113
4　復興，帰還の遅れ──"No Title, No Return（土地証書なしの帰還はなし）"の方針がもたらした混乱　114
5　破壊から再編されるコネクティビティ──新しいコミュニティの創生　117
おわりに　118

第6章　バングラデシュにおけるロヒンギャ難民の受容と拒絶
──連帯から不信へ至る多層的プロセスの考察………日下部尚徳　123

はじめに　123
1　国内政治と外交から見たロヒンギャ難民問題　126

2　ロヒンギャをめぐるバングラデシュ社会の反応　132
         3　コックスバザールにおけるホストコミュニティと難民の「信頼」に関する調
           査　136
         おわりに　145

第 **7** 章　草の根からの難民連帯運動
　　　　　──トルコとギリシャの国境地帯の事例から・・・・・・・・・・・佐原徹哉　149

         はじめに　149
         1　人権を無視した EU の新しい出入国管理体制　152
         2　2015 年の難民危機とエーゲ海諸島　154
         3　辺境地域での難民連帯　161
         4　国民国家に抵抗する辺境地域　165
         おわりに　172

                    第Ⅲ部　多元的な信頼、錯綜する猜疑

第 **8** 章　紛争下で取り結ぶ人間関係
　　　　　──パレスチナ人と他者・・・・・・・・・・・・・・・・・・・・・・・・・・・鈴木啓之　181

         はじめに　181
         1　個人の信頼と平和構築　184
         2　奇妙な友情、または偶然の関係性　189
         3　同胞との緊張関係　193
         4　友情への「賭け」　197
         おわりに　199

第 **9** 章　その場限りの信頼、断ち切れない不信関係
　　　　　──内戦を経て築かれるアルジェリア女性の「つながり」
　　　　　・・・山本沙希　203

         はじめに　203
         1　信頼あるいは不信で結ばれる関係　206
         2　分断に抗うための組織化の試み　211
         3　信頼を生み出す空間としてのイフタール　212
         4　活動のなかで生まれる不信　217
         おわりに　221

                                                          目　次 ── v

第10章　紛争後の権威主義体制の「正統性」と「信頼性」
　　　——チェチェン住民の視点からの考察・・・・・・・・・・・・・・・富樫耕介 225

　はじめに　225
　1　カディロフ体制下のチェチェンの安定　227
　2　体制側による「正統化」の試みと抱える課題　233
　3　チェチェン住民の言説分析　240
　おわりに　247

第11章　新疆ウイグル自治区の民族幹部
　　　——「両面人」批判に見る排除と入れ替えの歴史的過程
　　　・・熊倉　潤 253

　はじめに　253
　1　新疆における民族幹部の原型の形成　256
　2　中国共産党による民族幹部の養成の始まり　259
　3　民族幹部の2回の大規模な「入れ替え」　260
　4　文化大革命後の調整　262
　5　鄧小平による幹部政策の定式化　264
　6　2017年、「両面人」批判の衝撃　266
　おわりに　269

　あとがき　273

　索　　引　275

　執筆者紹介　279

◆総論◆

紛争地域における信頼のゆくえ

石井正子

はじめに

　国際社会は、国際の平和と安全を維持することに、どれだけ信頼がおけるものであろうか。2度も悲惨な世界大戦を経験した人類は、3度目は引き起こしてはならないと、国際機構を発展させてきた。第二次世界大戦後に設立された国連の憲章前文には次の文言がうたわれている。

> われら連合国の人民は、われらの一生のうちに二度まで言語に絶する悲哀を人類に与えた戦争の惨害から将来の世代を救い、(……) 国際の平和及び安全を維持するためにわれらの力を合わせ、共同の利益の場合を除く外は武力を用いないことを原則の受諾と方法の設定によって確保し、すべての人民の経済的及び社会的発達を促進するために国際機構を用いることを決意して、これらの目的を達成するために、われらの努力を結集することに決定した。(……)

　しかし言うまでもなく、第二次世界大戦後に勃発した冷戦により、国際の平和と安全の維持に関する主要な責任を負った安全保障理事会は麻痺し、国連を中心とした集団安全保障体制はほとんど機能しなかった。ただし、そのようななかでも国連総会は、1948年12月9日にジェノサイド条約を、その翌日には世界人権宣言を採択し、加えて後者には1966年12月16日に2つの国際人権規約（社会権規約と自由権規約）を採択し、2つの選択的議定書と合わせて国際

人権章典を成立させた。1951年7月28日には難民条約が採択され、難民の地位に関する1967年議定書がその地理的・時間的制約を取り除いた。国連憲章は戦争を違法化し、害敵手段の規制を主な内容とするハーグ法体系と戦争犠牲者の保護を対象とするジュネーブ法体系を、1977年にジュネーブ追加議定書を採択することにより一本化することで国際人道法を体系化してきた。

　冷戦期には核の抑止力により世界大戦は起きなかったとはいえ、ベトナム戦争やアフガニスタン戦争のような代理戦争、ジェノサイドの定義には当てはまらない政治殺戮、階級殺戮、民衆殺戮が起きていたことは事実である［吉川2015］。しかし、規範や理念等の作用を分析する国際関係論のコンストラクティビズムが主張するように、国際社会が築き上げてきた法体制や普遍的価値は、少なくとも冷戦期にはそれを構成する国家の行為を規制してきた面があった。

　冷戦が終結すると、1990-91年の湾岸戦争時に、一時的ではあったが国連を中心とした集団安全保障体制が機能するとの楽観論が生まれた。しかしその後、今日にいたるまで、国際の平和と安全について述べるのであれば、混迷を深めていると記さざるをえない。1990年代には、冷戦の力学で保たれていた勢力均衡が崩れ、旧ユーゴスラビアに象徴される国家崩壊や麻痺が起こり、アフリカ諸国を中心に内戦が吹き荒れた。2000年代には、9.11同時多発テロ事件を契機として「対テロ戦争」が展開され、2010年代になると、アラブの春の旋風で中東地域は一層不安定化した。命の危険から身を守るために、2015年に100万人を超える人びとが欧州に殺到し、2017年にはミャンマーから70万人のロヒンギャ難民がバングラデシュに流入した。2020年代初めには、新型コロナウイルス感染症の影響で世界は一時的に静まり返ったが、2021年2月にミャンマーでクーデタが起き、同年8月にはアフガニスタンでターリバーンが復権した。翌2022年2月にロシアがウクライナに侵攻し、2023年10月以降にはイスラエルによるガザのパレスチナ人に対する大量殺戮が展開されている。

　このような状況において、国際社会が戦争防止や交戦規制のために築いてきた制度は少しずつ侵食されてきている。ジュネーブ条約第1議定書の「均衡性の原則」は、軍事目標を攻撃する際に想定される文民の被害が、軍事的利益を大きく上回ってはならないことを定めている。しかし、「対テロ戦争」においては、その勢力に比して不均衡な軍事力を用いた「テロリスト」の殲滅が図ら

れ、多くの一般市民が付随的損害を被った。ロシアによるウクライナ侵攻では、領土保全または政治的独立（国連憲章第2条）の原則が破られた[1]。子どもが育まれる学校や、病人および負傷兵が治療を求める病院への攻撃は、一件起こっただけでもその暴力の行使者が犯罪視されるほどの論議を呼ぶべき事象のはずである。しかし、ガザではジュネーブ条約違反やジェノサイド条約違反が見逃されている。

　こうした状況を指し、黒木英充は、人権思想や人道的規範の基盤自体をゆるがす政治的磁場が出現しているという。そしてこの磁場のなかで、知を掬い上げる問いを立てる必要性を主張し、「信頼」や「コネクティビティ」をキーワードにした研究プロジェクト（略称「イスラーム信頼学」）を実施してきた［黒木 2024］。本書は、7班で構成される同研究プロジェクトに「紛争影響地域の信頼・平和構築班」として参加したメンバーや協力者が、これらのキーワードをもとに、それぞれの研究対象地域に迫った成果である[2]。

1　平和構築が自明視する「信頼」への問題提起

　冷戦終結後、国際社会は「平和構築」という概念を編み出し、紛争影響地域に対する支援を開始した。1992年に当時の国連事務総長ブトロス・ブトロス＝ガーリが『平和への課題』を提唱した段階では、「平和構築」は紛争終結後に平和を定着させ、紛争再発を予防するための活動を指していた。その後、この用語は世界銀行などの国際機関や各国政府の支援方針にも取り入れられるなかで、紛争終結後の活動には限定されず用いられるようになった。「崩壊国家」や「脆弱国家」の出現に対しては、ガバナンスや国家制度構築の支援が試みられた。

　平和構築支援にせよ、ガバナンス構築支援にせよ、そのいずれもが自由主義的な理念にもとづいて平和を回復させようとした「リベラル・ピース」の実践であることについては、すでに多くの批判が展開されているので［太田 2016;

---

1) これに対しロシアは、個別的自衛権、集団的自衛権にもとづいて武力行使の正当性を主張した。
2) それゆえに、本書のタイトルの「紛争地域」とは実際に武力紛争が展開している場所に限らず、集団どうしが対立している地域を含んでいることを断っておく。

Newman et al. 2009; Paris and Sisk（eds.）2009］、ここではそれを繰り返さない。そうした批判から、権威主義体制下で構築される平和や秩序についての研究、すなわち「イリベラル・ピース」の研究が進められている。ただし、本書の趣旨に照らし合わせてあえて述べるならば、自律した個人からなる市民社会を前提とした民主的な国家制度設立の支援においては、市民どうしの信頼、また市民の国家制度に対する信頼構築が伴うことが自明視されていたように思われる。一方の「イリベラル・ピース」論においては、権威主義体制が装う正統性に対する市民の信頼／不信は、それを問うこと自体が難しい状況にある。

　信頼研究の源流は 17 世紀のイングランドの哲学者トマス・ホッブズにさかのぼることができるとされる［稲岡 2018］。そして、社会契約にもとづく秩序の創出をめぐる問題は、18 世紀の哲学者のデイビッド・ヒュームやイマヌエル・カントに引き継がれていった［永守 2018］。前者の思想は国際関係論のリアリズム、後者はリベラリズムの潮流を形成している。しかし、国際関係論は国家を主なアクターとして国際社会で生起する現象を説明する理論である。このような研究の経緯からすると、内戦などの武力紛争によって分断した社会や、それが平和を回復する過程における信頼の問題は、深く探究されてこなかったといえる。

2　「敵」や「外部勢力」に対する信頼とコネクティビティ

　さて、広辞苑（第七版）によると信頼とは「信じてたよること」である。一般的には、信じて頼る相手が敵である場合を想定することは難しい。しかし、実際には信頼は多義的であり、相手のふるまいに対して「不確実な状況」においてのみ問われるとの主張がある。この意味で「信頼は『確信』や『約束』とは異なり、『賭け』に似たところがある」という［永守 2024］。
　戦争／武力紛争のリアリズムでは、敵の敵は味方というつながり方があることは言うまでもない。しかし、敵と闘い、その情報をえるうちに、相手の行動原理を予測できるようになり、一定の信頼を寄せるようになることもある。一方、敵や外部勢力に対する賭けとしての信頼やコネクティビティが、武力紛争の鎮静化や和平交渉においても発揮される側面があることは、見落とされがち

である。

　第 1 章は、かつての「敵」の仲介による和平交渉の成立を論じている。同章が対象とするスーダン共和国、南スーダン共和国で起こった内戦の和平交渉においては、交渉の当事者となったのは一部を除きほとんどが軍関係者であった。これらの軍関係者は、闘いと和平交渉を繰り返すなかで、顔が見える関係で互いを知る機会を積み重ねてきた。そのようななかで、相手の利害が予測しやすくなり、利害が一致するときには互いが協力するようになった。しかし、その結果の和平交渉は、軍どうしの利害調整の契約の場と化し、新たな秩序への契約とはならない。つまりここで働くのは、自分の利害を確保するために相手の予測可能性に賭けるという意味での信頼行為である。一方、こうした利害にもとづく信頼関係においては、和平合意違反などの裏切りですら、想定内であるといえる。

　第 2 章は、軍隊への強い動員力をもつ政治指導者の個人的なつながりに着目して、中央アフリカ共和国の紛争の顕在化や鎮静化の局面を考察している。同国では、2012-13 年に宗教の違いが分断軸となった武力紛争が顕在化した。しかし、キリスト教徒とムスリムの「宗教戦争」と報じられた武力紛争の実態は、有力政治家個人どうしの関係性や動員力によるところが大きいものであった。中央アフリカの有力政治家は国家や個人の支配力の資源を外部勢力とのつながりによりえる傾向がある。「宗教戦争」の顕在化も鎮静化も、国内外の有力政治家の個人間のつながりなしには、その本質をつかむことはできない。表面的には宗教が前面にでてくる内戦であっても、外部勢力とのつながりの諸相を考慮に入れることが重要である。

　第 3 章は、外部勢力とのつながりや信頼が和平会議の成否に与える影響を論じている。同章が取りあげるレバノンとアラブの春以降のシリアは、「浸透された国家（penetrated state）」、つまり国家主権が外部勢力によって大きく影響を受けるという特徴をもつ。よってその内戦も必然的に「外部勢力介入型」となる。外部勢力が深く関与している内戦の和平会議の仲介役は、内戦を闘っている勢力とのつながりがあるゆえに影響力を及ぼすことができることと、それらの勢力から中立であること（よって信頼されること）が二律背反の状況にある。外部勢力は、武装勢力から自分たちを公正に扱わないと予測される場合、仲介

者として信頼されることはない。

3　不信力の見直し

　信頼を哲学の観点から論じる永守伸年は、著書『信頼と裏切りの哲学』の第5章「不信の力を見きわめる——自由と抵抗の拠点として」の冒頭で、ソ連のスターリン時代の強制収容所を描いたソルジェニーツィンの記録文学『収容所群島』に触れ、不信には両義的な力があると述べる。不信は人びとから生きる力を奪うことがあるが、他方では人びとに生きる力を与えることがある。そして、「政治権力には不信の構えをもって対峙しなければならない場合もある。もし、不信を手放してしまえば、暴力や圧政に対する抵抗の拠点を失うのではないだろうか」［永守 2024: 188-189］と問う。

　この問いは、権威主義体制下に取り込まれた人びとの体制への信頼を論じる第10章と第11章の考察に通じている。第10章は、ラムザン・カディロフ統治下のチェチェン共和国に注目し、権威主義体制が住民にどのように受け入れられているかについて、体制への間接評価というインタビュー方法によって迫ったものである。権威主義体制側は、体制下に取り込まれた住民に選択の余地を与えずに一方的な関係を構築し、それをもって一定の信頼を勝ち取っているかのように演出する。住民には反対することが生存の危機に直面するほどに選択の余地がない。そのために、権威主義体制の「正統性」は一部受容されていることもうかがえるが、支配的言説の拡散と言説的統制だけでは「信頼性」を勝ち取ることはできないことが明らかにされる。ここには、構造的暴力や不正義を問う不信力が残されている。

　第11章では、同じく権威主義体制の中国における新疆ウイグル自治区の統治の在り方が論じられている。中国政府は共産党に忠誠を誓う「民族幹部」を信頼できるものとして登用し、イスラームの教義や民族主義などに忠誠を誓っているウイグル人を「裏切り者」の「両面人」として排除する。新疆ウイグル自治区では、現地に住むムスリムの肉声が聞こえてこないという状況があるため、彼らが中国共産党を信頼しているかどうかは検証することができない。しかし、同胞が一方的に排除されるなかで登用される民族幹部には、抵抗の力と

しての不信力がそがれている可能性が見て取れる。信頼のベクトルは、それを賭けられる側からの応答があるという意味で双方向であり、一方の応答が無視され、抑圧される場合には、損なわれるのである。

4　対立・不信のなかから生み出されるもの

　一方、国家に翻弄されてきた歴史を過去にもつ地域では、国家からの自律性を有して他者との関係を取り結ぶ人びとがいる。第7章は、トルコとギリシャの国境地帯における、そうした人びとの草の根の難民連帯運動を論じている。「人道」や「人権」などのリベラリズムにもとづく普遍的理念を掲げてきたEU諸国が、それを難民に適応することをやめたとき、人びとが発揮したものは、国家に不当な扱いを受けてきた歴史のなかで育まれてきた土着の人道の精神であった。
　このように、自身であれ、他者であれ、生存の危機に瀕する状況に貶められたとき、その暴力の行使者への不信を募らせ、抗う行為が生まれることがある。第5章は、「対テロ戦争」の付随的損害を受けたフィリピンのマラウィ市の避難民の声に、そうした人びとの行為を読み取っている。マラウィ包囲戦から6年半たっても元の居住地に戻れない住民が、互いに死者を悼み、なぐさめあい、若者たちが結婚するというかたちで避難先にて新しいコミュニティを形成しはじめている。しかしそれは、国家には頼れないとのあきらめの境地からの出発であり、その背面では、暴力の行使者に対する不信が集合的記憶として新たに刻まれているのである。
　第9章では、出会ったばかりの人とその場限りの信頼を築いたり、そうかといえば、不信を表明しても断ち切れることのない関係を構築するアルジェリアの女性たちの「つながり」が、彼女たちの内戦の経験に位置づけられて考察されている。内戦の時代には、女性の身体がイスラーム主義思想に取り込まれて、分断が図られた。しかしだからこそ、分断に抗い「普段通りの日常」を享受するという抵抗実践の延長線上に位置づけられる内戦後の日常生活においては、個人的な誤解や感情のもつれからの不信の表明はあっても、それは関係性の断絶にはつながらないのである。

また死の淵に立たされたとき、本来であれば信頼する関係にはない相手に対して、応答を求める賭けが行われることがある。第8章では、そのようなパレスチナ人の行為が描かれる。長期にわたる武力紛争においては、味方の裏切りもあれば、極度の制約的状況下での「良い敵」との遭遇もあり、信頼と猜疑が錯綜する。ここで描かれているのは、失敗しなかった数少ない賭けの例であるが、信頼と不信の多義性についての洞察が展開される。

5　「あいだ」に線を引く──同胞の「他者化」

　武力紛争における「信頼」「コネクティビティ」といえば、対立している組織や人びととの「あいだ」が問題になる。この「あいだ」を考えるうえで、作家の高橋源一郎と人類学者の辻信一の対談を綴った『「あいだ」の思想──セパレーションからリレーションへ』[2021] は示唆に富む問いを発している。そもそも「あいだ」とは何か、という問いである。ここで辻は、「あいだ」とは、二つの「もの」や「こと」「ひと」などに挟まれている領域をいうのだが、それは線で囲い込める境界を指すものではない。むしろ、線は「AとBにあったはずの『あいだ』を消し去ってしまう」という［高橋・辻 2021: 18］。
　自他の区別があいまいだった「あいだ」には、どのような線が引かれることで、その区別が顕在化するのだろうか。インドネシアにおいて類似のイデオロギーをもつムスリム集団が、自集団と外集団のライバル関係を発展させる動態に注目するのが第4章である。これらの集団による「テロ行為」の実態は、イデオロギーによるものだけではなく、どちらが「純粋」で「正しいムスリム」であるかが争われた結果、それを「裏付ける」ロールモデルが出現することによって鼓舞され、継続されている側面があることが考察される。
　第6章は、バングラデシュにおけるロヒンギャ難民とホストコミュニティの関係性の変遷について論じている。2017年8月以降に70万人ものロヒンギャ難民が流入した当初、ホストコミュニティはムスリム同胞意識や、バングラデシュ独立運動時代にさかのぼる難民経験という集合的記憶が形成する同胞意識から支援の手を差し伸べていた。しかし、キャンプでの生活が長引くなかで、一転して国家の「敵」であり「他者」と位置づけるようになった。こうした変

化には、国内外の動向に左右される政権の在り方や、ロヒンギャを「犯罪者」「過激派」「テロリスト」「麻薬売人」などと否定的に描く政治家の発言やメディアが影響を及ぼしている。敵対意識が関係性のなかで生成される、相対的かつ流動的なものであることが理解できる。

辻はまた、「あいだ」ということばは、単に広がりと領域を表すだけではなく、「つながり」つまり関係性を表す概念でもあるが、こうしたさまざまな場合を包み込む概念は欧米語には見当たらないという。そして、線を引いてあいまいさを取り除く時代だからこそ、あいまいな「あいだ」は再考に値すると呼びかける［高橋・辻 2021］。「あいだ」の翻訳のしにくさは、ことばの問題だけではなく、武力紛争の当事者の「あいだ」の理解にも当てはめることができよう。だからこそ、武力紛争の「あいだ」に地域研究者や人類学者が問いを立てて迫る意義があるように思われる。

おわりに

本書の執筆者は、それぞれが対象とする地域に密着して実証的な研究を積み重ねてきた。「信頼学」「コネクティビティ」を「お題」として、それぞれの地域でこれらのキーワードが掬い上げる現象を切り取り、検証してきた。研究プロジェクト実施にあたっては、「イスラームを語らずしてイスラーム地域を語れ」というアドバイスがあり、イスラームを本質主義的に見なす立場からは距離を置いて、ムスリムが暮らす地域や、非ムスリムとの関係性を考察する立場をとることとなった。それゆえに、それぞれの地域におけるイスラーム地域社会の在り方については、背景や文脈において解説するに留まっている。なお総論では、「信頼」の観点にそって編者が各章を紹介してきたが、本書の構成はコネクティビティや分析レベルの観点からの整理も取り入れて、第Ⅰ部武力紛争におけるつながりと信頼、第Ⅱ部「テロ」・難民をめぐる人びとのつながり、第Ⅲ部多元的な信頼、錯綜する猜疑の3部構成とした。

信頼、コネクティビティは多義的であり、結果的に共通の定義にたどり着くことはなく、各執筆者がそれぞれの地域の文脈で定義をして議論を展開している。その意味で、本書に収められた各論考は十分に示唆に富む論考を展開して

いるが、「信頼学」としては萌芽的な研究の段階に留まっていることは否めない。ただ、手探りで進めてきた末にえたことは、「信頼」「不信」「コネクティビティ」「あいだ」は、武力紛争を考察するうえで、新しい考え方を生み出しうる有意義な概念であるという十分な手ごたえである。本書で展開されている議論が、これらの概念のもとに、紛争地域における新しい知見が生み出される契機になることを切に願う。

参考文献
稲岡大志 2018「ホッブズにおける信頼と『ホッブズ問題』」小山虎編『信頼を考える──リヴァイアサンから人工知能まで』勁草書房(電子書籍)
太田至 2016「『アフリカ潜在力』の探究──紛争解決と共生の実現にむけて」太田至シリーズ総編集『紛争をおさめる文化──不完全性とブリコラージュの実践』京都大学出版会
黒木英充 2024「移民・難民の身近でグローバルな越境的世界──2023 年の危機の中で」黒木英充編『イスラームからつなぐ 4　移民・難民のコネクティビティ』東京大学出版会
高橋源一郎・辻信一 2021『「あいだ」の思想──セパレーションからリレーションへ』大月書店
永守伸年 2018「ヒュームとカントの信頼の思想」小山虎編『信頼を考える──リヴァイアサンから人工知能まで』勁草書房(電子書籍)
─── 2024『信頼と裏切りの哲学』慶應義塾大学出版会
吉川元 2015『国際平和とは何か──人間の安全を脅かす世界秩序の逆説』中央公論新社
Newman, Edward, Roland Paris and Oliver P. Richmond 2009 *New Perspectives on Liberal Peacebuilding*, Tokyo: United Nations University Press.
Paris, Roland and Timothy D. Sisk (eds.) 2009 *The Dilemmas of Statebuilding: Confronting the Contradictions of Postwar Peace Operations*, New York: Routledge.

第 I 部

武力紛争における
つながりと信頼

第1章 信頼関係がもたらした軍の和平
――和平交渉の過程からみる南北スーダン間関係

飛内悠子

はじめに

　アフリカ大陸の北東部にスーダンの名を冠した国家が2つある。1つがスーダン共和国（The Republic of the Sudan）、もう1つがスーダンの南隣にある南スーダン共和国（The Republic of South Sudan）である。本章の目的は、南スーダン独立後に起きた南スーダン内戦の当事者同士、そしてスーダン政府と反政府勢力であるスーダン革命戦線（Sudan Revolutionary Front: SRF）との間の和平合意に向けた交渉の過程を見ていくことを通し、スーダン共和国と南スーダン共和国との関係性について考察することである。なお、後述する通り南北スーダン[1]間の長年にわたる対立要因の1つは宗教であった。スーダン共和国の人びとの大部分がムスリムであるのに対し、南スーダンはムスリムも一定数いるものの、在来信仰を信じる者やキリスト教徒も多い。特に南スーダンのエリート層の間におけるキリスト教徒のプレゼンスは高い。南北スーダン間関係を論じる本章は、結果としてムスリムと非ムスリムとの関係を論じることになる。また、特に和平交渉における軍の役割に注目する。

　スーダンの人口は推定約4400万人、南スーダンが約1300万人とされる。スーダンが公用語をアラビア語とし、人口の9割以上がムスリム、国土の多くが砂漠気候であるのに対し、南スーダンは英語を公用語とし、その宗教は多様であり、熱帯気候となる。両国ともに多民族国家である。このように大きな差異

---

1) 本章では現在の南スーダンとスーダンを合わせた領域を南北スーダン、南スーダン独立以前の現南スーダン領域を南部、スーダン領域を北部と呼ぶ。

を持ちつつナイルの両側に国土を持つ両国は、1世紀以上の間1つの国家であったが2度の南北内戦（1955-72年、1983-2005年）を経て、2011年の南部出身者による住民投票の結果を受けて南スーダンが独立した。南北スーダンは1956年の英国からの独立より2005年まで、第1次内戦終結後の10年を除き、ほとんど内戦状態にあったことになる。

　さらに南北スーダンが舞台となった紛争はこの南北内戦だけではない。ダルフール、カッサラ州周辺、南コルドファン州など北部各地において紛争が起こっており、南部も決して一枚岩ではなく、時にその内部で戦闘が行われた。なぜ南北スーダンはいくつもの紛争を抱えることになったのか（図1）。その要因の1つが、地域間格差である。南北スーダンでは「中央」のナイル渓谷の民族が優遇され政治的権力を握り経済的に優位に立つ一方、それ以外の地域、民族は低開発のままに置かれた。南部だけではなく、現在の南スーダンとの国境に位置する青ナイル、南コルドファン、ダルフールもまたこうした「辺境」である。南部とこの「3地域」は時に共闘し北部の「中央」政権と戦ってきた。2005年に包括的和平協定（Comprehensive Peace Agreement: CPA）が結ばれ、南部には分離・独立を決める住民投票の実施が認められた一方、「3地域」には認められなかったことで両者の運命は分かれたが、後述する通り、両者の関係性が断ち切られたわけではない。南部と「3地域」との関係は本章で取り上げる和平交渉において重要な意味を持った。

　南スーダン独立後に両国で起こった内戦の和平交渉において、互いが仲介の中心的役割を果たした。さらに言えば交渉の当事者となったのは、スーダン共和国首相（当時）のアブドゥッラー・ハムドゥークとスーダンの主権評議会議員の一部以外、ほとんどが軍関係者であった。南北内戦において敵同士であった両国が、互いの和平交渉において仲介役となりえたのはなぜなのか。交渉はどのように行われ、結果何がもたらされたのかを問うことで、南北スーダン間、各地域間関係、あるいはその歴史の顛末の一端を解き明かしたい。それは武力紛争下において対立関係にある者同士の関係性が可変的、かつ多様であること、そしてその多様な関係の一端を示すことになるだろう。

　本章の構成は以下の通りである。次の第1節において南北の対立・協力関係がいかに形成されたのかについて歴史的経緯を示す。第2節では南スーダン内

図1 南北スーダン地図

第1章 信頼関係がもたらした軍の和平 —— 15

戦、特に 2018 年の「再活性化された南スーダンにおける紛争解決合意（Revitalised Agreement on the Resolution of the Conflict in the Republic of South Sudan: R-ARCSS）」に向けての交渉過程を詳述する。そして第 3 節ではスーダン政府と SRF との間の和平交渉の過程を記述する。おわりには、第 1 節、第 2 節の考察を通じ、南北スーダン間の関係性が利害関係に基づいたプラグマティックなものであったことについて論じる。

1　分断・対立・協力の歴史[2]

　1830 年代まで白ナイルは輸送路としてほとんど利用されておらず、南部は一部のいわゆる奴隷狩りとそれへの抵抗という形の接触を除けば、北部住民にとって基本的に閉じられた存在であったという［栗田 2001: 72］。北部と南部が出会うのは、ムハンマド・アリー朝エジプト、そして英国の侵略が北部から南部まで及んだ時である（表1）。ムハンマド・アリー朝支配下での北部人による南部における奴隷狩りは、南北間の人の移動をもたらし、皮肉にも北部と南部をつなぐこととなった。また、北部で 1881 年に始まった反植民地化運動であるマフディー運動は、北部のみならず南部にも影響を及ぼした。マフディー運動は英国により 1898 年に制圧され、1899 年に英国・エジプト共同統治下スーダンが成立したことで、現在の南北スーダンの領域がほぼ画定された。この英国・エジプト共同統治下で 1920 年代に導入された南北分断政策である「南部政策」は、「中央」となるナイル渓谷の民族を優遇するもので、南北スーダンにおける中央と辺境の構図の基礎を作り出した。また南北の格差を広げ、両地域間の差異を大きくした。その最たるものが宗教である。それは結果としてキリスト教の南部、イスラームの北部というイメージを人々の間に想起・定着させ、そして両者の関係を悪化させた。

　南部人の意思の介在なく南北スーダンの独立が決定され、それに伴う「スーダン化」が行われたが、それは南部人にとって単に支配者が英国人から北部人にすげ替わることに過ぎなかった。独立前から南部人は北部の支配に抵抗し、

　2）　本節の記述は特に言及がない場合、栗田［2001］、Johnson［2011］による。

第 1 次内戦が開始された。1956 年に英国から独立はなされたものの、内戦は終わらず戦闘は 1960 年代に激化した。その一方、国政においては 1958 年にアッブード将軍によるクーデタで軍事政権が成立したのち、それが 1964 年の民主化革命、「10 月革命」によって倒されており、こうした政治情勢は内戦、つまり南北間関係と呼応していた。「10 月革命」を経て 1965 年に開かれた「南部に関する円卓会議」において明らかになったのは、南部と北部との間にある深い溝であった。そしてさらにこの会議への参加をめぐり、南部勢力は分裂した。会議に参加したスーダン・アフリカ民族主義連合（SANU）穏健派は会議終了後も北部に残り、ウンマ党やイスラーム憲章戦線といった北部政党と同盟を組んだ。

表 1　南北スーダン略年表（筆者作成）

年	出来事
1821	ムハンマド・アリー朝エジプトによる侵略
1881	マフディー運動開始
1899	英－エジプト共同統治下スーダン成立
1955	トリットの乱、第 1 次内戦開始
1956	独立
1958	アッブードによるクーデタ
1964	10 月革命
1965	ヌマイリーによるクーデタ
1972	アディス・アベバ協定
1983	ボルの反乱、第 2 次内戦開始
1985	「蜂起」
1991	ナシル・クーデタ
2002	マチャコス議定書
2005	CPA、ガラン死去
2011	住民投票、南スーダン独立、SRF 結成
2013	南スーダン内戦開始
2018	R-ARCSS、12 月革命
2019	バシール政権崩壊
2020	ジュバ和平合意

　民主化勢力は 1965 年にふたたび軍事クーデタで覆され、政権を獲ったジャアファル・ヌマイリーは南部との和解を進め、1972 年に「南部諸州の地域自治に関する協定（アディス・アベバ協定）」に調印した。協定は南部の自治を認めると同時に、南部のゲリラ組織アニャ・ニャの兵士たちをスーダン国軍に統合することを定めていた。これは両者の間の和解の結果というよりは、双方の事情によりなされたプラグマティックなものであった［栗田 2001: 441］。

　このアディス・アベバ協定はヌマイリー政権の「開発」路線の失敗により、同政権の基盤が揺らいだために次第に反故にされた。これに不満を抱いた国軍に統合されていた元アニャ・ニャの兵士たちがボルで反乱を起こした。第 2 次スーダン内戦の開始である。彼らはその後スーダン民族解放運動／戦線[3]（Sudan People's Liberation Movement/Army: SPLM/A）を設立した。指導者となったのはジョ

ン・ガランである。それが建前かそうではないのかについては議論があるが、ガラン、そして SPLM/A の目指すところが南北の分離ではなく、統一された格差のない世俗国家「新スーダン」にあったことはよく知られている。SPLM/A の理念は南部のみならず、南コルドファンやダルフール、青ナイルといった「辺境」においても共鳴され、これらの地域から数千人が SPLM/A に参加した［McCutchen 2014: 11］。

　1985 年の反政府デモ「蜂起」により成立したサーディク・マフディー政権は南部との和解に半ばこぎつけたが、1989 年に准将オマル・バシールとムスリム同胞団を母体とする「挙国イスラーム戦線」によるクーデタが起き、マフディー政権が倒れたためなされなかった。イスラーム主義者を取り込んだバシール政権は南北内戦を「ジハード（聖戦）」と称し、世俗国家を主張する SPLM/A と対立した。

　第 2 次スーダン内戦もまた、第 1 次内戦同様、単なる南北間の戦いではなく、南北双方が分裂、合従連衡を繰り返した。SPLM/A の幹部には北部出身者がいた［栗田 2001: 482-483］。そして 1991 年にナシルでリエック・マチャル・テニィをはじめとした 3 人の司令官がガランと指導部に対し反旗を翻した「ナシル・クーデタ」は、SPLM/A を創設以来最大の危機に陥れ、北部との戦闘も極めて劣勢となった。SPLM/A はこの後ナシル派とガラン派に分かれ、互いに争った。ナシル・クーデタはガランの個人支配を非難して起こったものであり、そして南部独立を主張する勢力によるものでもあった。分離を支持する人々はナシル派に期待したが、すぐに失望した。なぜならナシル派は北部政府と手を組んでいたためである［栗本 2005］。

　内戦が終わりに向かい始めたのは 2000 年代初頭であった。ナシル派とガラン派の和解により、SPLA が勢いを取り戻したことに加え、アメリカが和平調停に積極的となり、急速な進展が見られた。2002 年にはマチャコス議定書が結ばれた。和平の方向性を規定したと言われるこの議定書は、スーダン政府が、

3）　政治団体、そして軍事組織を示す場合 SPLM/A とし、軍事組織のみを指す場合には SPLA、政治団体のみを示す場合には SPLM とする。また、南スーダンにおいてはキールが 2017 年に SPLA を再組織し、2018 年 9 月に南スーダン人民防衛軍（South Sudan People's Defence Forces: SSPDF）と名称を変更した。だが、本章で取り上げる和平交渉の過程ではこの新名称は使われていない、そして混乱を避けるために本章では SSPDF は使用していない。

SPLM/A の主張する南部の北部からの分離かそれとも統一かを決定する住民投票の実施を認め、SPLM/A が世俗的な憲法の制定をあきらめたことによって成った、妥協の産物であった。マチャコス議定書は南スーダンのみを取り扱ったため、SPLM/A はアビエイ、南コルドファン、青ナイルの 3 つの地域についての交渉権を持たなかった。これについては個別に協議することとなった[4]。その後のケニアのナイバシャにおける交渉においても基本的に SPLM/A と北部政府との 2 者間交渉となり、結果として青ナイルと南コルドファンはまたも無視された形となった[5]。それは SPLM/A に参加し、ともに戦った青ナイルや南コルドファンの人々の失望を招いた。そしてこの時期、ダルフールにおける戦闘は激化していた。2005 年に CPA が締結され、ついにアフリカ最長の内戦と言われた第 2 次スーダン内戦は終結した。CPA は SPLM/A と北部政府との間で結ばれたもので、南部の SPLM/A 対抗勢力から非難の声が上がっていた。そして 3 つの地域についての対応は遅々として進まなかった。結局、この CPA もまた、アディス・アベバ協定同様に北部と南部の妥協の産物であり、ある意味他の地域の和平を妨げたとも言える。だが、この協定により南北間の戦闘は止まった。

　CPA 締結の 3 週間後にガランがヘリコプターの事故により死亡した。「新スーダン」を提唱し、南北両スーダン人からの支持を得ていたガランの死は、その後の南北スーダンの行方を大きく変えた。サルヴァ・キール・マヤルディがガランの後を継ぎ、南部スーダン政府が樹立されたが、CPA の実施は遅れ、さらには北部政府と南部政府が互いの保身のためにさらに妥協を重ねた結果、南部の独立は既定路線となった。6 年間の暫定期間を経て、2011 年 1 月に南部出身者による住民投票が行われ南スーダンの独立が決定し、それに伴い 7 月 9 日、南スーダン共和国が独立した。

　以上の歴史から見えるのは、南北スーダンは長い内戦のなかで、内外の境界線、そしてその関係性を変えつつ、互いにつながりあっていたということであ

---

[4] CPA には「アビエイ地域の紛争解決」、「南コルドファンと青ナイル州の紛争解決」の 2 つの議定書が添付されている［岡崎 2017: 109］。
[5] 「アビエイ地域の紛争解決」において、アビエイ地域が南スーダン、スーダンのどちらに帰属するかは住民投票により決定されることとなっていたが、住民投票がいまだ行われていないためその帰属は現在も確定していない。

る。そしてこのつながりは南スーダン独立後の和平交渉の場で生かされることとなった。

2　南スーダン——再活性化された紛争解決合意におけるスーダンの役割

(1)　南スーダン内戦[6]

　独立後の南スーダンの国家運営は決して順調ではなかった（表2）。スーダンとの協議は続き、時に一触即発の事態にまで陥った。ゲリラ組織であったSPLM/Aの成員の多くは十分な行政能力を持たず、そこに巨額の支援金が流れ込んだ結果、汚職が蔓延した。復興は極めていびつな形で進み、さらには2015年に予定されていた大統領選挙を見据え、南スーダン政府内での権力闘争も激化した。この権力闘争が南スーダン内戦の下地であった。

　2013年12月15日、首都ジュバにおいて大統領警備隊のヌエル人兵士、ディンカ人兵士[7]との間で銃撃戦が発生したのを引き金として南スーダン内戦が始まった。キールは「マチャル（副大統領）によるクーデタが起きた」と言い、クーデタ首謀者と見られる者を逮捕、マチャルはジョングレイ州に逃れた。キールの率いるSPLM/A In Government (SPLM/A-IG)、マチャルが率いるSPLM/A In Opposition (SPLM/A-IO) は当初、特に南スーダン北部で激しい戦闘を繰り広げ、多くの人々が戦闘に巻き込まれ、家を追われた。

　この内戦勃発直後より、政府間開発機構 (The Intergovernmental Authority on Development: IGAD)[8] の仲介の下、和平交渉が行われ、停戦合意が何度か結ばれていた。だがその合意は実効性に欠けており、SPLM/A-IOは仲介役であるはずのウガンダの軍事介入を非難し、南スーダン政府はスーダン政府によるSPLM/A-IOの支援を疑った。和平交渉は行き詰まり、事態を重く見たIGADとその

---

6) 南スーダン内戦に関する記述は、松波 [2019]、村橋 [2021] によっている。
7) ディンカ人は南スーダン最大、ヌエル人は2番目の人口を持つ民族である。
8) 地域の開発と干ばつ防止のための政府間機構を前身とし、1996年にジブチ、エチオピア、ケニア、ソマリア、スーダン、ウガンダの6カ国が国連を通じ設立した、東アフリカの開発と干ばつ防止のための政府間機構。その後エリトリアと南スーダンが加盟した。IGADにとって東アフリカの平和と安全は優先事項の1つであり第2次スーダン内戦時にもCPA締結に際し、中心的な役割を果たしたが、南スーダン内戦の和平交渉の際にはより積極的に主導権を握った [Camilla and Albuquerque 2016]。

表2　主な登場武装、政治勢力一覧[*1]

北[*2]	3地域	南
NCP	SRF	SPLM/A-IG
TMC	SPLM/A-N アガル派	SPLM/A-IO
SAF	SPLM/A-N ヘルウ派	SPLM/A-FDs
ウンマ党	SLM/A-MM	SSOA
	SLM/A-AW	
	FFC-NC	
	FFC	
	RSF	
	スーダンの呼び声	
	SPA	

[*1] 取り上げた勢力のうち、NCP、ウンマ党、FFC、スーダンの呼び声、そしてSPAが政治団体と言える。だが、SPLM/Aが軍かつ政党であることからもわかる通り、各勢力を武装集団と政治団体にはっきり分けることはできない。

[*2] 「北」の勢力構成員全員が北部出身であるとは限らないが、基本的に拠点が北部にあるものを「北」に分類している。

他諸国による仲介組織IGADプラスは南スーダンにおける紛争解決合意（The Agreement on the Resolution of the Conflict in South Sudan: ARCSS）を策定し、2015年8月にマチャルとキールが署名したが、その履行は不安視されていた。それでもこのARCSSの取り決めに従い、2016年4月にマチャルが帰国し、第1副大統領に再度就任、国民統一暫定政府（Transitional Government of National Unity: TGoNU）が成立した。

だが、同年7月には早くもARCSSの履行をめぐりSPLM/A-IGとIOが対立し、その解決のためキールとマチャルが大統領官邸で話し合いを行っていた最中に大統領、副大統領の警護隊同士による銃撃戦が発生、マチャルはコンゴ民主共和国に脱出した。その後スーダンを経て南アフリカに逃れたマチャルは暫定政府の崩壊と、ARCSSの無効化を宣言した。キールはマチャルを罷免し、SPLM/A-IOのタバン・デン・ガイを第1副大統領に任命した。これはSPLM/A-IOの分裂につながった。マチャルはタバンの第1副大統領就任を非難したが、ARCSSにより設置された国際的停戦監視団である合同監視評価委員会（Joint Monitoring and Evaluation Commission: JMEC）委員長が、この交代を認めたことで、マチャル不在のままTGoNUは継続することとなった。

この2016年7月以降、戦闘は南部エクアトリア地方まで拡大した。そして

SPLA-IG および IO 双方ともに離反者が続出し、分派が進み、政治状況は混迷した。さらには長期化した各地での戦闘により、国土は荒廃し、経済は停滞、多くの人が難民となった。

(2) IGAD 仲介の限界

こうした状況や EU、またこれまで南スーダンに積極的な関与をしてきたアメリカ、英国、ノルウェーの「トロイカ」諸国からの圧力も受け、IGAD は 2017 年 6 月にアディス・アベバで開催された第 31 回臨時首脳会議において、ARCSS の再活性化に合意した。そして事前協議を行ったうえで 12 月に「ハイレベル再活性化フォーラム（High Level Revitalization Forum: HLRF）」を立ち上げた[9]。

HLRF は立ち上げ当初からその先行きが不安視されていた。その理由はいくつかあるが、大きな理由は、HLRF そして再活性化が目指される ARCSS 自体に問題が生じていたためだった。HLRF は誰をその当事者とするかはっきりと言明しなかったため、仲介役の IGAD が南スーダンの各勢力から信頼を得られていなかった。そして ARCSS が締結された 2015 年時点から状況は大きく変わっており、ARCSS の中のいくつかの条項は機を逸しているか、あるいはすでに意味をなさなかった。

事前協議において、HLRF は ARCSS に署名したすべてのグループ、そしてそれ以外の ARCSS の遂行に重要なグループを招待し、ポジションペーパーを提出させた。そして 2017 年 12 月 16 日にアディス・アベバにおいてフェイズ 1 が開始され、21 日には敵対行為停止合意が締結された。だが、この停戦合意は即座に破られた。IGAD はこれを非難し、2018 年 2 月、5 月にフェイズ 2 を開くが、和平は進展しなかった[10]。エチオピア首相アビィ・アハメドが仲介役となり、6 月にはマチャルとキールとの間で 2 者会談がなされたが、交渉は決裂した。

---

9) IGAD. https://igad.int/about/（2024 年 9 月 16 日閲覧）
10) Sudan Tribune. "Phase-2 of South Sudan Peace Revitalization Talks Ends without Deal," *Sudan Tribune*, May 23, 2018. https://sudantribune.com/article63616/（2024 年 6 月 25 日閲覧）

(3) バシール大統領の仲介による R-ARCSS の締結

　潮目が変わったのは交渉場所がハルツームに移ったのちである。和平交渉に行き詰まった IGAD は、第 32 回臨時首脳会議において、スーダン共和国大統領であるバシールがキールとマチャルとの 2 者会談を仲介することを決定した[11]。スーダンは、南スーダン内戦開戦当初はマチャルを半ば公然と支援していたが、2016 年にはその支援を打ち切っており、南スーダン政府との関係は改善されつつあった。一方でマチャルとの関係も続けており、両者とつながりを保っていたため、双方に影響を及ぼすことができた。そしてスーダンは南スーダンと石油生産をめぐる協定を結んでいたため、戦闘を早急に停止させ、ユニティ州にある油田の生産の再開を図ることを望んでいた。また、南スーダン独立後の経済状況の悪化によりバシール自身の政治的立場が危うくなっていたことから、テロ支援国家指定解除を目指し、自身をよく見せる必要もあった［ICG 2019: 6］。

　バシールはキールに強い影響力を持つウガンダのヨウェリ・ムセベニ大統領にキールへの働きかけを要請し、自身も両者に働きかけた。それぞれの事情により、キールもマチャルも停戦協定を結ぶ必要性に迫られており、バシールはそうした両者の事情をよく理解していたため、バシールの働きかけは有効に機能した。2018 年 6 月 27 日、キールとマチャルはハルツーム宣言として知られる「恒久停戦に関する合意宣言」に署名した。その後、安全保障の取り決めと権力分有に関する協議を開始した。7 月 6 日、停戦の監視と実施におけるスーダンとウガンダの特別な役割を含む、新たな安全保障の取り決めに合意したが、さらに協議を続けた。最終的に 9 月に R-ARCSS が締結された［ICG 2019］。

　R-ARCSS の主要署名者は TGoNU のキール、SPLM/A-IO のマチャル、2013 年の内戦開始時に拘禁された者により結成された SPLM/A-被拘禁者（SPLM/A-Former Detainees: SPLM/A-FDs）のデン・アロール・クオル、南スーダンの野党の連合体である南スーダン野党連合（South Sudan Opposition Alliance: SSOA）のガブリエル・チャンソン・チャンである。加えてその他の政治団体も署名し、さらに市民社会組織の代表という形で 16 人の利害関係者が協定に署名を添えた。R-ARCSS によるとその調印から 8 カ月後に始まる 36 カ月の暫定期間の統治を

---

11) IGAD. "Communiqué of the 32nd Extra-Ordinary Summit of IGAD Assembly of Heads of State and Government on South Sudan," Addis Ababa, 24 June 2018.

行う再活性化された国民統一暫定政府（Revitalized Transitional Government of National Unity: R-TGoNU）が置かれ、暫定期間満了の60日前に民主選挙が行われる。そしてR-ARCSSは1人の大統領（キール）、1人の第1副大統領（マチャル）、現職TGoNUが選出した2人、SSOA、SPLM/A-FDsがそれぞれ1人ずつ指名した計4人の副大統領を置くことを規定している[12]。

このR-ARCSSは各勢力間の権力分布に配慮しているものの、実際はほぼマチャル、キール、バシール、ムセベニの4者間で決められたものであり、さらにバシールはかなり強引に合意に持ち込んでいる。そのため未解決の問題がいくつも残った。そして南部エクアトリア地方を拠点とする最大の反政府組織国民救済戦線（National Salvation Front: NAS）のトーマス・シリロが和平プロセスから離脱するなど、さらなる不和をもたらした。また、和平交渉の席からEUやトロイカなどを排除した結果、財政支援を得ることができなくなった。このR-ARCSSの調印により戦闘は停止したものの、その内容をめぐって今も議論が続いており、選挙は延期を重ね、その履行は相当遅れている。R-ARCSSはキールとマチャルの事情をよく知るバシールが両者から妥協を引き出したことにより成立したが、結局バシール、ムセベニ、キール、マチャルによる利害調整の結果であり、南スーダンの政治的安定にはつながらなかった。

3　スーダン——スーダンにおける平和のためのジュバ合意と南スーダン

(1)　12月革命からバシール失脚へ[13]

1989年のクーデタ「救国革命」によって政権を握ったオマル・バシールは、その後30年にわたってスーダン政治のトップに君臨し続けた。長きにわたる政権維持が可能であったのは、バシールがイスラーム主義者と軍に特権を与え、市民社会を弱体化させると同時に、石油によってもたらされた利益を生かし、民衆の懐柔を図ってきたためである。自身が軍事クーデタにより政権を握ったバシールは、軍の危険性もよく理解していた。そのため国軍幹部に特権を与えると同時に、国軍以外の部隊を作り、国軍の影響力を弱めた。2008年には、秘

---

12)　R-ARCSS（第1章）
13)　本項の記述は［飛内 2022］の一部を大幅に改稿し、新たな事項を加えたものである。

密警察としての役割を担ってきた国家情報治安局（National Intelligence and Security Service）を戦闘部隊として正規化した。また2013年には迅速支援部隊（Rapid Support Forces: RSF）を結成した。RSFはモハメド・ハムダン・ダガロ（通称：ヘメティ）が率いる、もともとはダルフールにおいて反政府武装勢力に相対するために設立された部隊、ジャンジャウィードである。

バシール政権が揺らぎ始めた大きなきっかけは、2011年の南スーダン独立である。油田の大部分が南スーダン領に組み込まれたため、莫大な収入が失われた。収入減による補助金の廃止に伴う物価高騰が始まり、スーダン・ポンドの価値下落により医薬品や燃料の輸入は難しくなり、それらの極度の不足が生じた。結果、市民は政権に不満を持ち、デモを行うようになった。

さらにはダルフール、南コルドファン、青ナイルの「3地域」における紛争が勃発、あるいは再燃した。前述の通り、これらの地域の反政府勢力はバシール政権と長く対立関係にあり、多くの人がSPLAに参加していたが分離独立を問う「住民投票」を実施する権利は得られなかったため、北部スーダン内にとどまるほかはなかった。北部に残されることとなったSPLM/Aは南スーダン独立により、SPLM/A-北部（SPLM/A-North: SPLM/A-N）と改名した。そして南コルドファンで政府によるSPLM/A-Nの強制的な武装解除が行われたのをきっかけに、戦闘が始まった［岡崎2017］。このSPLM/A-N、ダルフールで活動するスーダン解放運動ミナウィ派（Sudan Liberation Movement/Army-Minni Minawi: SLM/A-MM）、スーダン解放運動ヌール派（Sudan Liberation Movement/Army-Abdel Wahid al=Nur: SLM/A-AW）および正義と平等運動（Justice and Equality Movement: JEM）は2011年に同盟を結び、バシール政権打倒を目的としたスーダン革命戦線（Sudan Revolutionary Front: SRF）を結成した［McCutchen 2014: 14］。のちに東部スーダンの勢力も加盟している。

SRFは南コルドファンで戦い続け、さらに2012年に南スーダンのSPLAが国境地帯のヘグリグを奪取した際にはSPLAを支援した。さらにSRFは北コルドファンで大規模な軍事作戦を遂行し、いくつかの町を掌握した。ただし一定の連携行動はあったものの、各組織は個々に動いていた。またSPLM/A-Nは2017年に内部対立が表面化し、マリク・アガル率いるSPLM/A-Nアガル派とアブデル・アジーズ・アル＝ヒルウ率いるSPLM/A-Nヒルウ派に分裂し、ヒル

ウ派は SRF から離脱した［Thomas 2023］。

　2018 年 12 月、バシール政権打倒を主張するデモが全国的に展開された。「12 月革命」である。2019 年 1 月、バシール政権の打倒を求める「自由と変革宣言（The Declaration of Freedom and Change）」が出され、「自由と変革勢力（Forces of Freedom and Change: FFC）」が結成された。FFC の主な構成勢力は、法律家、教師、医師などの専門職がそれぞれ結成したユニオンの集合体であるスーダン専門職協会（Sudan Professionals Association: SPA）、抵抗委員会、そして主に SRF 構成勢力およびスーダンの歴史的主要政党の 1 つであるウンマ党から成るスーダンの呼び声（Sudan Call）である。打倒バシールのスローガンの下、スーダンの文民組織、そして 3 地域の武装集団が団結することとなった。

　2019 年 4 月 11 日、第 1 副大統領兼国防大臣アワド・イブン・オウフによるクーデタにより、バシール政権は倒れた。アワドは暫定軍事評議会（Transitional Military Council: TMC）の設立を宣言し、その議長に就任したが、クーデタの首謀者が政権を握ることに市民が強く抗議したため、すぐに議長の座はスーダン軍（Sudan Armed Forces: SAF）の中将であったアブドゥルファッターハ・ブルハーンに交代した［アブディン 2020］。しかし混乱は続き、6 月 3 日には軍が政治の主導権を握ることに強く反発し、座り込みを行った市民に軍が発砲した「ハルツームの虐殺」が起こり、市民と軍との信頼関係は崩れ、収まりがつかない状況になりかけた。エチオピア首相アビィ・アハメド・アリーの仲介、大規模な市民のデモを経て、TMC と FFC の合意のもと、2019 年 8 月に暫定憲法（The Constitutional Charter for the Transitional Period of 2019）が発布され、軍民共同政権が樹立した。だが、TMC と FFC の協議に際し、FFC の構成メンバーでもあった SRF は、SRF との和平を暫定政府樹立に優先させ、主権評議会に SRF の議席を設けることを主張し、暫定憲法を拒否した。結局、FFC は SRF の主張を無視し TMC と合意した。この時点ですでに FFC 内部で不和が生じていた。

　暫定憲法によれば、暫定期間は憲法が調印されてから 39 カ月である。主権評議会（Sovereignty Council）が最高統治機関であり、執行機関として内閣（Cabinet）、そして立法機関として暫定立法評議会（Transitional Legislative Council）がおかれる[14]。主権評議会は FFC 選出の 5 人、TMC 選出の 5 人、そして両者の合意を得られた文民 1 人から構成される。主権評議会議長は、暫定期間はじめの

21カ月は軍から選出され、残りの18カ月は文民から選出される。そして主権評議会議長にSAFのブルハーン、副議長にRSFのヘメティ、そして首相に文民出身のハムドゥークが就任した［アブディン 2020］。ハムドゥーク首相率いる閣僚評議会（Council of Ministers）が設立され、大臣が任命された。暫定憲法に定められた通り、国防大臣および内務大臣がTMCより選出されたほかは、すべてFFCからの選出となり、民政移管が目指された。だが、SAFやRSFは自身の既得権益を守るためにクーデタを起こしたに過ぎないのに対し、首相となったハムドゥークがその既得権益を崩そうと奮闘したこともあり、TMCは民政移管に全く積極的ではなく、むしろ様々な方法で自身の権力保持を図ろうとした。その道具の1つとされたのがSRFとの和平交渉である。

(2) 南スーダンの仲介による和平交渉の開始

暫定憲法には和平合意の締結を優先するという条項が盛り込まれていたため[15]、政権樹立直後からSRFおよびその他の反政府勢力と暫定政府との間での和平交渉は始まった。交渉はダルフール、南コルドファンと青ナイルの「2つの地域」、東スーダン、北部、中央部、タマズジ[16]の6つの地理的トラックごとに行われた。そしてこのトラックはそれぞれを実効支配した武装勢力と呼応していた［Amar 2023: 8］。

暫定政府樹立前から仲介役を担ったのが南スーダンのキール大統領である。キールはアビィと共にTMCとFFC、あるいは市民勢力との間の仲介役をも担っており、2018年にR-ARCSSが成立した際、3地域とスーダン政府との調整役となることが決まっていた[17]。そしてスーダン国内を経由して原油を輸出していた南スーダンは、スーダンの安定を望んでいた。ブルハーンがTMCの議長となったのちの2019年5月、ジュバでキールと会談し、2国間関係を強固なものにすることを確認した際、キールは暫定政府とSPLM/A-Nの和平合意を仲

---

14) だが暫定立法評議会は結局、設立されなかった。
15) 同憲法のいくつかの条項で平和構築について言及されている（例：第15条）。ただし具体的な地域や武装勢力は言及されていない。
16) ダルフールと南コルドファンの境界地帯のグループ。
17) Sudan Tribune. "South Sudan Briefs Military Council about Its Plans for Peace in Sudan," *Sudan Tribune*, June 19, 2019. https://sudantribune.com/article65802/（2024年6月25日閲覧）

介したいと希望を述べている[18]。それはSPLM/A-NがSPLM/Aにとって、かつての同志であるためだという。それを受け、6月にはキールの顧問トゥット・キュー・ガトラクがハルツームを訪問し、TMCと協議を行った[19]。

キューはユニティ州出身のブル・ヌエル人だがバシールのもとで育ったと言われている人物で、1970-80年代にハルツームで中等教育を受け、ジャジーラ大学で経済学と行政学の学士号を取ったのちに士官学校において学び、スーダンの与党であった国民会議党（National Congress Party: NCP）から南スーダン独立後にSPLMに移ったという経歴を持つ。CPA以降はSPLAとSAFの合同軍で活動をしていた。こうした経歴からわかる通り、キューはSAF関係者、そしてバシール体制と強い結びつきを持っていた。かつヘメティとも強いつながりがあることが指摘されている［Amar 2023］。このような経歴を持つキューが仲介役を担い、彼の人脈に頼ることで、前述の通りTMCがこの和平交渉を自身の権力保持のために利用しようとしたこともあり、和平交渉は軍同士の交渉と化し、FFCあるいはハムドゥークの存在は後景化された。

2019年6月、SPLM/A-Nヒルウ派の指導者とTMC、FFCの代表がジュバで会談し、和平交渉を行った[20]。この時、TMCとFFCの代表はキールの導きにより非公式にSPLM/A-Nアガル派を率いるマリク・アガルとも会っている[21]。そして8月、南スーダン政府は8月17日に予定されているTMCとFFCグループとの最終合意に署名する前に、和平問題を話し合うためにジュバで会うようにSRFを招待した[22]。SRFはキールの招待に応じ、またSRFを構成する各武装勢力も次々とジュバを訪れ、キールは彼らを調整した。そして9月にはSRFの指導者ハーディ・イドリースがキールに対し、和平交渉を行う準備が整ったことを告げた。ハムドゥークもまた和平交渉に向けての委員会を設立し

---

18) Sudan Tribune. "Sudan's al-Burhan Meets President Kiir in Juba," *Sudan Tribune*, May 27, 2019. https://sudantribune.com/article65712/（2024年6月25日閲覧）
19) Sudan Tribune. "South Sudan Briefs Military Council about Its Plans for Peace in Sudan," *Sudan Tribune*, June 19, 2019. https://sudantribune.com/article65802/（2024年6月25日閲覧）
20) Sudan Tribune. "Sudan's TMC, FFC to Meet al-Hilu in Juba," *Sudan Tribune*, June 26, 2019. https://sudantribune.com/article65980/（2024年6月25日閲覧）
21) Sudan Tribune."Military Council, SPLM-N Agar Agree on Measures Ahead of Peace Talks in Sudan," *Sudan Tribune*, June 27, 2019. https://sudantribune.com/article65984/（2024年6月25日閲覧）
22) Sudan Tribune. "Salva Kiir Invites Sudan's Armed Groups to Meet in Juba," *Sudan Tribune*, August 11, 2019. https://sudantribune.com/article66058/（2024年6月25日閲覧）

たことを発表した[23]。さらに9月11日、暫定政府とTMCはキールの仲介のもと、スーダン和平のためのロードマップに署名し、10月に和平協議を始めることで合意した[24]。ジュバ宣言（Juba Declaration）である。

（3） TMCの台頭、FFCの後景化

このジュバ宣言ののち、SRFは不満を漏らし南スーダン政府に疑念を抱いていた一方、TMCのブルハーンは南スーダンの仲介能力を「信頼する」と言った[25]。10月14日にジュバで第1回の交渉が開始され、暫定政府とSRFは敵対行為停止宣言や政治協定などいくつかの文書に調印して一旦交渉を停止し、1カ月の間を経て再開するはずであったが、12月に延期された[26]。だが、12月に入っても各勢力間の関係性は回復しなかった。問題となったのは、各州の文民知事の任命をめぐるSRFとFFCとの間の対立である。SRFはFFCが交渉のテーブルに着くことを拒否した[27]。結局、和平協定締結を2カ月延期し、この問題について話し合うこととなった。

FFCとSRFとの関係が膠着状態に陥る傍らで、暫定政府、正確にはTMCと各武装勢力は南スーダン政府を媒介にジュバで着々と和平交渉を進めていた。12月17日には政府交渉団団長であるヘメティ、アガル、キューにより、敵対行為を停止し、青ナイルと南コルドファンにおける戦争被災地に人道援助を提供するための枠組み合意が締結され[28]、翌日にはヘメティはダルフールトラックと避難民や難民を含む利害関係者の代表を和平に参加させることに合意している[29]。12月末にはダルフール和平についての枠組み合意に署名した[30]。

---

23) Sudan Tribune. "Prime Minister forms Committee to Prepare Peace Talks in Sudan," *Sudan Tribune*, September 5, 2019. https://sudantribune.com/article66197/（2024年6月25日閲覧）
24) Sudan Tribune. "Sudan's Transitional Gov't, Armed Groups Sign Plan for Peace," *Sudan Tribune*, September 11, 2019. https://sudantribune.com/article66235/（2024年6月25日閲覧）
25) Sudan Tribune. "Al-Burhan Voices Support for Juba as Venue for Sudan Peace Talks," *Sudan Tribune*, October 14, 2019. https://sudantribune.com/article66427/（2024年6月25日閲覧）
26) Sudan Tribune. "Mediation Postpones Sudan Peace Talks for One Month," *Sudan Tribune*, October 22, 2019. https://sudantribune.com/article66482/（2024年6月25日閲覧）
27) Sudan Tribune. "Minnawi Rejects FFC Involvement in Sudan's Peace Talks," *Sudan Tribune*, December 11, 2019. https://sudantribune.com/article66797/（2024年6月25日閲覧）
28) Sudan Tribune. "Sudan, SPLM-N Agar Strike Humanitarian and Ceasefire Agreement," *Sudan Tribune*, December 19, 2019. https://sudantribune.com/article66829/（2024年6月25日閲覧）

2020年2月にはFFCとSRFとの間での交渉が再開、そしてSPLM-Nアガル派もまた、暫定政府と和平枠組み合意に署名した。この時の政府側の代表者もヘメティである。この調印式においてキールは調印を歓迎し、今後数週間で両当事者が包括的な和平に達することを希望した[31]。

FFCは最終的にSRFの要求を受け入れ、暫定期間の延長、および暫定憲法に対し、和平合意を優先させることで合意した[32]。和平交渉は3月まで延長されたが防衛大臣の死亡により一時停止され、4月に再開、さらに5月9日まで延長されることが決定した。だが、この延長決定にSLM/A-MMは調停役の南スーダンがこの延期の決定に際し、自分たちの意向をうかがうことがなかったことを非難し、和平交渉から離脱すると宣言した[33]。のちにSLM/A-MMはSRFからも離脱している。一方でSRFは政府側と主権評議会に議席を設けること、そして自然資源の分配の配分に合意した[34]。だが、懸案であった立法評議会の設立と文民州知事の任命についてはいまだ合意に至らず、トロイカなどの仲介者たちは暫定立法評議会の設立を提案した[35]。6月にはキールがブルハーンに対し書簡を送り、さらに南スーダンの調停者ディエウ・マトホクは、ハルツーム国際空港で記者団に、「調停チームは、スーダン政府代表団に対し、

---

29) Sudan Tribune. "Govt, Darfur Groups Agree to Involve Stakeholders in Sudan Peace Process," *Sudan Tribune*, December 18, 2019. https://sudantribune.com/article66834/（2024年6月25日閲覧）

30) Sudan Tribune. "Sudan, Armed Groups Sign Framework Agreement for Peace in Darfur," *Sudan Tribune*, December 28, 2019. https://sudantribune.com/article66884/（2024年6月25日閲覧）

31) Sudan Tribune. "Sudan, SPLM-N Agar Sign Peace Framework Agreement," *Sudan Tribune*, January 24, 2020. https://sudantribune.com/article67004/（2024年6月25日閲覧）

32) Sudan Tribune. "Sudan Accepts Primacy of Peace Agreements over Transitional Constitution," *Sudan Tribune*, February 17, 2020. https://sudantribune.com/article67110/（2024年6月25日閲覧）

33) Sudan Tribune. "SLM-Minnawi Suspends Participation in Juba Process for Peace in Sudan," *Sudan Tribune*, April 11, 2020. https://sudantribune.com/article67314/（2024年6月25日閲覧）

34) Radio Dabanga. "Sudan govt, Darfur Rebels Agree on Enlargement of Sovereign Council," *Radio Dabanga*, April 27, 2020. https://www.dabangasudan.org/en/all-news/article/sudan-govt-darfur-rebels-agree-on-extension-of-sovereign-council（2024年6月25日閲覧）Radio Dabanga. "Juba Peace Talks: Agreement on Darfur Natural Resources," *Radio Dabanga*, April 27, 2020. https://www.dabangasudan.org/en/all-news/article/juba-peace-talks-agreement-on-darfur-share-of-its-natural-resources（2024年6月25日閲覧）。これにより、今後10年間で石油や鉱物などダルフールの天然資源の40％がダルフールに配分されることが決定した。

35) Radio Dabanga. "Sudan Peace Deal: International Community Recommends Transitional Legislative Council," *Radio Dabanga*, April 28, 2020. https://www.dabangasudan.org/en/all-news/article/sudan-peace-deal-international-community-recommends-transitional-legislative-council（2024年6月25日閲覧）

残された和平交渉の突破口となるようなアイデアを提案できると考えている」と語った[36]。こうした希望的観測にもかかわらず、調印は再び延期され、交渉は8月まで続いた。

　2020年8月31日、スーダン政府とSRFは南スーダンの首都ジュバで包括的な和平合意に略式調印（signed in initials）した。合意には、1年にわたる集中交渉の対象であった5つのトラック[37]に関する8つの議定書が含まれている。この合意は、和平協定調印日から3年間の暫定期間の開始を告げるものである。主権評議会に追加された3議席は、和平合意に調印した集団の代表が占めることとなった。また、暫定立法評議会の議席のうち25％を和平合意に調印した集団が持つこと、そして連邦制が敷かれることも決定した[38]。だが青ナイル・南コルドファンとダルフールトラックとで自治権の扱いに相違がある、連邦制の具体的構造についてはほとんど言及されないなど問題、もある。9月には和平合意遂行にあたってのマトリックスが合意され、最終的に10月2日、ジュバにおいてジュバ和平合意（The Juba Agreement for Peace in Sudan）が正式に調印された[39]。なお、政府側の署名者はRSFのヘメティである。このジュバ合意により主権評議会の議席に軍関係者が占める割合が上がり、暫定憲法に定められた民政移管の時期について再度検討する必要性が生じた。南スーダンの協力のもと、TMCは和平交渉を通しSRFの取り込みと自身の権力保持を図り、それに成功したと言える。

　このジュバ和平合意を受け、2021年2月にはSRFも含めた新たな閣僚評議会を結成し、主権評議会にもSRFの代表者が加わった。そして2021年9月、SRFから離脱したSLM/A-MMはJEMなどと共にSAFの支援を受けてFFCから分離し、新たにFFC-国民憲章派（FFC-National Charter: FFC-NC）を結成した[40]。

---

36) Radio Dabanga. "Rebel Delegation in Khartoum Optimistic about Sudan Peace Talks," *Radio Dabanga*, June 28, 2020. https://www.dabangasudan.org/en/all-news/article/rebel-delegation-in-khartoum-optimistic-about-sudan-peace-talks（2024年6月25日閲覧）

37) ダルフール、2つの地域、中央スーダン、東スーダン、北部スーダンを指す。

38) Radio Dabanga. "'Historic Agreement' Signed by Sudan Govt, Armed Groups in Juba," *Radio Dabanga*, September 1, 2020. https://www.dabangasudan.org/en/all-news/article/historic-agreement-signed-by-sudan-govt-armed-groups-in-juba（2024年6月25日閲覧）

39) Radio Dabanga. "Sudanese Sign Peace Deal, Anticipate Implementation," *Radio Dabanga*, October 3, 2020. https://www.dabangasudan.org/en/all-news/article/sudanese-sign-peace-deal-anticipate-implementation（2024年6月25日閲覧）

これは SRF の分裂でもある。そして TMC は 2021 年 10 月、首相ハムドゥーク を拘束し、政権を掌握した。SRF 勢力はこの「クーデタ」を結果的に黙認した。ジュバ和平合意は軍事政権を呼び戻したのである。

おわりに――信頼関係がもたらす軍の和平

　本章では、長く敵対関係にあった南北スーダンを舞台に、互いが互いの仲介者となった和平交渉の過程を見ていくことを通し、両国の関係性について考察した。

　南スーダン内戦、およびスーダン政府と SRF の和平交渉の主たる当事者は「軍」であった。その仲介者となったスーダンのバシール、そして南スーダンのキール、キューも軍関係者である。仲介者が軍関係者であったことで和平交渉の行方はある程度規定され、軍の和平となった。スーダン内戦は確かに南北対立の形をしていたが、長く続いた内戦を通し彼らは相互交流を図っており、利害が一致した時には互いに協力することを厭わず、この関係性は南北が分離したのちも変わらなかった。というより、この内戦により作られた「つながり」を保ちつつも分離し、互いが「他者」、外の者となったからこそ互いが互いの仲介者となりえたのだろう［バイヤール 2023］。南北スーダン間関係は、長い内戦を経て変化したが、最終的にプラグマティックな利害関係となったと言える。そうしたつながりは一般市民も持つが、戦闘の担い手である兵士や軍においては顕著であったことがわかる。だが、そこにあったのは信頼なのだろうか。信頼を「不確定な状況における相手に対する肯定的な期待」［永守 2024: 10］とするならば、南スーダンのキールやマチャルはバシールを、そして TMC はキールやキューを信頼していたと言えるかもしれない。だが、この信頼関係は安定した社会秩序を創り出さなかった。

　南北スーダンは、南北内戦のみならず多くの内戦・紛争を抱え、そうした紛争の数だけ和平交渉も行ってきた。だが、その結果ははかばかしくない。南北

---

40)　Rift Valley Institute, Briefing Paper "What Next for the Juba Peace Agreement?" https://riftvalley.net/wp-content/uploads/2021/12/RVI-2021.12.15-Sudan-Rapid-Response-1_Juba-Peace-Agreement.pdf（2024 年 8 月 31 日閲覧）

スーダンにおける平和構築／創造に対する評価は厳しい［e.g. Nouwen et al. 2020; Srinivasan 2021］。スリニヴァサンとノウエンは、平和創造が失敗するのは「国家建設としての和平交渉の過程では、交戦当事者に特権を与え、紛争後の国家がその領土と住民に対して強制的な権限を行使する能力を強化することで、非国家的勢力を手なずけることを目指す。しかしそれは内戦の政治性や、政府、社会、将来の国家をめぐる政治的な争いを危うくする」［Surinivasan and Nouwen 2020: 19］ためだと言う。本章で取り上げた事例でもこうした要素は見受けられた。

　内戦における和平合意は、新たな秩序、あるいは国家制度を作り出すにあたっての社会契約であるはずだ［篠田 2003］。南北スーダンでは「（英国からの）独立以来、スーダン軍は国家の管理人であると自らをみなしてきた」［Berridge et al. 2022: 59］と言われるように、軍は政府とほぼ重なり合ってきた。また、各地の反政府武装組織も制圧した地域において統治を行った。それは2011年の独立以降の南スーダンにおいても変わらなかった。つまり、南北スーダンにおいて軍は政治を担う者、あるいは統治者であった。このように「軍が国家体制に埋め込まれ」［鈴木 2016］ていた南スーダンとスーダンにおいて和平合意が「軍の和平」となったのは当然の結果だが、結局それは軍同士の馴れ合いとなり、統治における文民のプレゼンスを下げ、そして政治的安定をもたらさなかった。SPLMが政権を保つ南スーダンでは、R-ARCSSの取り決めに従い2024年12月に行われる予定であった選挙のさらなる延期が同年9月に発表された。スーダンにおいては、2023年4月にSAFとRSFとの間で武力衝突が起きたことにより民政移管は暗礁に乗り上げ、今も和平交渉が続く。軍の和平の評価は難しいが、その結末を見ると少なくとも長期的な政治・社会的安定の妨げになりうる可能性は指摘できるのではないか。そしてそれは、ある種の信頼関係により生み出された。そこに見いだされるのは皮肉な信頼の機能である。

参考文献

アブディン、モハメド 2020「バシール政権崩壊から暫定政府発足に至るスーダンの政

治プロセス」『アフリカレポート』58: 41-53
岡崎彰 2017「難民キャンプと故郷のダンス――スーダン青ナイル州からのある難民コミュニティの場合」人見泰弘編『難民問題と人権理念の危機――国民国家体制の矛盾』明石書店
栗田禎子 2001『近代スーダンにおける体制変動と民族形成』大月書店
栗本英世 2007「ジョン・ガランにおける『個人支配』の研究」佐藤章編『統治者と国家――アフリカの個人支配再考』アジア経済研究所
篠田英朗 2003『平和構築と法の支配――国際平和活動の理論的・機能的分析』創文社
鈴木恵美 2016「スィースィー政権の権威主義化にみるエジプト国軍の役割」酒井啓子編『途上国における軍・政治権力・市民社会』晃洋書房
飛内悠子 2022「スーダン共和国における10月25日のクーデタを巡って――アブドゥッラー・ハムドゥークの苦闘」『中東研究』544: 89-103
永守伸年 2024『信頼と裏切りの哲学』慶應義塾大学出版会
バイヤール、ジャン＝フランソワ 2023『アフリカにおける国家――腹の政治』加茂省三訳、晃洋書房
松波康男 2019「『南スーダンにおける紛争解決合意（ARCSS）』署名を巡るIGAD加盟国の関与」『アフリカレポート』57: 1-12
村橋勲 2021『南スーダンの独立・内戦・難民――希望と絶望の間』昭和堂
Amar, Jamar. 2023 *Key Actors in the Juba Peace Agreement: Roles, Impacts, and Lessons*, N.P. Rift Valley Institute.
Berridge, Willow, Justin Lynch, Raga Makawi and Alex de Waal. 2022 *Sudan's Unfinished Democracy: The Promise and Betrayal of a People's Revolution*, London: Hurst Publishers.
Camilla Elowson and Adriana Lins de Albuquerque. 2016 *Challenges to Peace and Security in Eastern Africa: The role of IGAD, EAC and EASF*, Stockholm: Swedish Research Agency. https://www.foi.se/download/18.7fd35d7f166c56ebe0bb38e/1542369060243/Challenges-to-Peace-and-Security-in-Eastern-Africa_FOI-Memo-5634.pdf（2024年6月27日閲覧）
International Crisis Group（ICG）. 2019 "Salvaging South Sudan's Fragile Peace Deal," *Africa Report* No. 270.
Johnson, Douglas. 2011 *The Root Causes of Sudan's Civil Wars: Peace or Truce*, Suffolk: James Currey.
McCutchen, Andrew. 2014 *The Sudan Revolutionary Front: Its Formation and Development*, Geneva: Small Arms Survey.
Nouwen, M. H. Sarah, Laura M James and Sharath Srinivasan. 2020 *Making and Breaking Peace in Sudan and South Sudan: The Comprehensive Peace Agreement and Beyond*, Oxford: Oxford University Press.
Srinivasan, Sharath and Sarah M. H. Nouwen. 2020 'Introduction: Peace and Peace Making in Sudan and South Sudan,' Sarah M. H. Nouwen, Laura M James and Sharath Srinivasan (eds.), *Making and Breaking Peace in Sudan and South Sudan: The Comprehensive Peace Agreement and Beyond*, Oxford: Oxford University Press.

Srinvasan, Sharath. 2021 *When Peace Kills Politics: International Intervention and Unending Wars in the Sudans*, London: Hurst.
Thomas, Edward. 2023 *Paying for Peace: The Political Economy of the Juba Peace Agreement*, N.P. Rift Valley Institute.

第2章 「宗教戦争」の条件
―― 中央アフリカ共和国の事例から考える

武内進一

はじめに

　武力紛争の様態はどのように決まるのだろうか。武力紛争では民族（エスニック集団）が対立の基軸になることもあれば、宗教の違いに沿って対立が顕在化することもある。民族や宗教に関係なく、紛争が生じることも多い。何がこうした違いを生むのだろうか。民族や宗教の分布をはじめとする人口構成が、武力紛争の様態に大きく影響することは言うまでもない。しかし、似たような民族、宗教の構成であっても、紛争の形が全く異なることもある。なぜだろうか。

　本章では、政治指導者間の個人的なつながりに着目して、この問題を考えたい。事例として分析するのは、中央アフリカ共和国である。中央アフリカは文字通りアフリカ中央部に位置し、日本の約1.6倍の国土に600万人弱の人口が散在する[1]。2023年の人間開発指数は、ソマリアと南スーダンに次いで世界で3番目に低い。この国では、2012-13年にかけて激しい武力紛争が勃発し、そのなかでキリスト教徒かムスリムかという宗教の差異が対立の基軸となった。宗教の差異が激しい暴力を喚起する状況は、独立後の中央アフリカでは経験のないことだった。この国では、この時突如として宗教をめぐる社会的亀裂が甚大な暴力に結びついたのである。しかし、キリスト教徒とムスリムの「宗教戦

---

1) 世界銀行のデータベースによれば、2023年の人口推計値は約574万人である。World Development Indicators. https://databank.worldbank.org/reports.aspx?source=world-development-indicators （2024年8月5日閲覧）

争」と呼びうる状況は比較的短期間のうちに変化した。今日の状況は 2012-13 年の時点とは大きく異なる。中央アフリカでは依然として紛争が継続しているが、その対立軸において宗教はもはや重要な意味を持っていない。

　なぜ宗教間の激しい暴力を独立以来経験してこなかった国で、突如として「宗教戦争」が勃発したのだろうか。そして、その後それが短期間のうちに収束し、別の形の紛争へと変化したのはなぜだろうか。この変化を説明するうえで、政治指導者間個々人と彼らのつながりに着目することは重要である。本章では、中央アフリカのフランソワ・ボジゼ、チャドのイドリス・デビィという2人の有力な政治指導者の関係性を中心に、この変化を考える。民族や宗教の分布は、短期間では変わらない。短期のうちに紛争の様態が大きく変わるのは、強い動員力を持った政治指導者がそうした分布の特定の側面に働きかけるからである。

　以下では、第1節で、中央アフリカで「宗教戦争」が勃発し、そして対立の形が変化した 2012 年以降の政治過程を跡づける。第2節では、中央アフリカという国家において、ムスリムと非ムスリムとの関係性がどのように形成されてきたかを確認する。同国の領域にムスリムが居住するようになった植民地化以前の経緯を辿り、植民地化を経て建国された中央アフリカで非ムスリム（キリスト教徒）中心の政治体制が続いてきたことを示す。第3節では、2012-13 年の「宗教戦争」とその後の変化を政治対立のアクターに着目して分析する。ボジゼを追い落とすためにチャドのデビィが介入したことで、反政府武装勢力セレカの急速な膨張、そして対抗勢力アンチバラカ（Anti-Baraka）の結成につながったことを示す。

1　宗教をめぐる対立の急進化と変容[2]

(1)　セレカの結成とボジゼ政権の崩壊

　中央アフリカでキリスト教徒とムスリムという宗教を基軸とした対立が顕在化するのは、2013 年 3 月のボジゼ政権の崩壊と軌を一にしている。この国では

---

[2]　本節の内容は、武内［2014］と重なるところがある。

独立以降、長きにわたって政治的不安定が続き、非合法的手段による政権打倒が繰り返されてきた。ボジゼは元国軍参謀長で、2003年に隣国チャドのデビィ政権の支援を得て、当時のアンジュ＝フェリックス・パタセ大統領を武力で倒し政権を握った。2004年には新憲法を制定し、翌年には大統領選挙に勝利した。自身を支持する複数の政党を「国民結集『クワ・ナ・クワ』」(Convergence nationale "Kwa na kwa")[3]の下に集め、議会で多数派を形成した。

　ボジゼ政権は立憲体制の下で議会多数派をコントロールしていたが、領域統治の能力は脆弱だった。そもそも中央アフリカでは独立後、中央政府が実効支配しているのは首都バンギとその周辺だけで、地方では国家機能がほとんど機能しない状況が続いてきた［Bierschenk and Olivier de Sardan 1997］。ボジゼ政権も同様で、2000年代半ば以降は、チャドやスーダンとの国境付近で複数の武装勢力が活動を活発化させた（後掲図1、図2を参照）。この中には、旧パタセ派と関係が深く、北西部で活動する「民主主義再興人民軍」(Armée Populaire pour la Restauration de la Démocratie: APRD) のような組織もあれば、「正義平和愛国会議」(Convention des Patriotes pour la Justice et la Paix: CPJP) や「結集民主勢力同盟」(Union des Forces Démocratiques pour le Rassemblement: UFDR) など北東部に基盤を置く組織も多く、近隣のチャド人やスーダン人が多数参加していた。

　中央アフリカ北東部はチャドおよびスーダンと国境を接し、長期にわたってスーダン内戦やダールフール紛争の影響を受けてきた。また、2000年代後半は、チャド周縁部でも反政府武装勢力の活動が活発化していた［武内 2008］。武力紛争が長期にわたって頻発したために、この地域には、紛争に参加して兵士としての経験を積み、戦闘員として紛争を渡り歩く人々が大量に出現した。彼らは特定の政治勢力に対する忠誠心が低く、紛争への参加や、武器を使った強盗によって生計を営んでいた。こうした人々の増加は、治安情勢を顕著に悪化させた［Debos 2008］。ボジゼ政権は、国際社会の支援も得てこうした武装勢力と和平協定やDDR（武装解除・動員解除・再統合）について交渉した。武装解除に向けて十分な成果は得られなかったが、2000年代後半は、これらの勢力が首都に進軍し、政権にとって著しい脅威になるという状況ではなかった［Soudan 2013a］。

---

3) "Kwa na kwa" は、現地のサンゴ語で「ただ労働あるのみ」の意。

しかし、2012年後半に事態は急展開し、セレカと呼ばれる武装勢力の結成と進攻によって、ボジゼ政権は崩壊に向かった。セレカは地元のサンゴ語で「連合」を意味し、字義通り、上記のCPJPやUFDRなど中央アフリカ北東部で活動する武装勢力の連合体であった。2012年9月頃までに結成され［Bradshaw and Fandos-Rius 2013: 257］、北東部に居住するグラ人やルンガ人が多く参加したが、結成当初はDDRの待遇改善など現実的な要求を行っていた。しかし、2012年12月頃には、スーダンやチャドから多数の外国人戦闘員がセレカに加わり、首都へ向けて進軍を開始した。進軍の過程で国内のプール人（フルベ人）をリクルートするなど、その規模は急激に拡大した。中央アフリカ北東部にもともと居住する住民も、周辺国出身の外国人戦闘員も、プール人も、そのほとんどがムスリムであった。
　ボジゼは2003年の政権奪取時にはチャドの支援を得ていたが、その後デビィ大統領との関係が悪化し、セレカ結成や外国人戦闘員大量流入の背景をなしていた［Marchal 2013: 2-3］。セレカの急激な増強に、デビィが手を貸していたわけである[4]。2013年1月11日、コンゴ共和国のサスー・ンゲソ大統領など周辺国指導者のイニシャティブで和平協定（リーブルヴィル協定）が結ばれたが、3月に入るとセレカはこの合意を反古にして再び進軍を開始し、3月24日に首都バンギを制圧した。ボジゼはカメルーンに亡命し、UFDRの指導者ミシェル・ジョトディアが政権を握った。

(2)　宗教の差異に基づく暴力の激化

　セレカの首都への進軍やその支配に伴って、市民に対する暴力や略奪が報告されるようになった。例えば、国際人権NGOヒューマン・ライツ・ウォッチの報告書は、ボジゼ政権崩壊直後の2013年3月下旬、セレカが首都バンギで市民に対して無差別に発砲し、多数の死傷者を出したこと、4月から5月にかけて、バンギ北方の国道沿いの村々を略奪し、住民を殺戮したことを詳細に記

---

[4]　デビィがボジゼ政権打倒に舵を切った要因として重要なのは、2000年代後半以降ボジゼの統治能力が低下するなかで、国内に反政府武装勢力が増え、デビィ政権の打倒を狙う勢力までも中央アフリカ北部で活動するようになったことである［Boisbouvier 2014］。ボジゼの統治能力のなさが自身にとって脅威になるとみたデビィが、セレカ支援に転じたとみられる。

録している［HRW 2013a］。周辺国出身の戦闘員で膨れ上がったセレカは、通過する村々で、人々から金品を略奪し、家屋を破壊、放火した。セレカの暴力の対象となったのは、非ムスリム（キリスト教徒）の地元住民であった。セレカ兵の暴力と略奪が批判を受けると、ジョトディアは2013年9月、セレカの解散を発表した。しかし、これによって暴力は収まらず、セレカ兵を都市から農村部に移動させて略奪の範囲を広げただけだった。

　セレカの暴力に対抗して結成された民兵組織が、アンチバラカである。「バラカ」はナタ（マシェット）を意味する。アンチバラカのメンバーは基本的に非ムスリムで、その活動は2013年後半に活発化した。反政府武装勢力のAPRDやボジゼ政権期の国軍（FACA）メンバーなどを中心とする雑多な集団で、セレカに対する自衛を掲げていたが、ムスリム・コミュニティに激しい暴力を行使した。2013年9月上旬以降、バンギ北方のボサンゴア近郊の複数の村々で、アンチバラカがムスリム・コミュニティを襲撃した。ゼレ、バコラ、バンドロク、ウハム・バック、ボドラなどの村々でムスリムへの襲撃、殺戮が記録されている［HRW 2013b］。ボサンゴア近郊は国土の中央部にあたり、住民の多くは非ムスリムだが、牧畜民や商人として居住するムスリムも少なくない。アンチバラカは、こうしたグループを狙って襲撃した。

　セレカにせよ、アンチバラカにせよ、集権的な軍事組織ではない。セレカはもともと小規模な武装勢力の連合体に周辺国の戦闘員が加わったもので、兵站は住民からの略奪に依存していた。アンチバラカも旧国軍の一部をはじめとする様々な武装集団が「反セレカ」の一点で結びついたものに過ぎず、ムスリム・コミュニティをセレカの潜在的支持者と見なして攻撃した。これらの分散化した武装組織は、戦火を交えるというよりも、互いに民間人に対する暴行、略奪を激化させることで、全土に混乱を広げていった。

　ボジゼ政権が崩壊して以降、中部アフリカ諸国経済共同体（ECCAS）が紛争の調停に関与し、同機構の平和維持部隊である「中央アフリカ平和確立ミッション」（MICOPAX）の規模を700人から2000人に増強した［UN 2013: para 10］。しかし、広大な国土のそこかしこで広がる暴力の抑制には無力で、2013年後半にはNGOやジャーナリストによって上記のような実態が報じられ、先進国の世論にも衝撃を与えた。オランド仏大統領は8月下旬に現地の実情を聞かされ

て驚愕したと言われ［Soudan 2013b］、その後フランスは軍事介入の準備を始めるとともに、国連などに対する働きかけを強めていった。結局フランスは、アンチバラカが首都に大攻勢をかけるとの情報を得て、12月5日に軍事介入（サンガリス作戦）に踏み切った。またアフリカ連合（AU）も、MICOPAXを拡充して5500人規模の「アフリカ連合中央アフリカ支援国際ミッション」（MISCA）を展開させた。2014年には、このMISCAを引き継ぐ形で「国連中央アフリカ安定化統合多面ミッション」（MINUSCA）が派遣されることになる。

　2013年12月の軍事介入にあたって、フランスをはじめとする国際社会は、中央アフリカにおいて政府が機能せず、無秩序（カオス）が広がるなかで、キリスト教徒とムスリムが殺し合う「ジェノサイド」が起こる可能性があると危惧していた。それを止めるためのいわばショック療法として、軍事介入が構想されたのである［Bensimon 2013; Guibert 2013; Loubière 2013］。

(3) 政治変化と暴力の変容

　フランスの軍事介入は、ジョトディア政権が治安を確立できず、混乱の中で異なる宗教間の暴力が激化しているという認識で行われた。政権運営に疑問符が付けられたジョトディアは、後ろ盾であるチャド（デビィ政権）の信頼を喪失し、2014年1月にECCAS首脳会議の場で辞任表明を余儀なくされた。セレカは既に解散していたが、北東部出身のムスリムが主導する政権が倒れ、1月20日には元バンギ市長のサンバ＝パンザが暫定大統領に選出された。

　セレカ系武装勢力が支配力を喪失するとともに、セレカを支援したチャドへの敵意が高まり、首都では少数派のムスリムに対する暴行や略奪が激化した。チャド人の商店が略奪され、平和維持活動に参加しているチャド部隊が民衆から攻撃を受けた。チャド政府は軍事介入直後から1月初めまでに2万人もの自国民を出国させ［Boisbouvier 2014］、4月にはMISCAから部隊を撤収した［Alexandre 2014］。チャドの影響力が低下するなかで、首都におけるアンチバラカのムスリムに対する暴力が激しさを増す一方、地方に撤退した元セレカ兵は制圧地域で以前と同様に略奪と暴行を繰り返した。フランス軍もAUや国連の平和維持ミッションも、人員や資源の不足のため、両者の暴力を制圧して全土で治安を確立するには至らなかった。

こうしたなかで移行期が終了し、2015年末から翌年初めの選挙を経て、フォスタン゠アルシャンジュ・トゥアデラが大統領に選出された。トゥアデラは首都バンギ生まれで、ムスリムではない。今日まで続くトゥアデラ政権の下で、中央アフリカは外交的にも、また内政面でも大きく変化した。外交面の変化としては、ロシアやルワンダへの接近が挙げられる。フランスがサンガリス作戦を2016年で終了させ、軍を撤退させると、トゥアデラ政権はロシアの軍事援助への依存を深め、民間軍事企業ワグネルの兵士が派遣されるようになった［ICG 2019］。これによってヨーロッパ諸国はさらに遠のいたが[5]、トゥアデラ政権は今日までロシアとの緊密な関係を維持している。ロシアと並行して、カガメ大統領のイニシャティブの下でルワンダとの関係を深め、2020年から二国間条約に基づく派兵を受け入れている[6]。ロシアやルワンダの軍は[7]、後述するようにトゥアデラ政権の防衛隊としての役割を果たしてきた。

　内政的には、国内諸勢力間の対立の構図が変化した。ジョトディアによるセレカの解散命令やフランスの軍事介入を経て、セレカもアンチバラカも単独の軍事組織としては存在しなくなり、複数の小規模な武装勢力に分裂した。国際社会の支援を受けて[8]、政府は2019年初頭に国内の14の武装勢力と合意を締結し、DDRを通じた軍への統合を進めようとしたが［ICG 2019］、期待通りに進まなかった。

　大きな転機になったのは、2020年12月27日に実施された選挙であった。この選挙の直前、元大統領のボジゼを指導者とする武装勢力「変革愛国者同盟」（Coalition des patriotes pour le changement: CPC）が結成され、バンギへの進軍を宣言

---

[5] 中央アフリカは2017年にロシアから軍事援助を受け、2018年にはワグネルを導入し始めた。2021年6月にフランスは財政支援を凍結し、軍事援助を停止した。また、12月にはEUも軍のトレーニングプログラムを中止した。
[6] ルワンダはMISCA、MINUSCAに部隊を提供してきたが、2020年12月の選挙に先立って二国間軍事協力協定を締結し、部隊派遣を行うようになった。この二国間協定は、2019年10月にルワンダのカガメ大統領が中央アフリカを訪問した際に結ばれた［ICG 2023］。それ以来、トゥアデラとカガメは相互に訪問を繰り返し、親密な関係を維持している。
[7] ワグネルの創始者プリゴジンの死後、ワグネルは総じてロシア国軍の下で「アフリカ部隊」（Africa Corps）に再編されたとされている［Bobin and Le Cam 2023］。ただし、再編のあり方は国によって異なり、中央アフリカでは従来のワグネルの組織が変わりなく動いている［Châtelot 2024］。
[8] この協定締結にあたっては、ロシアが積極的に関与した［ICG 2019］。

した。CPC はボジゼとの個人的つながりに基づく複数の武装勢力の連合体で、その中には元セレカの武装集団も元アンチバラカの武装集団も含まれていた［Le Monde 2020］。CPC は首都を脅かしたが、トゥアデラ政権はワグネルやルワンダ部隊、そして MINUSCA に依存して武装勢力を撃退した［Bensimon 2021］。それ以降、同政権はいっそうロシアやルワンダに軍事的に依存するようになっている。

　中央アフリカは、今日なお中央政府の統治が全土に及ばず、暴力が蔓延している。しかし、それは、2013 年のように、キリスト教徒とムスリムの「宗教戦争」とは異なるものだ。宗教を基軸とする対立は、現時点では希薄化している。分裂した武装集団が宗教にかかわりなく互いに衝突し、地元住民に略奪・暴行を働く。これが今日の中央アフリカで蔓延する暴力の形態である。

2　中央アフリカのムスリムと非ムスリム

　2013 年の中央アフリカで、ムスリムか非ムスリムかという宗教の違いを基軸とする対立が急速に広がった。突如として宗教の差異に基づく政治的動員が広がった理由を知るためには、この国でどのようにそれらの宗教が受容されたのか、また政治権力といかなる関係を持ったのかを理解する必要がある。中央アフリカでは宗教別人口に関するセンサスは行われていないが、例えばアメリカ合衆国国務省はその説明として、プロテスタントが61％、ローマ・カトリックが28％、ムスリムが9％というピュー研究所の推計、そしてムスリムのほとんどがスンナ派であり、人口比は最大15％という国際 NGO オックスファムの推計を挙げている［US Department of State 2022］。大まかには、ムスリム人口はおおよそ全人口の1割程度と考えて大過ないであろう。本節では、中央アフリカにあたる領域でイスラームがどのように受容されたのか概観したうえで、独立以降の共和国における政治権力との関係を確認する[9]。

---

9)　本節には、武内［2018］と重なる部分がある。

(1) ウバンギ・シャリにおけるムスリムと非ムスリム

　中央アフリカは、フランス領植民地のウバンギ・シャリが独立した国家である。ウバンギ・シャリとは、南側をコンゴ川の支流ウバンギ川、北側をチャド湖に注ぎ込むシャリ川の水系に挟まれた領域を指す。現在の中央アフリカの国土のなかで、ムスリムがまとまって居住するのはチャド、スーダンと国境を接する北東部に限られている。国土のその他の領域は、植民地化以前には非ムスリムが居住し、フランスの植民地統治下でキリスト教が浸透した。主要なエスニック集団としては、国土の中央部を主たる居住域とするバンダ、西部からカメルーンにかけて居住するバヤ、東南部のコンゴ民主共和国との境界域に居住するザンデ・ンザカラなどがあるが、いずれも非ムスリムである。以下では、ウバンギ・シャリにおけるムスリムと非ムスリムとの関係を、植民地化以前の状況に遡って検討しよう。

　ウバンギ・シャリが位置するのは、ヨーロッパによる植民地化以前からイスラームが浸透し、諸国家が興亡したサヘル地域の南側である。この地域に近い中央スーダンで栄えた国家としては、カネム・ボルヌ帝国がある[10]。カネム・ボルヌ帝国は金のような鉱産物の輸出品を持たず、主に奴隷交易に依拠して繁栄し、19世紀末まで存続した［ランゲ 1992; Barkindo 1992］。奴隷の主たる供給地は、現在のチャド南部近辺であった。中央スーダンでは長くカネム・ボルヌ帝国が支配的な地位を維持したが、16世紀を過ぎる頃から周辺に幾つかの国家が成立し始めた。チャド湖東方について見ると、16世紀にはバギルミ・スルタン国が成立した。奴隷の調達先は主としてチャド南部のサラ人だったが、バギルミは1897年にフランスの保護領となるまで、そこを自国の領域に組み込まなかった［Kalck 1992: 14］。

　17世紀には、ボルヌの東部にワダイ・スルタン国が成立した。ワダイは、西をボルヌ、東をダールフールに挟まれる領域に成立した国家だが、その南部は現中央アフリカ北東部のムスリム居住地域とも重なっている。これは現在チャ

---

[10] 9世紀以前にチャド湖東部に成立したカネム国は、14世紀後半以降衰退し、もともとカネムに従属していたボルヌ国に吸収された。ボルヌ国は19世紀末まで存続した。2つの国は周辺異民族を支配し、また連続性があることから、全体を指す際にはカネム・ボルヌ帝国という呼び方がされる。時期的にどちらの国を指すかが明確な場合には、「カネム」、「ボルヌ」と分けて表記する。

ドと中央アフリカの国境をなすシャリ川支流のバハル・アウク川以南の領域で、ダールクティと呼ばれる。この領域は1830年頃からワダイの影響下に統治がなされたが、強い自律性を有していた。ダールクティの主要な交易品は奴隷で、その領域より南部に居住するバンダ人などが奴隷狩りの対象となった［Kalck 1974: 95; Kalck 1992: 48-49］。ワダイの東にはダールフール国が成立した。これはイスラーム化したフール人を中心とする国家で、ファルティートと呼ばれる異教徒を奴隷狩りの対象とした［栗田 2001: 42-47］。これらバギルミ、ワダイ、ダールフールはいずれも、それぞれの南方に位置する現中央アフリカの領域で奴隷狩りを行った（図1）［Kalck 1974: 73］。

　中央アフリカ北東部のムスリム居住領域は、19世紀に勃興したダールクティと重なる。ダールクティはもともとワダイの影響下にあったが、より南方に進出して奴隷を獲得する拠点としての機能を持っていった。奴隷獲得拠点としての活動のなかで、住民のイスラーム化が進んだと考えられる。

　しかし、19世紀末には、ヨーロッパ人の進出とともにイスラーム国家は衰退、滅亡し、代わってウバンギ・シャリを単位としたフランスの植民地統治が始まる。フランス領赤道アフリカの構成単位となったウバンギ・シャリでは、コンゴ川支流のウバンギ川沿いのバンギに首都が置かれた。これに示されるように、この植民地では南部の非ムスリムが政治社会の中心に位置した。そして、全土にカトリック教会の伝道団が展開し、教育などを通じて非ムスリム社会のキリスト教化が急速に進むのである。

　現在の中央アフリカの領域では、ヴァカガ県、バミンギ・バンゴラン県、オート・コット県などの北東部は、19世紀半ばにはダールクティの領域や影響圏であった。それ以外の領域では住民のほとんどが非ムスリム（キリスト教徒）だが、少数であるもののムスリムが存在する。主たる集団はプール人で、牧畜を主たる生業とし、西アフリカからスーダンにかけてサヘル地域に広く居住する。中央アフリカ国内に住むプール人の多くは商業や牧畜で生計を立てており、コミュニティのなかでは少数派である。また、首都で商業などに従事する外国人のなかにもムスリムが多く、後述するように、ボジゼ政権期にはチャド人の流入によってその数が急増した（図2）。

図1 中央アフリカ共和国の主要河川

出典）d-maps.com（http://d-maps.com/carte.php?num_car=3947&lang=en）に基づき、筆者作成。

図2 中央アフリカ共和国の行政区分

出典）d-maps.com（http://d-maps.com/carte.php?num_car=3955&lang=en）に基づき、筆者作成。

(2) 独立後の統治

　中央アフリカの独立運動を率いたバルテレミィ・ボガンダは、バンギ西方に位置するロバイエ県ボバンギ村の出身である。バンギから約 80 km に位置するこの地で生まれた彼は、カトリック教会で教育を受け、自らも聖職者となった。第二次世界大戦後、ウバンギ・シャリから初めてフランス議会議員に選出された彼は、政党「黒人アフリカ社会進歩運動」(Mouvement d'évolution sociale de l'Afrique noire: MESAN) を立ち上げて独立に向けた運動を指導していった。ボガンダは 1959 年に飛行機事故で死去するが、その後ダヴィド・ダッコを MESAN の指導者として、1960 年 8 月に中央アフリカは独立を果たした。

　初代大統領に就任したダッコはライバル政党の活動を禁止し、短期間のうちに MESAN による一党独裁体制を築いた。しかし、経済運営に失敗して批判を浴び、1965 年末のクーデタでジャン＝ベデル・ボカサ大佐が政権を握った。ボカサは MESAN の一党体制を維持し、強権的な政治運営で野党勢力を抑圧する一方、1976 年には共和制を廃して帝政を敷き、皇帝として戴冠式を挙行するなど、常軌を逸した言動で世界から嘲笑を浴びた。結局フランス主導の軍事作戦によってボカサは失脚し、1979 年 9 月に再びダッコが政権の座についた。ダッコもボカサも、ボガンダと同じロバイエ県の出身であり、この 3 人はいずれもンバカという小規模なエスニック集団の出身であった [Mehler 2011]。

　中央アフリカでは、その後も不安定な政治状況が続いた。長くボカサに協力してきたこともあってダッコは国民に不人気で、1981 年 9 月には陸軍参謀長アンドレ・コリンバのクーデタで失脚した。コリンバは、南部ウバンギ川沿いを主たる居住域とするエスニック集団ヤコマの出身であった。彼は 1980 年代には自らを終身大統領に任命するなど権力基盤の強化を図ったが、1990 年代に入ると、ドナーによる民主化要求に屈して複数政党制に復帰した。1993 年の選挙では、パタセが大統領に選出された。彼はボカサ政権期から何度も閣僚を務めたエリートで、西部のエスニック集団バヤの出身であった。

　2003 年に武力で政権を掌握したボジゼもまた、バヤ人である。彼はボカサ政権期に軍のエリートとして頭角を現し、その後国防相や情報相を歴任したが、コリンバに対するクーデタ未遂事件に関与して国外に逃亡した。その後、パタセ政権で国軍参謀長を務めたが、2001 年以降反乱軍に転じ、遂に政権を奪取し

た。このように中央アフリカでは独立以降、不安定な政治情勢が続き、クーデタが繰り返されてきた。とはいえ、政権を握ってきたのは、いずれも南部あるいは西部の出身者であり、ムスリムが政権を握ることはなかった。2013年の政権交代は、これを根本から変える事件だった。

3　何が対立軸の変化をもたらしたのか

2013年のボジゼ政権崩壊をきっかけとして、中央アフリカではキリスト教徒とムスリムというそれまで目立たなかった対立軸が急速に出現し、恐るべき暴力が行使された。しかしその後、同年末のフランスの軍事介入を契機として、宗教の差異による対立軸はしだいに曖昧になっていった。この変化はどのように説明できるだろうか。本節では、政治対立の構図と国際関係という2つの側面から紛争の変化を整理し、それをもたらした要因を検討する。

(1)　政治対立の変化

前述した通り、中央アフリカでは従来から国家が脆弱で、中央政権の統治能力は限定的だった [Bierschenk and Olivier de Sardan 1997]。この国では、2013年以前にボカサ（1965年）、コリンバ（1981年）、ボジゼ（2003年）による3回のクーデタが起きているが、いずれも南部の有力者間の政治権力闘争であり、農村部には実質的な影響を与えなかった。逆に言えば、農村部は首都に対して強い自律性を有していたわけである。その後、時代が下ると、周辺諸国で武力紛争が頻発したこともあって、農村部で武装集団の活動が盛んになった。ボジゼ政権後期には北部で複数の武装勢力が活動し、その中には前述のように、APRDのような旧パタセ派の集団（すなわちキリスト教徒）も、CPJPやUFDRのようなチャドと結びつきが強い集団（すなわちムスリム）もいた。ただし、脆弱国家の周縁部で活動する武装勢力によく見られることだが、こうした集団の主たる目的は、首都を陥落させて政権を奪取することではなく、一定の領域を支配し、そこから利益を獲得することにある [スターンズ 2024]。この時期の中央アフリカの場合も、これらの武装勢力がすぐにでも首都に進攻するといった切迫感は強くなかった。

セレカによる 2013 年の政権奪取がそれまでと決定的に違うのは、それがム
スリム主体の反乱軍によるものだったという点である。セレカはもともと北東
部の武装勢力の連合体だが、チャドのデビィ政権の支援によって急速に成長し
た。国内政治で周縁的な地位に留め置かれてきたムスリムの反乱軍が、ボジゼ
追い落としのためのデビィの介入によって首都に進軍し、全土を暴力に巻き込
んだ。この事件は従来の統治システムを突き崩し、中央アフリカの政治権力を
独占してきた南部のエリートを震撼させたのである。
　宗教を基軸とした対立が立ち現れる過程で、決定的な役割を果たしたのはア
ンチバラカである。アンチバラカはセレカの暴力への自衛を掲げて立ち上げら
れた雑多な武装集団の総称だが、ムスリム・コミュニティへの暴力を先導し、
政治的混乱に宗教対立という性格を与えた。ムスリムを主体とするセレカは、
住民への暴力や略奪を繰り返しながら首都を制圧したのだが、国土のほとんど
でムスリムがマイノリティである中央アフリカにおいて、セレカの進軍中に暴
力や略奪の被害を受けたのは主としてキリスト教徒であった［HRW 2013a］。ア
ンチバラカは逆に、バンダ人やバヤ人といった多数派のエスニック集団が中心
になって組織され、セレカへの抵抗を口実にマイノリティのムスリムを襲撃し
た。ムスリムをセレカと結びつけ、少数派集団に苛烈な暴力を行使することで、
キリスト教徒とムスリムという対立軸を創り出したのである。
　フランスの軍事介入後、チャドのデビィは中央アフリカから手を引いたが、
移行期を経て発足したトゥアデラ政権も全土に治安を確立する能力は持ってい
ない。今日に至るまで、首都から離れれば、セレカやアンチバラカを出自とす
る多数の武装勢力が割拠する状況にある。そのなかでボジゼとつながりのある
グループが 2020 年末に CPC を結成して首都へ進軍したのだが、そこには元セ
レカのムスリムも元アンチバラカのキリスト教徒も混在していた。
　CPC はボジゼのイニシャティブで結成された。政権崩壊とともに亡命したボ
ジゼは、2019 年に帰国して、翌年末の大統領選挙に出馬する意向を示していた。
しかし、2020 年 12 月初旬、最高裁判所はボジゼを大統領選挙への立候補不適
格者と認定した。これは、ボジゼを拒否するトゥアデラ政権の意思であったと
見てよい。トゥアデラはもともとボジゼの引きで政界入りした人物だが[11]、内
戦後のボジゼは彼にとって武装勢力とつながった不安定化要因でしかなかった。

最高裁判決を受けて、ボジゼは CPC の結成に奔走し、首都進攻に打って出た。CPC とは、ボジゼとの個人的関係に依拠した雑多なグループの集合体なのである。CPC の進攻がワグネルやルワンダ軍によって阻止された後、地方では再び武装集団が割拠する状況が続いている。対立の構図としてはセレカ結成以前のボジゼ政権後期と同じで、武装集団は政権奪取というよりも支配領域からの利益確保を目的としている。こうしたなかで、ムスリムとキリスト教徒の対立が暴力的に顕在化することは大幅に減っている。

(2) 国際関係

2013 年のクーデタの特徴を考える際に、近隣諸国——特にチャドと南北スーダン——との関係は非常に重要である。ボジゼ政権とチャドのデビィ政権との関係性がこのクーデタの帰趨を決め、南北スーダンを含めた周辺国からの戦闘員の大量流入がクーデタの性格を規定していった。

2003 年にパタセ政権を打倒する際、ボジゼはチャドからの物的、人的支援に深く依存した［ICG 2007］。チャドもまた内戦を繰り返してきた国であり、デビィ自身ももともと反政府武装勢力の指導者で、武力によって政権を奪取した経験がある。ボジゼは、ボディガードにチャド人を付けるほど、デビィ政権に傾倒していた［Marchal 2013］。この時期多くのチャド人が経済機会を求めてバンギに移住した。しかし、ボジゼとデビィの関係は次第に悪化し、2012 年後半以降のセレカの結成と進軍を背後で支援したのはデビィであった。

セレカの進軍に際しては、膨大な数の戦闘員が周辺国から流入した。セレカを構成する主要武装勢力の規模は合わせて 5000 人程度だが、セレカの戦闘員は実際には約 2 万 5000 人にまで膨張した［Duhem 2013］。中央アフリカ北東部と国境を接するチャドやスーダンのダールフール地方、南スーダンでは、多くの紛争が続いたために、戦闘員としての活動を生業とする集団が形成され［Debos 2008］、それがセレカの急速な膨張を可能にした。こうした集団が大挙してセレカに参加したことで、兵站が考慮されず、現地住民に対する略奪や暴

---

11) トゥアデラは数学者で、フランスで学位を取り、バンギ大学の総長を務めていた 2008 年に、ボジゼから首相に任命された。この時トゥアデラはボジゼによく仕え、政権が内戦で崩壊する直前の 2013 年 1 月まで首相を務めた［Valade 2023］。

力が横行したのである。

　セレカの結成やアンチバラカの出現をもたらすうえで、ボジゼとデビィの関係は決定的に重要だった。中央アフリカの歴史的文脈において、近隣諸国とのこうした関係は珍しいことではない。中央政権は常に脆弱で、国家統治強化のための資源を国際関係の中に求めてきた。1979年に首都で反政府デモが起こったとき、ボカサは鎮圧のために隣国ザイール（現コンゴ民主共和国）のモブツに介入を要請した［小田 1986: 202］。前述の通りダッコはフランスの軍事介入に乗じて政権に復帰したし、パタセも反政府勢力に脅かされるたび、フランス軍やアフリカ諸国の平和維持部隊「バンギ協定監視アフリカ諸国ミッション」(Mission Interafricaine de Surveillance des Accords de Bangui: MISAB)[12]に頼った。2002年10月に反乱軍の攻撃を受けたパタセは、リビアのカダフィ政権とコンゴ民主共和国の反政府武装勢力である「コンゴ解放運動」(Mouvement de Libération du Congo: MLC) の支援を得て鎮圧した。そして近年、トゥアデラ政権はロシア兵やルワンダ兵に自国の治安を依存している。

　バイヤールが「外向性」という言葉で表現するように、脆弱な国家統治を補強するために外国の支援を求めることは、アフリカではしばしば観察される［バイヤール 2023］。この戦略は、中央アフリカにおいて歴代政権の常套手段であった。この文脈でチャドに接近したボジゼは、デビィ政権との軋轢のために、逆に反政府勢力へのテコ入れを招いた。それが中央アフリカ史上初めてのムスリムによる政権奪取をもたらしたのである。

おわりに

　本章では、中央アフリカの事例を通じて、紛争の態様変化をもたらす要因について検討してきた。中央アフリカでは、2013年にボジゼ政権を崩壊させたセレカの進軍に際してキリスト教徒への暴力が広がり、それが対抗勢力アンチバラカを生んで「宗教戦争」が現出した。しかし、フランスの軍事介入を経て成立した移行期政権下ではそれが変化し、2012年以前と同じく、宗教にかかわり

---

[12] MISABは1998年に国連PKOの「国連中央アフリカミッション」(Mission des Nations Unies en République Centrafricaine: MINURCA) に引き継がれた。

なく政権に敵対する勢力が地方に割拠する状態に戻った。

中央アフリカの国家形成を振り返ると、奴隷貿易の前線基地としてイスラーム化が進んだ北東部がフランス統治下の領域では周縁化され、ムスリムは人口上のマイノリティとなった。その結果、独立以降、この国の政治権力は、南部のキリスト教徒の間で持ち回りされてきた。2013年のセレカによるクーデタは、中央アフリカ史上初めてのムスリムによる政権獲得であり、それゆえに全土に大きな衝撃を与えたのである。このセレカによる政権獲得を可能にしたのは、チャドのデビィによる介入だった。デビィはボジゼ政権を転覆させるべくセレカにテコ入れし、それが暴力を拡大させてアンチバラカの成立を促した。

中央アフリカでムスリム、キリスト教徒というアイデンティティが動員され、「宗教戦争」が勃発したのは、それまでにない政治対立の構図が出現したためであった。圧倒的少数派のムスリムが暴力と略奪を伴いながら政権を奪取する事態が生じ、それへの反作用として多数派勢力が民兵組織を結成して、マイノリティのムスリムを襲撃した。その意味で、アンチバラカはセレカの鏡像であり、セレカが出現しなければアンチバラカも出現しなかった。

植民地化以前のイスラーム国家による奴隷狩り、フランスの植民地化と中央アフリカの領域形成、中央アフリカの独立とムスリムの周縁化。これらはいずれも紛争の様態を決める条件である。ただし、どのような紛争の形になるかは、直接的には政治対立の構図によって決まる。そして、中央アフリカにおいて、政治対立の構図を決めたのは有力な政治指導者の関係性（つながり）であった。2010年代以降の中央アフリカの紛争について言えば、チャドのデビィと中央アフリカのボジゼの関係、そしてトゥアデラとボジゼの関係によって政治対立の構図と紛争の態様が規定されてきた。すなわち、本章の分析は、比較的短期間に起こる紛争の様態変化において、個人のイニシャティブや個人間のつながりが重要な意味を持ってきたことを示している。

中央アフリカの統治者は、従来から、外部勢力とのつながりを通じて自らの生存に資する資源を得ようとしてきた。ボジゼとデビィ、ボカサとモブツ、パタセとカダフィ、そしてトゥアデラとカガメの関係が示すのは、中央アフリカの指導者が常に個人的な関係を利用して外部の強力なアクターを利用し、国家、そして自らの生き残りを図ってきたことだ。つまり、「外向性」の発動が、個

人的イニシャティブによって主導されてきた[13]）。

　ボジゼとデビィの例は、こうした関係性が両刃の剣であることを示している。つながりを通じた庇護関係が政権保持に役立つこともあれば、関係が悪化して権力喪失をもたらすこともある。ボジゼとデビィの関係は、庇護から敵対へと変化した。デビィがボジゼの追い落としへと介入を強めたことで、セレカの政権奪取、そしてアンチバラカの結成へとつながった。デビィとの深い個人的関係があったがゆえに、ボジゼの失脚は「宗教戦争」の巨大な暴力を引き起こしたのである。

参考文献
小田英郎　1986『アフリカ現代史III　中部アフリカ』山川出版社
栗田禎子　2001『近代スーダンにおける体制変動と民族形成』大月書店
佐藤章編　2007『統治者と国家――アフリカの個人支配再考』アジア経済研究所
スターンズ、ジェイソン　2024『名前を言わない戦争――終わらないコンゴ紛争』（武内進一監訳、大石晃史・阪本拓人・佐藤千鶴子訳）白水社
武内進一　2008「チャドの不安定化とダルフール紛争」『アフリカレポート』47: 9-14
―――　2014「中央アフリカにおける国家の崩壊」『アフリカレポート』52: 24-33
―――　2018「中央アフリカ共和国のイスラーム――その理解のための基礎作業」佐藤章編『アフリカの政治・社会変動とイスラーム』基礎理論研究会成果報告書、アジア経済研究所、85-99
バイヤール、ジャン＝フランソワ　2023『アフリカにおける国家――腹の政治』（加茂省三訳）晃洋書房
ランゲ、D.　1992「チャドの諸王国と諸民族」D. T. ニアヌ編（アフリカの歴史起草のためのユネスコ国際学術委員会編、宮本正興・日本語版責任編集）『ユネスコ・アフリカの歴史第4巻　一二世紀から一六世紀までのアフリカ』同朋舎出版
Alexandre, Matthieu. 2014 "Le Tchad se retire de la force africaine en République Centrafricaine," *Le Monde*, 3 Avril. https://www.lemonde.fr/afrique/article/2014/04/03/le-tchad-se-retire-de-la-force-africaine-en-centrafrique_4395445_3212.html（2024年9月15日閲覧）
Barkindo, B.M. 1992 "Kānem-Borno: Its Relations with the Mediterranean Sea, Bagirmi and Other States in the Chad Basin," B. A. Ogot (ed.), *General History of Africa V. Africa from the Sixteenth to the Eighteenth Century*, Paris: United Nations Educational, Scientific and Cultural

---

13)　この点は、アフリカ政治における個人の重要性、主導性に関する指摘とあわせて検討する必要がある［Jackson and Rosberg 1982; 佐藤編 2007］。

Organization.

Bensimon, Cyril. 2013 "Bangui, livrée au chaos, attend l'armée française," *Le Monde*, 3 Décembre. https://www.lemonde.fr/afrique/article/2013/12/03/bangui-livree-au-chaos-attend-l-armee-francaise_3524381_3212.html（2024 年 9 月 15 日閲覧）

——— 2021 "L'attaque rebelle sur Bangui, cruel révélateur de la fragilité du pouvoir centrafricain," *Le Monde*, 13 Janvier. https://www.lemonde.fr/afrique/article/2021/01/13/l-attaque-rebelle-sur-bangui-cruel-revelateur-de-la-fragilite-du-pouvoir-centrafricain_6066125_3212.html（2024 年 9 月 15 日閲覧）

Bierschenk, Thomas and Jean-Pierre Olivier de Sardan. 1997 "Local Powers and a Distant State in Rural Central African Republic," *The Journal of Modern African Studies* 35(3): 441-468.

Bobin, Frédéric and Morgane Le Cam. 2023 "Africa Corps, le nouveau label de la présence russe au Sahel," *Le Monde*, 15 Décembre. https://www.lemonde.fr/afrique/article/2023/12/15/africa-corps-le-nouveau-label-de-la-presence-russe-au-sahel_6205937_3212.html（2024 年 9 月 15 日閲覧）

Boisbouvier, Christophe. 2014 "Centrafrique-Tchad: la déchirure," *Jeune Afrique*, No. 2765, 10-12.

Bradshaw, Richard A. and Juan Fandos-Rius. 2013 "Recent history, The Central African Republic," *Africa South of Sahara 2014* (43rd Edition), London: Routledge.

Châtelot, Christophe. 2024 "Entre brutalité et prédation, comment Wagner pacifie la Centrafrique," *Le Monde*, 17 Juin. https://www.lemonde.fr/afrique/article/2024/06/17/en-centrafrique-wagner-continue-de-prosperer_6240954_3212.html（2024 年 9 月 15 日閲覧）

Debos, Marielle. 2008 "Fluid Loyalties in a Regional Crisis: Chadian 'Ex-Liberators' in the Central African Republic," *African Affairs* 107(427): 225-241.

Duhem, Vincent. 2013 "Sans foi ni loi," *Jeune Afrique*, 2751, 42.

Guibert, Nathalie. 2013 "Centrafrique: l'opération 'Sangaris', une intervention 'coup de poing'," *Le Monde*, 3 Décembre. https://www.lemonde.fr/afrique/article/2013/12/03/centrafrique-l-operation-sangaris-une-intervention-coup-de-poing_3524377_3212.html（2024 年 9 月 15 日閲覧）

Human Rights Watch（HRW）. 2013a. «Je peux encore sentir l'odeur de mort»: la crise oubliée des droits humains en République centrafricaine. New York.

——— 2013b. «Ils sont venus pour tuer»: escalade des atrocités en République centrafricaine. New York.

International Crisis Group（ICG）. 2007 "République Centrafricaine: anatomie d'un état fantôme," *Rapport Afrique de Crisis Group*, No. 136.

——— 2019 "Making the Central African Republic's Late Peace Agreement Stick," *Africa Report*, No. 277.

——— 2023 "Rwanda's Growing Role in the Central African Republic," *Crisis Group Africa Briefing*, No. 191.

Jackson, Robert H. and Carl G. Rosberg. 1982 *Personal Rule in Black Africa: Prince, Autocrat,*

Kalck, Pierre. 1974 *Histoire de la république centrafricaine*, Paris: Editions Berger-Levrault.
——— 1992 *Historical Dictionary of the Central African Republic*, Metuchen & London: The Scarecrow Press.
Le Monde. 2020 "Le gouvernement centrafricain accuse l'ancien président François Bozizé d'une 'tentative de coup d'Etat'," *Le Monde*, 19 Décembre. https://www.lemonde.fr/afrique/article/2020/12/19/le-gouvernement-centrafricain-accuse-l-ancien-president-francois-bozize-d-une-tentative-de-coup-d-etat_6063964_3212.html（2024 年 9 月 15 日閲覧）
Loubière, Thomas. 2013 "Que va faire l'armée française en Centrafrique?" *Le Monde*, 28 Novembre. https://www.lemonde.fr/afrique/article/2013/11/28/que-va-faire-l-armee-francaise-en-centrafrique_3522286_3212.html（2024 年 9 月 15 日閲覧）
Marchal, Roland. 2013 "Un bégaiement de l'histoire? La crise en RCA en 2012/2013." Paper presented at the Séminaire Douala, held on February 17, 2013.
Mehler, Andreas. 2011 "Rebels and Parties: The Impact of Armed Insurgency on Representation in the Central African Republic," *Journal of Modern African Studies* 49(1): 115–139.
Soudan, François. 2013a. "Centrafrique: peut-on sauver le soldat Bozizé ?" *Jeune Afrique*, No. 2713, 20–26.
——— 2013b. "Centrafrique: à qui la faute?" *Jeune Afrique*, No. 2751, 38–42.
United Nations (UN). 2013 "Report of the Secretary-General on the Situation in the Central African Republic," (S/2013/261, 3 May)
US Department of State. 2022 *2022 Report on International Religious Freedom: Central African Republic*. https://www.state.gov/reports/2022-report-on-international-religious-freedom/central-african-republic/（2024 年 8 月 16 日閲覧）
Valade, Carol. 2023. "Centrafrique: Faustin-Archange Touadera, professeur réservé devenu redoutable politique," *Le Monde*, 10 Août. https://www.lemonde.fr/afrique/article/2023/08/10/centrafrique-faustin-archange-touadera-professeur-reserve-devenu-redoutable-politique_6184993_3212.html（2024 年 9 月 15 日閲覧）

第3章 シリア内戦およびレバノン内戦における和平会議の比較
―― 外部勢力の介入と紛争解決

小副川 琢

はじめに

シリアでは 2011 年 3 月に、「アラブの春」の一連の動きとして反体制運動が発生したものの、当初は主にデモや集会を通じて、バッシャール・アサド（B. アサド）政権に政治的自由の実現などの民主化を求める穏健なものであった。それにもかかわらず、B. アサド政権が基本的に反体制勢力を「テロリスト」と見なし、対話を拒否して取り締まりを強化するなどの強硬措置をとったために、反体制側は政権側に対する敵意を強め、さらには政権転覆を要求するようになった。しかしながら、権威主義体制のような非民主的な政治体制においては、選挙を通じての体制変動を実現することが基本的に不可能であるために、2011 年後半にはシリアの多くの反体制勢力が武装化したことに伴い、反体制武装闘争が同国各地で発生し、遂には内戦に至ったのである[1]。

シリア内戦は本章執筆時点（2024 年 9 月現在）において、同国北西部のイドリブ県および周辺地域にて小規模な戦闘が時折発生するのみであり、首都ダマスカスを含めて日常的には戦闘と無縁の地域が占める割合が大きい。だが、シリアの国土が現時点においても、大まかには B. アサド政権と反体制勢力、さら

---

1) エルベ・ラドゥス国連事務次長（平和維持活動担当）が 2012 年 6 月 12 日に、シリアが内戦状態にある、との認識を国連高官としては初めて示した。その結果、2011 年秋頃からマスメディアを中心に使われていたシリア内戦という言葉が、ラドゥス発言以後はより広範に使われるようになった。なお、ラドゥス発言に関しては以下を参照のこと。BBC. 2012 "Syria in Civil War, Says UN Official Herve Ladsous," *BBC*. June 12, 2012. https://www.bbc.com/news/world-middle-east-18417952（2024 年 9 月 12 日閲覧）

にはクルド勢力によって三分割されているうえに、各勢力の支配領域は2019年10月時点から本章執筆時点まで殆ど変化していない[2]ことから、戦線は膠着状態にあり、また内戦終結の見通しも立っていないのである。

この結果、シリア内戦は隣国レバノンで15年間（1975-90年）繰り広げられた内戦に匹敵するほど長引いており、また今世紀最大の人道危機とも評されるような事態をも生み出した。ゆえに、シリア内戦に対しては国際的に紛争解決の試みがなされているものの、その成果は捗々しくないのである。そこで、本章においては最初に、内戦という武力紛争の解決の一端を担う和平会議の成否に影響する要因に関して、コネクティビティや信頼の有無といった事柄に言及しながら、理論的な考察を行う。なお、コネクティビティに関しては、国家間の関係には政府同士の関係である政府間関係に加えて、非政府主体と政府の関係並びに非政府主体同士の関係の双方を意味するトランスナショナルな関係も存在している状況において、本章では政府間関係とトランスナショナルな関係の両方を意味する用語としてコネクティビティを用いる。また、信頼に関しては、国際関係論を含む政治学において、この用語そのものに関する議論が正面から取り上げられていることは稀である。だが、国家間の相互不信から意図しない武力紛争が発生しないために、相互に情報公開や交流などを進め、相手に対する疑念を払拭していくことを意味する信頼醸成措置という用語は、政治学で定着した分析概念として使われている。そこで、この信頼醸成措置という用語を基盤にして、本章では政府や非政府主体などが相手の意図や行動に対して、多大なる疑念を抱いていない状態を意味する用語として信頼を用いる。次に、このような理論的な考察を元にして、シリア内戦の解決を目指して開催されてきた和平会議（国連主催の「ジュネーブ会議」[3]並びにロシア主導の「アスタナ会議」[4]）が失敗に終わった要因に関して考察する。続いて、シリア内戦の終結に関する

---

2) トルコ軍主導の「平和の泉」（「平和の春」と訳されている場合もある）と名付けられた軍事作戦が、2019年10月にクルド勢力に対して行われた結果、同勢力の支配領域の一部がトルコ軍によって治安維持が担われる「安全地帯」となった。
3) 後述のように、ジュネーブ会議は国連・アラブ連盟合同シリア担当特使がその開催に向けて尽力していたものの、主催は国連であった。
4) 後述のように、アスタナ会議はロシアとトルコの首脳同士の合意により開始されるに至ったものの、ロシアが主導的な役割を果たしている。

見通しを得られるとの考えから、レバノン内戦を終結に導いた和平会議（サウジアラビア主導の「ターイフ会議」）について検討する。そのうえで、これらの和平会議を比較した結果に関して、コネクティビティや信頼の有無が会議の成否に与えた点に注目して考察することにより、本章の結論としたい。

　それでは、シリア内戦とレバノン内戦を比較する意義は何であろうか。確かに、双方の内戦を取り巻く時代状況を大まかに捉えるならば、冷戦期とポスト冷戦期という違いがあることから、その違いが紛争解決にもたらした点には留意する必要があろう。そのうえで、シリア内戦およびレバノン内戦に共通する属性を述べるならば、それは「浸透された国家（penetrated state）」という国家形態の下で、外部勢力介入型内戦が展開されてきた、という点である。浸透された国家とは、国内の出来事、とりわけその政治的な動態が国内勢力による動きに加えて、外部勢力の介入に伴う「浸透」によって大きな影響を受けるなど、国家主権がかなりの程度脅かされている国家である。事実、シリアとレバノンの両内戦においては、各国の国内勢力のみならず、周辺国や大国、さらには超大国や国際機関などの外部勢力が持つ権威や軍事力が、国内の政治的な動態に影響を与えてきたのである。より具体的には、シリア内戦に対しては主に国連やアラブ連盟、アメリカ、ロシア、湾岸アラブ諸国、イスラエル、イラン、トルコが介入してきており、またレバノン内戦に対しては主に国連やアラブ連盟、アメリカ、フランス、シリア、エジプト、サウジアラビア、イスラエル、イランによる介入が見られた。したがって、シリア内戦とレバノン内戦を取り巻く時代状況は異なるものの、上述のような共通の属性を持っていることから、後者の終結を導いたターイフ会議についての考察は、前者に関するジュネーブ会議やアスタナ会議が失敗に終わった要因について、その理解を深めるのに役立つという意義を有するのである（図1）。

　ただし、国家形態に関して厳密に言うならば、シリアについては2011年3月に反体制運動が発生するまでは浸透された国家ではなく、反体制運動が武装化して反体制武装闘争が発生し、最終的に内戦に至る過程で政府の統治能力が低下してそのような国家に変容していった反面、レバノンについては内戦の発生以前から浸透された国家であったという違いが存在する。すなわち、シリアではハーフィズ・アサド（H. アサド）が大統領に就任した（1971年）後に、政府

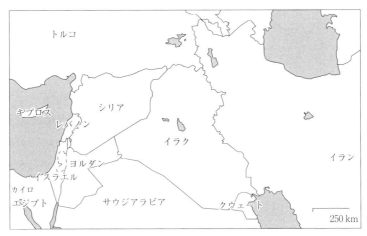

図1 シリア、レバノン並びに周辺国

が社会に対する統制を強化した結果、国内の非政府主体が外部勢力とトランスナショナルな関係、つまりコネクティビティを持つことが著しく困難となり、これら勢力がシリアに「浸透」して活動することが基本的にはほぼ不可能になったのである。その反対に、レバノンでは1943年の独立以来、特定の宗派が政府の権力を独占することは国民の警戒を招くことから、主要な公職ポスト（大統領や首相、国会議長など）や国民議会（国会）の議席を宗派ごとに配分する宗派制度が採用されるとともに、そもそも政府の権能が意図的に強化されてこなかったのである[5]。その結果、外部勢力がレバノンに「浸透」して活動することが可能となっており、レバノン国内の非政府主体（とりわけ宗派や宗派を基盤として形成されてきた政治勢力）はキリスト教徒主体の勢力であれ、ムスリム主体の勢力であれ、外部勢力と内戦前から内戦中、さらには内戦後の現在に至るまでコネクティビティを維持しているのである。

---

5) シリアとレバノンが対照的な国家形態をとるようになった背景に関しては、小副川［Osoegawa 2015: 15-16］を参照のこと。

1　外部勢力介入型内戦の和平会議に関する理論的な考察

(1)　二段階から成る和平会議の成否

　内戦終結を目指す和平会議の全体的な成否に関しては、会議自体に加えて、会議終了後における決定事項の実施過程の二段階に分けて考察する必要がある。なぜならば、和平会議自体が決定事項を生み出して成功裏に終わったとしても、その決定事項の実施過程が失敗に終わることがしばしば生じるからである。しかしながら、和平会議自体がそもそも成功しなければ、その後の決定事項の実施過程が成功することは想定できないことから、この二段階は密接に結びついていると言える。そこで、本節では和平会議自体の成否を左右する要因に関する理論的な考察を主に行いつつも、会議終了後の実施過程についても検討する。なお、既述のようにシリア内戦並びにレバノン内戦が共に外部勢力介入型内戦であることから、和平会議の成否に作用する要因については対内、そして対外の順にそれぞれ説明することにしたい。

(2)　対内要因に関する考察

　和平会議自体の成否は第一に、国内勢力が「適切に」参加しているかどうかに影響される。このことは、内戦に関わっている国内勢力が全て和平会議に参加する必要はないにしても、少なくとも主要な国内勢力が参加していなければならないことを、何はさておき意味する。すなわち、主要な国内勢力が揃わなければ、和平会議自体が紛争解決に資することのない単なる議論の場になる可能性が高いのみならず、たとえ和平会議がそれ自体としては成功したとしても、決定事項の実施過程は「絵に描いた餅」で終わってしまうであろう。加えて、政権側と反体制側の双方において一枚岩な構造になっておらず、内部分裂が顕著であるならば、和平会議自体が成功することが困難であるのみならず、仮に何らかの決定事項がもたらされたとしても、その実施過程はスムーズなものとはならないであろう。したがって、国内勢力の「適切な」参加とは、主要な勢力が深刻な内部分裂を伴っていない状態で揃っていることを意味するのである。

　第二に、和平会議自体の成否は主要な国内勢力の間の軍事バランスに関わっ

ている。すなわち、戦闘継続よりも戦闘停止の方が望ましい、と主要な国内勢力が判断可能な軍事バランスが生まれていなければ、仮に和平会議が開催されたとしても、それ自体の成功は覚束ないであろう。このような軍事バランスが成立する条件として以下の2つの状況が考えられ、軍事バランスに圧倒的な差がなく、戦線が膠着状態にあるような状況が何はともあれ想定されよう。加えて、軍事バランスに圧倒的な差があり、一方において軍事的に優勢な側が、これ以上は軍事作戦を展開しなくても、交渉の場で自らの意向を相手に押し付けることが可能であると判断し、他方において軍事的に劣勢な側が、これ以上の抵抗は軍事力の圧倒的な差からして、無駄であると判断するような状況も想定されよう。なお、当然のことながら、主要な国内勢力間の軍事バランスは和平会議後における決定事項の実施過程にも影響を与えるである。

　第三に、和平会議自体の成否は主要な国内勢力がその決定事項を「公正な」ものとして見なすかどうかに左右される。この点に関して、ザートマン［Zartman 1995］は内戦の形態に関する分類を提示した際に、中央権力をめぐる内部紛争である旨レバノン内戦を位置付けたが、シリア内戦も同様な形態であると言える。ゆえに、シリア内戦並びにレバノン内戦共に、その終結を目指す和平会議の決定事項は中央権力に関する事柄の政治的解決を目指すものとなり、国内勢力、中でも主要な勢力がそれに納得しているかどうかが重要になってくる。そこで、主要な国内勢力が納得する際に必要な条件を考えてみると、決定事項が「公正な」ものでなければならないことになる。ただし、「公正な」決定事項というのは、その内容が主要な国内勢力にとって中立であることを必ずしも意味しておらず、それら勢力間の軍事バランスを考慮したものでなければならない。さらに言えば、仮に中立な決定事項であるにしても、それが主要な国内勢力の間の軍事バランスを無視しているならば、「公正な」ものとは多くの勢力から見なされないであろう。すなわち、主要な国内勢力が軍事バランスの観点から和平会議の決定事項を「公正な」ものとして受け入れることが必要であり、そのような状況は会議後における決定事項の実施過程に肯定的な作用をもたらすのである。

(3) 対外要因に関する考察

　既述のように、主要な国内勢力が深刻な内部分裂を伴わない形で和平会議に揃う際に、戦闘停止に望ましい軍事バランスが成立しており（勢力間に軍事力の圧倒的な差がある状況と、ない状況という2つの場合が想定される）、かつそのバランスの観点からも「公正な」決定がなされる場合においては、会議自体に加えて、その後における決定事項の実施過程が成功する可能性も高まることから、会議の全体的な成功がもたらされる公算が大きい。しかしながら、内戦においては主要な国内勢力がゲリラ戦を含めた軍事行動に重きを置いていることが多く、そもそも和平会議に前向きではないことが多い。また、シリア内戦並びにレバノン内戦のように、中央権力をめぐって戦闘が展開されているような状況においては、政府側が和平会議の開催を呼びかけたところで、現政府の正統性を認めていない反体制側が躊躇なく交渉の席に着くとは想定しがたい。ザートマン[Zartman 1995: 20]が指摘するように、内戦は国内勢力同士の話し合いや、政治的妥協を実現させることが困難な構造を元々有しているがゆえに、国家間紛争と比べて仲介役が必要とされる度合いが高いのである。

　そこで、ある国家で内戦が発生した場合の被害から考えてみると、周辺国はこれまでの貿易関係が立ち行かなくなることによる経済的な損失や、国外からの難民の流入といった事態に直面するであろう。ゆえに、周辺国は内戦の継続を好ましいとは判断せず、仲介役として紛争解決に取り組むことが想定される。しかしながら、周辺国は同時に、内戦が発生している国家との武器の取引や密輸から利益を得ることも可能であり、内戦の継続を望ましいと判断することもある。また、内戦が継続することにより、その国家へ介入する理由を周辺国は容易に見出すことが可能となり、秩序の回復や人道危機の回避といった理由を掲げながら、時には内政干渉まで行うこともあり得よう。さらに、大国や超大国が、周辺国と同じように上記の得失を判断し、内戦に介入することもこれまでにしばしば生じてきたほか、中立な国家や国際機関などによる、主に人道上の配慮からの介入も行われるのである。

　このように、内戦には周辺国のみならず、大国や超大国、また中立な国家や国際機関も介入する傾向にあるなかで、このような外部勢力が和平会議自体の成功に資する役割を果たすためには第一に、権威と軍事力を併せ持っていなけ

ればならない。このことは、主要な国内勢力が介入を行った外部勢力の正当性を認め、それに自発的に従うことを意味する権威に加えて、権威ある外部勢力には軍事力も伴っていることを意味する。なぜならば、外部勢力が和平会議への参加を渋っている国内勢力を交渉のテーブルに着かせる際に、あるいは会議後における決定事項の実施過程が国内勢力によって遵守されるようにする際に、自らの権威のみを頼りにこのような目的を達することは、国内勢力が武装している状況に鑑みるに困難と言わざるを得ないからである。確かに、外部勢力が軍事力を用いて武力制裁を行う可能性をちらつかせることは、国内勢力からの信用を得られず、和平会議自体とその後の決定事項の実施過程を失敗させる可能性もないわけではない。しかしながら、外部勢力が軍事力を持たないならば、内戦という状況で武装している国内勢力は外部勢力を容易に無視、もしくは軽視することが可能となる。したがって、外部勢力は主要な国内勢力がその正当性を認め、自発的に従うような権威を保持したうえで、その権威に軍事的な裏付けを伴っていることが望ましいのである。

　第二に、外部勢力による介入が和平会議自体の成功に貢献するためには、こうした勢力がコネクティビティを用いて中立な仲介役として行動し、国内勢力からの信頼を得る必要がある。そこで、内戦の展開にとりわけ大きな利害関係を有する周辺国や大国、さらには超大国にこのような役割を期待することを考えてみると、それはなかなか難しいのが実情であろう。なぜならば、周辺国や大国、超大国は強いコネクティビティを有する子飼いの国内勢力との利害関係を重んじて行動する傾向が強いからである。それに対して、中立な国家や国際機関は国内勢力と等距離で接する傾向を有しているものの、これら勢力とのコネクティビティは弱いか、そもそも存在していないことが多い。すなわち、中立な国家や国際機関は和平会議において、中立な仲介役としての行動をとることにより、多数の国内勢力から仲介役としての信頼を得るものの、コネクティビティの弱さや欠如ゆえに会議の成功をもたらすことが難しいと言えよう。その反面、周辺国や大国、超大国は和平会議において、強いコネクティビティを有する子飼いの国内勢力との利害関係を重視して行動するがゆえに、中立な仲介役にはならず、一部の国内勢力からのみ信頼されるに留まることから、同様に会議を成功させることは困難であろう。このように、外部勢力が国内勢力と

表 1　コネクティビティと信頼の関係

	国内勢力とのコネクティビティ	国内勢力からの信頼
中立な国家や国際機関	弱い、もしくは存在せず	多数の勢力からの信頼
周辺国や大国、超大国	強い（子飼いの勢力との）	少数の勢力からの信頼

の間で有するコネクティビティと、国内勢力からの外部勢力に対する信頼は、表1が示すように、和平会議自体の成功の観点からは二律背反の関係にある。そこで、和平会議において、周辺国や大国、超大国が子飼いの国内勢力との強いコネクティビティを持ちつつも、できるだけ中立な仲介役として行動するか、あるいは中立な国家や国際機関が国内勢力との強いコネクティビティを持って行動するならば、国内勢力からの信頼という観点からは共に望ましい。だが、既述のように、こうした動きが生じることは現実にはかなり想定しがたく、会議自体や、さらにはその後の実施過程の成功に資する外部勢力は、本来的に存在していないと言えるのである。

　第三に、和平会議に介入を行っている外部勢力が会議自体を成功に導くためには、そうした外部勢力同士の関係が良好であることが望ましい。また、外部勢力同士の関係は和平会議自体のみならず、その後における決定事項の実施過程にも影響を及ぼす。そこで、冷戦期やポスト冷戦期のような異なった時代状況が国際関係に相違をもたらす点を念頭に置きつつ、和平会議に介入をしている外部勢力同士の関係を考慮する必要があろう。

2　「ジュネーブ会議」の展開と考察

　2011年3月のシリアにおける反体制運動の勃発後に、B. アサド政権が反体制勢力を「テロリスト」と認定して強硬措置をとったことから、同年後半にはシリア各地で政権転覆を目的とする反体制武装闘争が見られるようになった。そこで、シリア国内の主要な勢力同士が自ら話し合いの場を設けることが不可能になった状況において、国連やアラブ連盟は当初、個別に事態の解決に乗り出した。だが、反体制勢力を支援するアメリカ、イギリス、フランスと、B. アサド政権を支援するロシア、中国が対立したことにより、紛争解決に主導的な

役割を果たすことが想定されている国連は、安全保障理事会（安保理）が機能麻痺に陥った。一方でアメリカは2003年に開始したイラク戦争を契機にシリアとの関係が悪化しており[6]、他方でロシアとシリアは冷戦期以来の長年の同盟関係にあったことから、イギリスとフランスは近い関係にあるアメリカと、中国は近い関係にあるロシアと、それぞれ同様な政策をとったのである。

また、アラブ連盟はサウジアラビアやエジプトの影響力がとりわけ強く、シリアの反体制勢力を支援している両国の意向を受ける形で「反アサド」の旗幟を鮮明にしたことにより、同連盟による紛争解決の試みはB.アサド政権から疑惑の目で見られることになってしまった。B.アサド政権が少数派のアラウィー派ムスリムを主体とする政権であることから、反体制勢力の多くが多数派のスンナ派ムスリムを主体に形成された状況において、サウジアラビアやエジプトは反体制側を支援したのである。この背景には、サウジアラビアおよびエジプトのスンナ派とシリアのスンナ派のコネクティビティに加えて、とりわけサウジアラビアとライバル関係にあるイランがB.アサド政権と強いコネクティビティを持っていることがあった[7]。このように、国連とアラブ連盟がそれぞれ単独では紛争解決をもたらすことが困難な状況において、両者は協働して事態の収拾に当たることになり、2012年2月にコフィ・アナン元国連事務総長が、国連・アラブ連盟合同シリア担当特使に就任するに至ったのである。

アナン特使は就任後にB.アサド政権や反体制勢力、さらにはその後ろ盾となっている関係諸国などと精力的に交渉を行い、B.アサド大統領に対する退陣要求を含まずに、停戦と人道支援の実現を優先事項とする調停案（「アナン・プラン」）を作成した。このアナン・プランに対しては、安保理は議長声明という形で支持を表明し、またB.アサド政権も受け入れの意向を示したのである。

そのうえで、アナン特使が安保理常任理事国やシリア周辺国の外相、さらに

---

[6] シリアが湾岸危機・戦争（1990-91年）を支持したことから、アメリカとの関係は大幅に改善した。だが、シリアがイラク戦争に反対の意向を表明した結果、冷戦終焉に伴って1990年代には比較的良好であったアメリカとの関係は、再度悪化することになった。

[7] イラン・イラク戦争（1980-88年）において、H.アサド政権が同じバアス党同士の敵対関係やユーフラテス川の水問題から、イラクではなくてイランに対する支援を表明して以来、シリアとイランは同盟関係にある。なお、サウジアラビアとイランは中国の仲介により、2023年3月に国交を回復した（両国は2016年1月に国交を断絶していた）。

は国連やアラブ連盟の事務総長などをジュネーブに参集させることに尽力した結果、シリア内戦の解決に向けた国連主催の第1回ジュネーブ会議が2012年6月末に開催されることになった。この第1回会議においては、アナン・プランの内容に沿う形で、2012年6月30日に「ジュネーブ・コミュニケ」[8]が成立し、以後のジュネーブ会議を規定する枠組みとなったのである。しかしながら、ジュネーブ・コミュニケにおいて樹立が提案された「移行的な統治主体」には、現政府（すなわちB. アサド政権）のメンバーを含むことが可能と規定されたことから、同大統領の退陣を要求する反体制勢力は同コミュニケに満足できなかった。その反面、B. アサド政権はジュネーブ・コミュニケにおけるこの規定を盾にして、移行的な統治主体が形成されるまでは政権移譲をしなくてもよいと判断することが可能であった。B. アサド政権と反体制勢力は内戦解決に向けた動きが滞っていることに関して、互いに非難するようになり、政権側は、反体制側が同大統領を含む政権メンバーの移行的な統治主体への参加を拒んでいる、と主張したのに対して、反体制側は、政権側が同大統領を含む政権メンバーの移行的な統治主体への参加に拘っており、そもそも政権移譲を行う用意がない、と主張したのである。したがって、ジュネーブ会議は最初から失敗が運命づけられていたと言えなくもないものの、第9回会議（2018年1月開催）までに具体的な決定事項がほぼ生み出されることなく、紛争解決の試みは失敗に終わったことから、会議自体に焦点を当てて、対内・対外要因の観点から議論する。

　最初に、対内要因に関しては第一に、国内勢力がジュネーブ会議に「適切に」参加していたとは言えない有様であった。ジュネーブ会議が開催されていた2012年から2018年にかけては、シリアの国土が大まかにはB. アサド政権、反体制勢力、クルド勢力、さらにはイスラム国（IS/ISIS）によって四分割されていた。このような状況において、B. アサド政権と反体制勢力、そしてクルド勢力はジュネーブ会議に参加してきたものの、IS/ISISはB. アサド政権並びにクルド勢力の存在を基本的に認めていなかったことから、一切参加しなかった。ジュネーブ会議が開催されていた6年間においては、IS/ISISがシリア国土のかなりの部分を支配下に置いていたことから、同組織の参加は現実には想定する

---

8) 同コミュニケの全文は以下を参照のこと。Final Communiqué of the Action Group for Syria (Geneva Communiqué). 2012. https://peacemaker.un.org/node/9026（2024年9月17日閲覧）

ことが不可能だったとしても、その不参加は会議の失敗に貢献したと言えよう。加えて、B. アサド政権は少数の幹部の離脱が 2012 年前後に相次いで起こった以外、内部分裂が目立つ有様ではなかったものの、反体制勢力は主な支援国であるアメリカや湾岸アラブ諸国、イスラエル、トルコの間の思惑の違いもあり、多数の武装勢力が形成されたことに加えて離合集散も激しく、内部分裂が顕著であった。さらに、反体制勢力の政軍両面にわたる統括組織として 2012 年 11 月に形成された「シリア国民連合」は、主要武装組織としての「自由シリア軍」やその他の武装勢力を傘下に置く役割が与えられていたものの、その役割を果たせないでいた。このように、反体制勢力は武装勢力間の内部分裂に加えて、政治・軍事勢力間での連携がとれていなかったと言えよう。したがって、ジュネーブ会議にはシリアの主要な国内勢力が揃っていなかったのみならず、反体制勢力は内部分裂が顕著な状態で参加したのである。

　第二に、対内要因である主要な国内勢力間の軍事バランスに関しては、ジュネーブ会議の開催期間において、B. アサド政権、反体制勢力、クルド勢力、さらには IS/ISIS の間で、軍事バランスに圧倒的な差がないことによる戦線の膠着状態は生じていなかった。また、軍事バランスに圧倒的な差があることに起因しての、一方において軍事的に優勢な側がこれ以上は軍事作戦を展開しなくても、交渉の場で自らの意思を相手に押し付けることが可能と判断し、他方において軍事的に劣勢な側がこれ以上の抵抗は軍事力の圧倒的な差からして、無駄であると判断するような状況も生じていなかった。すなわち、シリアの主要な国内勢力は一様に、戦闘継続こそが自らの目標達成に有益であると見なしていたのである。

　第三に、対内要因である和平会議の決定事項に関しては、ジュネーブ会議は既述のように、それを生み出すことはなかった。この背景には、ジュネーブ会議における主要議題（ガバナンス、憲法、選挙、「テロリズム」との戦い）に関して、B. アサド政権と反体制勢力との間で優先順位の違いが存在していたことがあった。すなわち、B. アサド政権は反体制勢力の掃討を意味する「テロリズム」との戦いを優先すべきと考えていたのに対して、反体制側は政権移行に結び付くような他の議題に重きを置いていたのである。

　続いて、対外要因に関しては第一に、ジュネーブ会議を主催した外部勢力で

ある国連は権威ある反面、自らの軍事力としての国連軍を結成していなかった。確かに、国連の権威は IS/ISIS を除くシリアにおける主要な国内勢力（B. アサド政権、反体制勢力、クルド勢力）が、同会議に参加することに肯定的に作用した。しかしながら、国連自体としては軍事力を有していなかったことから、ジュネーブ会議で決定事項が生み出されるように、シリアの主要な国内勢力に対して軍事的な圧力を行使することは不可能であった。加えて、安保理常任理事国の中でとりわけアメリカとロシアは、シリアの国内勢力を従わせるだけの充分な軍事力を保持していたものの、両国共に同盟勢力（アメリカは反体制勢力、ロシアは B. アサド政権）とのコネクティビティに重きを置き、安保理常任理事国として国連の意思を体現する形で国連軍を結成して軍事力を行使することはなかったのである。

　第二に、対外要因としての国連に関して述べるならば、ジュネーブ会議においては安保理決議を基盤にして行動することが求められていたために、国連は中立な仲介役として行動し、シリアにおける主要な国内勢力から信頼されていた。だが、国連自体としてはシリアの国内勢力と強いコネクティビティを持っておらず、和平努力を遂行するためには周辺国や大国、超大国などのそうしたコネクティビティを有する勢力に依存する必要もあった。国連自らシリアの国内勢力と強いコネクティビティを保持していなかったことは、ジュネーブ会議の成功にはマイナスに作用したのである。

　第三に、対外要因としての和平会議に介入を行っている外部勢力同士の関係については、ジュネーブ会議を主催した国連を取り巻く状況として、加盟国間の関係は良好ではなかった。確かに、ジュネーブ会議が開催されたのはポスト冷戦期であったものの、一方においてアメリカは反体制勢力を支援し、他方においてロシアは B. アサド政権を支援するなど、冷戦時代の米ソ関係を彷彿とさせるような状況がシリア内戦において見られた。また、ロシアが 2014 年に武力によるクリミア併合を行った結果、米露関係はさらに悪化した。加えて、中東諸国も B. アサド政権を支援しているイランに対して、湾岸アラブ諸国やイスラエル、トルコが反体制勢力を支援するなど、ジュネーブ会議の成功に資するような国際関係が国連加盟国の間で展開されていたわけではなかったのである。

3　「アスタナ会議」の展開と考察

　第3回ジュネーブ会議は2016年2月に開催されたものの、B.アサド政権と反体制勢力が激しい非難の応酬を行ったことから、同3日に会議の一時延期並びに25日の再開が発表された[9]。だが、第3回ジュネーブ会議は2月25日どころか、年内にも開催されなかったために、ステファン・デ・ミストゥーラ国連・アラブ連盟合同シリア担当特使[10]の尽力にもかかわらず、ジュネーブ会議の存続自体が疑問視されるような状況であった[11]。そこで、ロシアのウラジーミル・ウラジーミロヴィチ・プーチン大統領とトルコのレジェップ・タイップ・エルドアン大統領は12月16日に、カザフスタンの首都アスタナにおけるシリア和平会議、すなわちアスタナ会議の開催意向を表明した。その結果、アスタナ会議は第1回会議が2017年1月に開催されてから、2024年1月までに21回開催されてきており、今後も開催予定が見込まれるものの、これまでの会議において具体的な決定事項が生み出され、かつ実施過程を伴ったのは第4回会議（2017年5月開催）のみであり、紛争解決に失敗している。そこで、ロシア主導のアスタナ会議に関しても、会議自体に焦点を当てて、対内・対外要因の観点から議論する。

　最初に、対内要因に関しては第一に、国内勢力がアスタナ会議に「適切に」参加しているとは言えない状況である。IS/ISISはそもそもアスタナ会議に参加する意向を持っていないことに加えて、その勢力は2018年以降大幅に衰えたことから、シリアにおける主要勢力の中で参加が想定されるのはB.アサド政権、反体制勢力、そしてクルド勢力となる。だが、中立である国連の主催によるジュネーブ会議とは異なり、ロシアの主導によるアスタナ会議は反体制勢力

---

9)　第3回ジュネーブ会議の詳細に関しては以下を参照のこと。BBC. 2016 "Syria Conflict: Sides Trade Blame over Talks' Suspension," *BBC*, February 4, 2016. https://www.bbc.com/news/world-middle-east-35489237（2024年9月17日閲覧）

10)　デ・ミストゥーラ元国連アフガニスタン支援団代表は、アナンの後任として2012年9月に就任したアフダル・ブラーヒーミー元国連アフガニスタン特別代表を引き継ぐ形で、2014年7月に国連・アラブ連盟合同シリア担当特使に就任した。

11)　結果的には、2017年2月から3月にかけて第4回ジュネーブ会議が開催され、2018年1月開催の第9回会議まで続いた。

にとって、そもそも参加のハードルが高い会議である。ゆえに、既述のように内部分裂が顕著な反体制勢力は、アスタナ会議への参加をめぐって見解が割れたのみならず、クルド勢力と共にそもそも参加しなかったこともあったのである。したがって、アスタナ会議においてもシリアの主要な国内勢力が揃っていないような状況が生じ、また反体制勢力は参加したとしても、内部分裂が顕著な状態で参加したのである。

　第二に、対内要因である主要な国内勢力間の軍事バランスに関しては、冒頭で述べたように、各勢力の支配領域は 2019 年 10 月時点から本章執筆時点まで殆ど変化していない。すなわち、アスタナ会議の開催期間の大半において戦線は膠着しており、また B. アサド政権はとりわけ反体制勢力に対して圧倒的な軍事的優位を誇っている。しかしながら、B. アサド政権はシリア全土の再掌握という目標を反体制勢力との交渉で達成できるとは考えておらず、また反体制側はトルコやアメリカの支援をとりわけ当てにして、何とか持ちこたえることができると見なしている。したがって、シリアの主要な国内勢力が戦闘停止の方が望ましいと判断可能な軍事バランスは生まれていないのである。

　第三に、アスタナ会議において具体的な決定事項が生み出され、かつ実施過程が伴ったのは、既述のように第 4 回会議のみである。この会議においては、B. アサド政権と反体制勢力との間で激しい戦闘が展開されていたイドリブ地域、ホムス北部地域、ダマスカス郊外東グータ地区、シリア南部地域に、ロシアに加えてトルコ並びにイランを停戦の「保証国」とする「緊張緩和地帯」の設置が決まった。この決定事項は B. アサド政権と反体制勢力との軍事バランスが政権側に有利であったものの、軍事的な決着をつけることは難しい当時の情勢に鑑みると「公正な」ものであり、イドリブ以外では 2017 年 7 月から 8 月にかけて停戦が実際に発効した。だが、ホムス北部並びにシリア南部ではロシア軍が展開して停戦が当初は概ね維持されたものの、B. アサド政権は「シャーム解放委員会」(2016 年に国際テロ組織「アルカーイダ」のシリア支部からの離脱を公式に表明した) や、IS/ISIS の拠点が両地域に存在しているとの理由により、最終的には攻撃を再開し、しかもその攻撃をロシア軍が黙認したことにより、これらの地域を再掌握した。また、B. アサド政権は 2018 年春にシャーム解放委員会が拠点を有していることを理由に、東グータに空爆を中心とする猛攻撃をロ

図2　シリアおよびレバノン地図

シア軍と共に実施し、その過程で化学兵器攻撃事案も発生する状況で同地区を再掌握した。このように、第4回会議の決定事項である緊張緩和地帯の設置は、B. アサド政権が2018年春までにイドリブを除いて停戦を実現しつつも、支配領域を反体制勢力から取り戻す結末となったことから、その実施過程は「公正な」ものではなかったのである（図2）。

　続いて、対外要因に関しては第一に、アスタナ会議を主導したロシアは B. アサド政権を支持していたことから、同政権以外のシリアにおける主要な国内勢力（反体制勢力やクルド勢力）によって受け入れられる権威を有してはいなかった。さらに、第4回会議における決定事項の実施過程において、ロシアが B. アサド政権による軍事作戦を黙認したうえに、同政権による強引な停戦の実現と支配領域の再掌握をその強力な軍事力で後押ししたことは、反体制勢力の反感を買うとともに、以後のアスタナ会議に対する反体制側からの冷淡な態度に影響をもたらしたと考えられるのである。

　第二に、対外要因としてのロシアに関しては、中立な仲介役ではなく、同国は一方においてアスタナ会議を主導し、他方において B. アサド政権を軍事的にも支援している。このように、ロシアと B. アサド政権の政府間関係、つま

りコネクティビティが強いことは、その反面として同国がシリアにおける反体制勢力やクルド勢力からは信頼されない結果を生み出したのである。

　第三に、対外要因としての和平会議に介入を行っている外部勢力同士の関係については、アスタナ会議を主導したロシアに加えて、第4回会議に伴う停戦の保証国とされたトルコ並びにイランの間に全面的な敵対関係は存在してこなかった。ロシアとイランが同じくB.アサド政権を支持している反面、ロシア・トルコ関係並びにトルコ・イラン関係はともに、シリアの国内勢力に対する支持の観点からは確かに対立の様相を呈しているものの、これらの関係にはシリア情勢の悪化を防ぐために協力する動きも存在している。事実、プーチン大統領とエルドアン大統領はしばしば電話協議や首脳会談を行ってきているほか、イラン外務省が2020年2月8日に、同国がトルコとB.アサド政権との仲介を行う意向である旨表明した[12]ことがあった。ゆえに、外部勢力同士の関係はアスタナ会議の方がジュネーブ会議よりも良好と言えるのである。

4　「ターイフ会議」の展開と考察

　レバノンにおいては宗派制度のもとで権力の分有がはかられていたものの、その実態は人口比で明らかに少数派になっていたキリスト教徒が、政治・経済・社会の各面において優位な地位を占めている状況であった。その結果、レバノン内ではキリスト教徒に対するムスリムの不満が蓄積される形で政情不安が高まっていき、1975年4月には遂に両者の間で内戦が勃発した。ゆえに、レバノン内戦は大まかにはキリスト教徒とムスリムの対立と言えるものの、キリスト教徒主体の政治勢力同士の、あるいはムスリム主体の政治勢力同士の対立や、キリスト教徒主体の政治勢力とムスリム主体の政治勢力の連合も、内戦の過程では実際に見られたのである。

　レバノン内戦が勃発すると、国連やアラブ連盟は同国の事態を解決しようと

---

12)　イラン外務省声明の詳細に関しては以下を参照のこと。Reuters. 2020 "Iran Says It Is Ready to Mediate between Turkey and Syria," *Reuters*, February 9, 2020. https://www.reuters.com/article/us-syria-security-iran-turkey/iran-says-it-is-ready-to-mediate-between-turkey-and-syria-idUSKBN2020HO/（2024年9月17日閲覧）

試みたものの、国連は安保理が冷戦期における米ソ対立によって機能しなかった。また、アラブ連盟は地域大国のエジプトがイスラエルとのキャンプ・デービッド合意を締結した（1978年9月）ことに伴って、同連盟から追放された後にその紛争解決能力を低下させていた。それゆえに、アラブ連盟はレバノン内戦の勃発直後から介入を強めたシリアの行動を追認する傾向を強めたのである。事実、H.アサド政権は1975年5月時点でレバノンの政治勢力間の仲介役としてシリア政府の高官を送り込んでいたのに加えて、1976年6月以降は同国にシリア軍を派遣して直接的な軍事介入を行っていた。レバノンはシリアにとっての「柔らかい下腹部」と言われるほどに、その対イスラエル国家安全保障の観点から重要であるがゆえに、シリアはレバノンに対する介入の口実をイスラエルに与えないように、軍事力を用いつつ、レバノン和平会議の開催や和平計画の提示を通じて同国の安定化を幾度となく試みた[13]。しかしながら、シリアによる和平努力はレバノンでの戦闘に一時的な小康状態をもたらすことはあったものの、同国における内戦そのものの解決には至らず、1980年代最後の年を迎えることになってしまったのである。

　既述のように、ザートマン［Zartman 1995］は中央権力をめぐる内部紛争としてレバノン内戦を位置付けたものの、国内勢力による奪取の対象としての中央権力、すなわち政府が単数ではなくて複数存在する状況については考察の対象外であった。だが、レバノンでは1988年9月に任期満了を迎えたアミーン・ジュマイル大統領の後任を国会が選出できない状況において、同大統領はレバノン軍のミシェル・アウン司令官（マロン派キリスト教徒）を首相に指名した。その結果、レバノンにおいてはアウン率いる政府と、1987年6月以来職務を遂行してきたサリーム・フッス首相（スンナ派ムスリム）率いる政府という2つの中央権力が併存することになり、事態はより一層複雑化したのである。

　このように混迷を深めたレバノン情勢に対して、アラブ連盟において圧倒的な影響力を保持していた周辺国のサウジアラビアが本格的な紛争解決に乗り出

13）　シリアが主導した主なレバノン和平会議は「国民対話委員会」（1975年9月）、「ジュネーブ会議」（1983年10月）、「ローザンヌ会議」（1984年3月）であり、また同国主導による主なレバノン和平計画は「憲法文書」（1976年2月）、「シュタウラー合意」（1977年7月）、「三者合意」（1985年12月）である。これらの和平会議・計画に関しては、ハンフ［Hanf 1993］やハリス［Harris 2006］、小副川［Osoegawa 2015］などが詳しく扱っている。

し、1989年10月にターイフ会議を主導することにより内戦終結の道筋をつけた。そこで、サウジアラビア主導のターイフ会議に関しては会議自体に加えて、会議終了後における決定事項の実施過程にも焦点を当てながら、対内・対外要因の観点から議論する。

最初に、対内要因に関しては第一に、国内勢力がターイフ会議に「適切に」参加していたと言い切れる状況ではなかった。確かに、ターイフ会議には、当時までに実施されていた最後のレバノン国会議員選挙であった1972年に当選した99名の議員のうち、内戦を生き抜いた62名(キリスト教徒、ムスリム共に各31名)が参加していた[Norton 1991: 461]。しかしながら、レバノンからのシリア軍撤退を目的として、同国に対する「解放戦争」を1989年3月に開始したアウンが会議に参加していなかったように、キリスト教徒主体の政治勢力はそもそも、会議参加をめぐり内部分裂を露わにしていた。反対に、ムスリム主体の政治勢力は様々な見解の相違を内部に持ってはいたものの、会議の主宰国であるサウジアラビアや、同会議の開催に協力的な態度をとっていたシリア[14]とのコネクティビティにより、会議そのものの是非を問う形での内部分裂は見られなかったのである。したがって、ムスリム主体の政治勢力がほぼ会議に参加していたのに対して、キリスト教徒主体の政治勢力はアウンの不参加に象徴されるような内部分裂が見られたことから、主要な政治勢力が内部分裂のない状態で揃ってはいなかったのであり、ゆえに国内勢力が「適切に」参加していたとは言えないのである。

第二に、対内要因である主要な国内勢力間の軍事バランスに関しては、ターイフ会議の開催時点において、キリスト教徒主体の政治勢力とムスリム主体の政治勢力との間で圧倒的な差がなかったことから、双方共に軍事的な勝利によって自らの意向を相手に押し付けることは想定できない状況であった。また、付言するならば、キリスト教徒主体の、あるいはムスリム主体の政治勢力の内部においても、圧倒的な軍事力を誇る組織は存在しておらず、ゆえに勢力内および勢力間共に戦線は膠着しており、軍事的解決に利益を見出せる状況ではな

---

14) レバノンで2つの内閣が併存する事態が生じるなど、情勢が一層不安定化したことは同国に対するイスラエルのさらなる介入を招き、シリアの国家安全保障にとってマイナスとなることから、シリアはターイフ会議の開催に際してサウジアラビアに協力した。

かったのである。

　第三に、既述のように、ターイフ会議においては具体的な決定事項が生み出され、かつ実施過程を伴ったがゆえに、レバノン内戦の終結を導いた。そこで、ターイフ会議における決定事項である「国民和解憲章」の骨子を述べるならば、それはマロン派大統領の権限縮小並びにスンナ派首相の権限拡大、国会におけるキリスト教徒とムスリムの議席数を同数（これまでの議席比は6対5）にすることであった[15]。この決定事項はキリスト教徒、とりわけマロン派に大幅な譲歩を強いているように一見思えなくもないものの、内戦勃発の原因となったムスリムの不満に対処しており、またキリスト教徒がムスリムに対して人口比で劣勢であるにもかかわらず、国会の議席数を同数としたことなど、双方に配慮した内容であったと言えよう。それゆえに、キリスト教徒主体の政治勢力とムスリム主体の政治勢力との間の軍事バランスが既述のように拮抗していたことから、双方共に国民和解憲章を「公正な」ものとして受け入れることが可能であった。その結果、レバノンでは国民和解憲章の規定内容に沿う形で政治過程の正常化が始まり、皮切りに1989年11月には大統領が選出され[16]、その後1990年9月には憲法の改正が行われたのである。

　続いて、対外要因に関しては第一に、ターイフ会議を主導したサウジアラビアはアラブ連盟において指導的な地位にあったことから、レバノンの国内勢力の多くにとっては権威ある外部勢力であり、その権威は同会議の決定事項である国民和解憲章が生み出されることに貢献した。だが、国民和解憲章に規定された決定事項を実施するに際しては、アウンによる解放戦争を終わらせる必要があったものの、サウジアラビアはそのために必要な軍事力をレバノン内で展開する意図や能力は持っていなかった。そのため、1990年の湾岸危機の発生に伴い、アメリカ主導の対イラク多国籍軍への参加を表明したシリアが、その見返りにレバノン政策に関する自由裁量を欧米諸国から得た結果、アウンを同年10月に軍事的に敗北させてレバノン内戦に終止符を打ったのである［Hinnebusch

---

15) 国民和解憲章の詳細な内容に関しては、ハムダーン［Hamdan 1997: 216-226］やノートン［Norton 1991: 460-465］を参照のこと。
16) ルネ・ムアウワド大統領は就任後直ぐに暗殺されたため、イリヤース・ヒラーウィーが大統領に就任した。

1998: 149; Zisser 2001: 141]。

　第二に、対外要因としてのサウジアラビアの役割に関して述べるならば、同国とレバノンのムスリム、とりわけスンナ派主体の政治勢力との間には、宗派に基づく強いコネクティビティが存在していた。確かに、サウジアラビアの同勢力に対する軍事支援は目立つものではなかったものの、レバノンのスンナ派主体の政治勢力の多くは、地域大国であるサウジアラビアとの関係を軽視することはなく、そのコネクティビティは一定の強さを維持していた。ゆえに、レバノンのキリスト教徒主体の政治勢力はターイフ会議を主導したサウジアラビアを、完全に中立な仲介役とは受け止めなかったと推測されるものの、サウジアラビアはアラブ連盟首脳会議の準備会合を1976年10月に首都リヤドで開催したように[17]、レバノン内戦が勃発した初期段階からその解決に向けて取り組んでいた。サウジアラビアはレバノンのスンナ派主体の政治勢力との強いコネクティビティを有したうえで、中立な仲介役として行動していたことから、多くの国内勢力から信頼されていたと考えられるのである。

　第三に、対外要因としての和平会議に介入を行っている外部勢力同士の関係に関しては、サウジアラビアはターイフ会議を主導するに際して、アラブ連盟や国連の協力を取り付けるための外交努力を行った。その際に、1989年5月にエジプトがアラブ連盟に復帰し、また以前の冷戦期には見られなかった米ソの歩み寄りに伴って、国連における両国の対立が大幅に緩和されていたような地域・国際関係の肯定的な変化は、サウジアラビアによるレバノン内戦の和平努力にプラスに作用したのである。

おわりに

　シリア内戦の解決を目指して開催されてきた国連主催のジュネーブ会議並びにロシア主導のアスタナ会議共に、会議の成功に導く対内要因がとりわけ欠如していたために、いずれも紛争解決に至らず失敗に終わった。最初に、対内要因に関しては第一に、両会議共にシリアの主要な国内勢力が揃わなかったうえ

---

17) リヤドでの同準備会合の1週間後にカイロで本会合が開催された。詳細に関しては、テイラー[Taylor 1982: 68-69]やカシール[Kassir 2000: 233-236]を参照のこと。

に、反体制勢力の内部分裂が顕著であったことから、国内勢力が「適切に」参加していなかった。第二に、両会議の開催期間において、シリアの主要な国内勢力は軍事バランスの観点から戦闘継続に利益を見出していた。第三に、ジュネーブ会議は決定事項を生み出さなかった反面、第4回アスタナ会議においては「公正な」決定事項が生み出されたものの、その実施過程は B. アサド政権が支配領域を反体制勢力から再奪還する結末に終わったことから、「公正な」ものではなかった。

　続いて、対外要因に関しては第一に、ジュネーブ会議を主催した国連は、IS/ISIS を除くシリアの主要な国内勢力に受け入れられる権威を有してはいたものの、自らの軍事力を保持していなかった。その反面、アスタナ会議を主導したロシアは、B. アサド政権による軍事行動を支援してきたことから、同政権以外のシリアにおける主要な国内勢力からその権威を受け入れられていなかった。ゆえに、国連とロシアという仲介役は共に、権威と軍事力のどちらか一方のみを備えていたと言えよう。第二に、ジュネーブ会議を主催した国連は中立な仲介役であり、ゆえに信頼されていたものの、シリアにおける主要な国内勢力とのコネクティビティは強くなかった。それに対して、ロシアは B. アサド政権と強いコネクティビティを保持してアスタナ会議を主導し、中立な仲介役を果たしてこなかったことから、同政権以外からは基本的に信頼されていなかった。したがって、コネクティビティと信頼の二律背反性がジュネーブとアスタナの両会議において見られたのである。第三に、国連を取り巻く国際関係は望ましくなかった反面、ロシアとトルコ、イランとの間に全面的な敵対関係は生じなかったことから、外部勢力同士の関係はジュネーブ会議よりもアスタナ会議の方が好ましかったと判断できよう。

　それでは、レバノン内戦を終結に導いたサウジアラビア主導のターイフ会議に関してはどのような肯定的な要因が存在したのであろうか。最初に、対内要因に関しては第一に、レバノンの主要な国内勢力がターイフ会議に「適切に」参加していたとは言い切れないものの、キリスト教徒主体の政治勢力以外は内部分裂の度合いが低かった。第二に、レバノンの主要な国内勢力間やその内部において軍事バランスが拮抗しており、ゆえに戦線が膠着していたことから、ターイフ会議の開催時点において戦闘継続は望ましくない状況となっていた。

第三に、ターイフ会議における具体的な決定事項である国民和解憲章は、軍事バランス的に「公正な」ものとして、レバノンの国内勢力から基本的に受け止められたのである。

　続いて、対外要因に関しては第一に、ターイフ会議を主導したサウジアラビアの権威はレバノンの多くの国内勢力によって受け入れられていた。だが、サウジアラビアはレバノンで軍事力を行使する意図や能力を有していなかったことから、国民和解憲章の規定事項を実施し、内戦を終了させるに際してはシリアの軍事力に依存しなければならなかった点には留意する必要があろう。第二に、サウジアラビアはレバノンにおけるスンナ派主体の政治組織との強いコネクティビティを維持しつつも、中立な仲介役として和平努力に取り組んでいたことから、レバノンの国内勢力から基本的には信頼されていた。第三に、エジプトがアラブ連盟に復帰し、また米ソ対立が緩和されていたなど、サウジアラビアがレバノン和平努力を行う際に肯定的に作用する地域・国際関係が存在していたと言えよう。

　以上のことから、ターイフ会議の方がジュネーブ会議やアスタナ会議と比べて、和平会議の成功に資する対内・対外要因を備えていたことが明らかになった。とりわけ、ターイフ会議を主導したサウジアラビアが、レバノンのスンナ派主体の政治勢力との強いコネクティビティを持ちつつも、中立な仲介役として行動したことは、同国の政治勢力からの信頼をもたらし、会議での合意形成を実現させたのである。

参考文献

Hamdan, Kamal. 1997 *Le conflit libanais: communautés religieuses, classes sociales et identité nationale*, Éditions Garnet France.

Hanf, Theodor. 1993 *Coexistence in Wartime Lebanon: Decline of a State and Rise of a Nation*, London: The Centre for Lebanese Studies and I.B. Tauris Publishers.

Harris, William. 2006 *The New Face of Lebanon: History's Revenge*, Princeton, NJ: Markus Wiener Publishers.

Hinnebusch, Raymond. 1998 "Pax-Syriana?: The Origins, Causes and Consequences of Syria's Role in Lebanon," *Mediterranean Politics* 3, no. 1: 137-160.

Kassir, Samir. 2000 *La guerre du Liban: de la dissension nationale au conflit régional (1975–1982)* (2e édition), Paris: Karthala, Beirut: Cermoc.

Norton, Augustus Richard. 1991 "Lebanon after Ta'if: Is the Civil War Over?," *Middle East Journal* 45, no. 3: 457–473.

Osoegawa, Taku. 2015 *Syria and Lebanon: International Relations and Diplomacy in the Middle East* (Paperback Edition), London and New York: I.B.Tauris Publishers.

Taylor, Alan R. 1982 *The Arab Balance of Power*, Syracuse, NY: Syracuse University Press.

Zartman, I. William. 1995 "Dynamics and Constraints in Negotiations in Internal Conflicts," I. William Zartman (ed.), *Elusive Peace: Negotiating an End to Civil Wars*, Washington, D.C.: The Brooking Institution.

Zisser, Eyal. 2001 *Asad's Legacy: Syria in Transition*, London: Hurst & Company.

第 II 部
「テロ」・難民をめぐる人びとのつながり

第4章 何が暴力を継続させるのか？
——インドネシアにおけるジハード主義勢力の行動メカニズム

見市　建

はじめに

　インドネシアでは、1998年の民主化以降、複数の地域で異なる宗教やエスニック集団間の暴力的な紛争が起こった。地域紛争は数年で収まったが、その後も地域紛争の跡地や大都市部、外国人が集まる観光地において爆弾などによる無差別に危害を与える暴力（テロリズム）が続いた[1]。その皮切りとなったのが、2002年10月のバリ島での自爆テロ事件であった。アメリカの9.11同時多発テロ事件から1年後に起こったこの事件では、外国人観光客を中心に200人以上が犠牲となり、内外に衝撃を与えた。その後、2000年代を通してほぼ毎年、殺傷力の極めて高い爆弾による大規模な自爆テロ事件が起こった。組織の摘発が進み、また実行者の主体が変わった2010年代以降も事件は散発している。2018年5月には、幼児を含む3組の家族が、スラバヤのキリスト教教会や警察署で自爆するという衝撃的な事件があった。また2024年2月の総選挙を狙ったテロの計画があったとして、2023年10月には60人あまりが一斉逮捕された。

---

1) ここでいうテロリズムとは、「標的となる人々に心理的な影響を与える」ために「無差別に危害を加える」ことを指す［Narveson 1991; Shanahan 2016］。とくに本章で取り上げるのは、地域紛争当事者間の暴力ではなく、紛争が終結したあとに、さまざまな人々が行き交う公共の場所や特定の集団（教会、モスク、ホテル、警察署などにいる人々）を狙う暴力を指す。なお、「テロリズム／テロリスト」という言葉は、政治権力者による都合の良いラベルとして使われる場合も多い。自らに楯突く勢力を「テロリスト」と呼ぶことで、非合法で社会にとって危険な存在であることを強調し、彼らへの弾圧を正当化するためである。関連して、国家による暴力の軽視やテロリズムの脅威についての過度な強調といった問題点が指摘されている。こうしたことから、研究者の間では、「批判的なテロリズム研究（critical terrorism studies）」が提唱されている［Jackson ed. 2016］。

このように、地域紛争が短期に終結しているのにもかかわらず、テロリズムの継続性が高いことがインドネシアの特徴である。多くのテロ事件が地域紛争と関連して起こっているフィリピンやタイとは、インドネシアの傾向は大きく異なっている［White et al. 2012］。それでは、なぜ市民を対象とする無差別の暴力が継続するのだろうか。本章はその理由を明らかにすることを目的とする。

　権威主義体制から民主主義体制に移行した社会では、しばしばテロリズムの件数が一時的に増加することが知られている。移行の混乱のなかで、政府の治安維持能力が弱まることが原因である［Abadie 2006: 51］。インドネシアもこのケースに当てはまるが、治安が安定し、国際的な協力もあって警察のテロリズムに対する捜査能力が飛躍的に向上したあとも、事件は継続した。また、インドネシアにおける移行期の特殊事情として重要なのが、急速な地方分権化政策である。すなわち、地方分権化による、地域社会の政治的経済的な権力構造の揺らぎとそれに伴うエリート間の競争の激化が、宗教などのアイデンティティと結びついて深刻な地域紛争に発展した［Klinken 2007］。しかしこうした地域紛争が終結し、民主主義体制が安定したあとにおいても、なぜテロリズムが継続して生じるのかは、民主化に伴う制度変化のみでは説明することはできない。

　継続的に暴力に訴える勢力は、もっぱら急進的なイデオロギーを持つムスリム組織の構成員やその継承者たちである。彼らは味方と敵を二分する世界観を持ち、「暴力によって、ムスリムの土地から非イスラーム的影響を排除し、神の法たるイスラーム法（シャリーア）に基づく真のイスラーム的統治を打ち立てることを追求する」［Brachman 2009: 4］。また敵と想定されるのは、ムスリムの土地を侵略しようとする非ムスリムだけではなく、ムスリムの背教者を含む［Wagemakers 2012］。こうした暴力を、当人たちはジハード——神のための自己犠牲の行為であり、イスラーム共同体の防衛を目的としたムスリムの義務——と見なすことから、その思想はジハード主義と呼ばれる。また彼らは、生活のあらゆる面において「より純粋な」初期イスラーム世代（サラフ）の原則への回帰を目指すサラフィー主義の側面を持っている、サラフィー・ジハード主義者（以下、ジハード主義はサラフィー・ジハード主義と同義で使用している）である。

　しかしながら、こうしたジハード主義勢力の思想や実践の中身にはかなりの幅がある。すなわち、「いつ、どのように、誰に対して」暴力的手段を使うべ

きなのかについては、必ずしもその見解は一致していない［Maher 2017］。急進的なイデオロギーを持っているだけでは、暴力に至るとは限らず、イデオロギーの中身だけでは暴力の発生や継続の理由を説明することはできない。

　そこで本章はジハード主義勢力の心理的側面に注目して、特定の集団内の団結が強まり、暴力的手段へと先鋭化するメカニズムを解明する。このため、どのように人々が自他を区別し、仲間意識を持つのかを説明する、社会心理学の自己カテゴリー化理論と社会アイデンティティ理論を用いる。これらの理論によれば、自他の境界線は、個人が誰と協力し、誰と相互の支援関係を持ち、どの集団の価値観を信奉するかを決定する［Haslam et al. 2020: 136］。この境界線は必ずしも固定的ではなく、構成員、中身、集団に属する意味は、より広い社会の文脈によって変化しうる［Turner and Reynolds 2011］。そして、自集団（イングループ）と敵対する外集団（アウトグループ）との区別は、集団の構成員内での継続的なコミュニケーションによって先鋭化される。したがって、構成員を暴力的手段へと導く過激化は、外集団との競合における、自集団への関与の深まりや忠誠の高まりの産物として理解することができる［Sageman 2024: 51］。

　こうした心理学的アプローチを採用するテロリズム研究は、もっぱら「イスラームの敵」である政府や他宗教に対する不満の蓄積によって、集団内の団結が強まり、暴力行為へと向かうと想定してきた［Ramakrishna 2022; Sageman 2024］。しかし、政府や他宗教などとの関係が悪化したとして、実際に暴力行為に走るのは複数の組織に分かれたジハード主義勢力のなかでも一部である。「イスラームの敵」との関係だけでは、なぜ特定の集団や個人だけが暴力の継続を選択するのか、その仕組みを十分に説明することはできない。

　本章が注目するのは、類似したイデオロギーを持ちながら異なる行動を取る、競合的なムスリム集団間の関係である。実際にテロ攻撃の標的となる集団よりも、ライバル関係にある身近な集団の方がしばしばより敵対的な関係に陥り、自集団の団結を強める効果を持つからである。本章ではさらに、自集団のなかで、個人を動機付け、新たな行動を促進し野心的な目標に向けて奮い立たせるロールモデルの存在に着目する［Morgenroth et al. 2015］。

　以上の理論的枠組みを踏まえて、本章ではインドネシアを事例に、地域紛争の終結したあとに急進的なイデオロギーを持った諸集団がどのように道を分か

ち、なぜ特定の集団だけが暴力を継続させるのか、その過程を分析する。具体的には、外部から地域紛争に介入したムスリム勢力のうち、現在まで暴力の継続を望み、実行している集団を「自集団」として分析の中心に置く。暴力の継続を望むジハード主義の集団（自集団）は、状況の変化に応じて暴力の行使を放棄した集団（外集団）からの公然の批判を受け、イデオロギー的な団結を強めてきた。その過程で、広い社会的影響力を持つロールモデルが、彼らの行動や態度で見本を示すことで、暴力継続のための動機を与えている。

自集団として分析の対象となるのは、2000年代においてはグローバルな武装闘争を掲げたジャマーア・イスラミヤ（JI）からの分派である。2010年代は、代わってテロリズムの中心になった、自国政府などより身近な「敵」を標的にするイスラム国（IS/ISIS）につながる諸集団が分析の対象となる。主体となる集団や背景となるイデオロギーが変質しても、ある集団が暴力を継続させるメカニズムは一貫しているというのが、本章の主張である。

次節では、現在までのテロリズムの背景として、1998年の民主化以降にインドネシアで起こった宗教間の地域紛争とジハード主義勢力の紛争への関与を概観する。続く第2節では、地域紛争終結後の暴力の継続を、テロリズムの主体や標的の変化から2000年代と2010年代以降に区分し、テロリズムの継続理由を分析する。暴力の継続を望むジハード主義勢力（自集団）とこれを批判する外集団との関係、自集団の個人を動機付けるロールモデルの役割から、一貫する暴力継続のメカニズムを示す。最終節では、議論のまとめを行う。

1　インドネシアの宗教間地域紛争とテロリズム

インドネシアは、30余年に及ぶスハルトの権威主義体制を経て、1998年に民主主義体制へ移行した。それに伴い、民主化改革の一環として大胆な地方分権化政策が取られた（図1）。しかしながら、地方分権は各地の政治的経済的な権力構造を揺るがし、エリート間の権力闘争を激化させた。多くの地域では、宗教やエスニシティが人々のアイデンティティを規定し、教会などの宗教組織や青年組織、自警団などがそれらのアイデンティティに沿って組織されている。権威主義体制下で特定の宗教やエスニック集団が権力を握っていた地域で、別

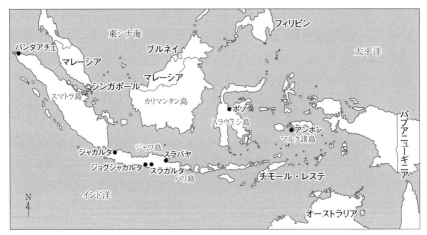

図1　インドネシアと周辺国

の宗教やエスニック集団が台頭する。こうした地域で、若者同士の小競り合いが呼び水になって深刻な暴力的紛争へと発展した。それぞれ数百から数千人の死者、地域によっては十数万人の国内避難民を生み出した。

　なかでも、スラウェシ島中部のポソやマルク諸島のアンボンのように、ムスリムとキリスト教徒の宗教的アイデンティティに基づいて社会が分断した地域では、紛争が拡大し長引いた。双方が同胞の被害と、敵対する宗教集団の残虐性を訴えて外部からの支援を得たためである。2000年4月以降には、ジャワ島などからジハード主義勢力を含むムスリムの「援軍」が到来するようになった。両地域共に、それまでキリスト教徒が優勢であったが、加勢を得たムスリム住民は反攻を強めた。ポソでもアンボンでも、小銃、手製の爆弾、放火、ナイフや斧といった武器による市街戦は凄惨を極めた。しかし中央政府の介入が本格化すると、大半の住民は紛争から撤退していった［McRae 2013］。そして、2001年12月にポソで、2002年2月にアンボンで和平協定（マリノ協定）が結ばれた。

　ポソとアンボンにおける地域紛争に外部から介入し、その暴力の拡大と継続に重大な役割を果たした勢力は、以下の2つの組織に代表される。1つは、ジャマーア・イスラミヤ（JI）とその関連諸組織である[2]。JIは1980年代後半から1990年代前半にはアフガニスタンでアルカーイダ傘下の訓練キャンプに人

第4章　何が暴力を継続させるのか？ ── 87

員を派遣していたサラフィー・ジハード主義組織である[3]。ジャワ島中部のソロにある宗教学校を一大拠点とするものの、宗教学校のネットワークはインドネシア全国に広がり、また一時はマレーシアやフィリピン、オーストラリアまでを含む国際的な運動となった。そして、アルカーイダの思想を受け継ぐ JI にとって、インドネシア国内の地域紛争はグローバルな闘争の一環であった。

もう1つは、アンボンを中心に活動したラスカル・ジハードである。ラスカル・ジハードは、ジャワ島中部のジョグジャカルタを拠点とするスンナ派コミュニケーション・フォーラム (FKAWJ) の軍事部門であり、アンボンの紛争におけるムスリム同胞を援護するために設立された。FKAWJ もまたサラフィー主義組織であり、さらにアンボン紛争における武装闘争をジハードと見なす点で JI と共通している。しかし、その政治イデオロギーは大きく異なる。FKAWJは、サラフィー主義のなかでも本来は、政治や暴力の行使は政治権力者に委ねて距離を置き、宣教を優先する純粋主義や平穏主義と呼ばれる立場を取る。つまりは、現状の政治権力を容認し、これとは敵対しないことを基本としている。なかでも FKAWJ は、極めて現実的で、国軍と表立って協力関係を結んだ。さらに、ナショナリズムの論理を用いて、紛争地帯のキリスト教徒をインドネシアからの「分離独立派」であると非難した［Hasan 2006］。

JI と FKAWJ は、国家観において大きく異なっていた。それでも、紛争地域において両者は共存しており、どちらもムスリム住民の安全や利益を掲げ、キリスト教徒に対する不満や憎悪を共有していた。そして、広くインドネシアの多数派であるムスリムに対し、紛争地におけるキリスト教徒の残虐さとムスリムが被害者であるという側面を強調し、彼らの活動への支持と共闘を求めたのである。

しかし、2001 年 9 月 11 日のアメリカにおけるいわゆる 9.11 同時多発テロ事

---

2) アンボンの紛争においては、JI は「ラスカル・ムジャヒディン・インドネシア」という連合組織の一部として参加した。
3) JI の起源は元々、インドネシアの独立期にイスラーム国家の樹立を目指したダルル・イスラーム運動 (DI) の分派の1つである。1985 年にソロを拠点としていた指導者のアブドゥラ・スンカルとアブ・バカル・バアシルがマレーシアに逃亡し、国際的なジハード主義の潮流に触れたことで、他の分派とは異なる発展を遂げた。DI から JI への発展については、Solahudin [2013] を参照。

件が国際環境を大きく変えた。インドネシア政府はアメリカが率いる「テロとの戦い」のキャンペーンに協力せざるを得なくなった。その結果、第一に、政府は急進的なムスリム集団への締め付けを厳しくし、JI など急進派組織の摘発にも着手した。FKAWJ にも圧力が強まった。第二に、政府は宗教間紛争の調停に乗り出し、その結果として 2002 年 2 月までにポソとアンボンそれぞれのムスリムとキリスト教徒住民の間で和平協定が結ばれた。第三に、JI の構成員による 2002 年 10 月のバリ島における自爆攻撃が、国内世論を大きく変化させた。事件の惨状は海外を含めて広く報道され、宗教に基づく暴力に対する批判や反感が高まった。実行犯の逮捕も相次いだ。バリ島事件の直後にはラスカル・ジハードが解散した。FKAWJ 創設者のジャファル・ウマル・タリブは存続を主張したが、他のメンバーが FKAWJ のパトロンであるサウジアラビアの宗教権威に助言を求めて解散が決定された［Hasan 2006: 211-213］。

　それでも JI から派生したジハード主義勢力は、彼らのイデオロギーに基づき、武装闘争を継続させた。2000 年代を通じてポソやアンボンでは、キリスト教徒住民の殺傷や市場などでの無差別の爆弾攻撃、ジャカルタやバリ島ではアメリカ系のホテルや外国人観光客を狙った大規模な自爆テロを継続した。2010 年代は、政府の取り締まりによって頻度は下がり、規模も比較的小さくなったものの、テロは散発した。また欧米人やその権益から、身近な警察やキリスト教教会が狙われるようになった。他方で、テロリズムに対するインドネシア社会の反発や嫌悪は高まり、同じジハード主義者のなかからさえ公然と暴力の継続に反対する声が上がるようになった。では、ジハード主義勢力はなぜ暴力を継続し得たのだろうか。次節では、2 つの時期におけるジハード主義勢力の諸集団間の関係に注目しながら、そのメカニズムを解明していく。

2　地域紛争後の暴力継続のメカニズム

(1)　2000 年代におけるムスリム集団間の分裂と論争

　2002 年 2 月までにポソとアンボンで和平協定が結ばれると、両地域の紛争は終結し、住民同士が衝突することはほぼなくなった。ラスカル・ジハードは撤退し、暴力の継続を望むのは、JI から派生したジハード主義勢力とそのイデオ

ロギーに感化された一部住民だけだった。暴力のあり方を大きく転換させたのが、すでに述べた2002年10月のバリ島におけるテロだった。それまでもジャカルタなどでいくつかの事件はあったのだが、爆発物の威力は小さく、国内外の関心もそれほど高くなかった。2001年のアメリカでの9.11同時多発テロ事件と志を同じくするグローバルな武力闘争がインドネシアでも起こっているとの認識は、当事者以外はおそらく誰も持っていなかった。

バリ島の事件の2ヶ月後には、スラウェシ島南部のマカッサルでトヨタの代理店とマクドナルドが、翌2003年8月には首都ジャカルタでアメリカ系のマリオットホテルが標的になった。後者はとくに爆発物の規模が大きかった。ホテルの前で起爆したにもかかわらず、実行犯の頭部は5階で発見された。以後、2000年代はほぼ毎年一度、ジャカルタないしバリ島で大きな自爆テロが発生した。一連のテロ事件は、マレーシア出身のヌルディン・トップが率いる集団が継続した。彼らは旧JIの人脈に頼りながら、頻繁に場所を移動することで逮捕を逃れ、大規模なテロ攻撃を準備した。旧紛争地域でもJI系の構成員が残留ないし復帰し、断続的なテロ事件を起こした。例えば、アンボンでは2005年5月にキリスト教徒の村落を警備していた機動隊を襲撃する事件があり、ポソでは同年10月にキリスト教徒の女子生徒3人を斬首する凄惨な事件が起こった。

しかし、ムスリムが「被害者」だと少なからぬ人々が信じた当初の地域紛争と、その後のテロ事件の性質は異なっていた。インドネシアにおけるテロが、パレスチナなどにおけるムスリムへの抑圧者に対する「ジハード」だという論理を鵜呑みにする人々はそう多くはなかったのである。後述するイマム・サムドラの著書が出版されると、ラスカル・ジハードに所属し、地域紛争に参加していたサラフィー主義者たちが武装闘争への批判を強めた。サラフィー主義者たちは、テロリズムによる暴力継続の支持者たちをイスラームからの「逸脱者（ハワリージュ）」と呼んで非難したのである [Ba'abduh 2005]。

JIのようなジハード主義勢力のなかでも、一般のムスリムを巻き込む無差別攻撃が否定されるようになった。例えば、JI創設者のひとり、アブ・バカル・バアシルは、2002年10月のバリ島での自爆テロに反対したとされている。のちに自身の著作でも、非戦闘地域における暴力や自爆テロへの反対を明言している [Ba'asyir 2006]。さらに、国際的なジハード主義者たちの論理を使って、

インドネシアにおけるテロリズムの継続を否定する勢力も現れた。当時、アブー・ムスアブ・ザルカーウィー（2006年死去）が創設したイラクのアルカーイダに対して、その過剰な暴力の使用が同じジハード主義者たちからも批判の的になっていた。ザルカーウィーのかつての師だったアブ・ムハンマド・マクディシがその代表格であり、その複数の著作がインドネシア語で翻訳出版された[4]。そして、インドネシアで続くテロリズムも不必要な暴力であり、社会の状況を余計に悪化させる行為であるとの議論がなされた。イラクのアルカーイダは、次第にアルカーイダ本体から袂を分かち、のちにイスラム国（IS/ISIS）へと発展していくことになる。

こうした逆風が吹くなか、暴力の継続を望む集団の動機を維持し、彼らの結束を高めたのは2人のロールモデルだった。なかでも重要だったのはイマム・サムドラである。サムドラは2002年のバリ島テロの「現地指揮官」であり、事件後逮捕され、死刑判決を受けた。彼は逮捕されたあともグローバルな武装闘争への支持を明確にし、2004年には『私はテロリストと戦う！』という回顧録を出版している。サムドラは、バリ島の事件は「本物のテロリスト」であるアメリカ政府とその追随者たちに対するジハードの一環であると主張する。世界のムスリムは「ドラキュラ・ビン・モンスター」たる「シオニストと十字軍」からの脅威に晒されているなど、サムドラは軽妙な口語で武力闘争の必要性を語った［Samudra 2004］。他方でサムドラは、アルカーイダ本体とイラクのアルカーイダの対立など、ジハード主義内部の論争には無頓着であった。回顧録は一般の書店でも販売され、発売から少なくとも3ヶ月連続で重版した。さらに、2008年11月にサムドラと共に、ムクラス、アムロジという名で知られるバリ島事件実行犯の死刑が執行された際には、3人の回顧録が同時に出版された。

サムドラの埋葬に当たっては、武装闘争を鼓舞する彼の遺書が読み上げられた。

4）翻訳をしていたのは、後述するオマン・アブドゥルラフマンである（当時はアブ・スレイマンというペンネームを使っていた）。オマンはJIメンバーから爆弾の製造方法を教わったが、JIには参加しなかった。2004年に爆弾の製造過程で誤爆し、逮捕されている。オマンの来歴については、ICG［2008］、IPAC［2014］、Miichi［2016］を参照。

兄弟たちよ、不信仰者（カーフィル）たちの殺害で人生を満たせ。アッラーが彼らすべてを殺すように命じたのではなく、彼らがわれわれとわれわれの兄弟すべてを殺しているのだ。不信仰者たちの殺人者になることを理想とせよ。おまえたちの孫の代まで教え諭せ、すべての不信仰者にとっての殺人者とテロリストになることを［Okezone news 2008］。

　そして、埋葬の様子を収録したビデオがYouTubeにアップロードされるとともに、付近には甘い香りが満たされ、鳥が周りを飛び回ったといった「奇跡」も伝えられた。インドネシアの少なくとも数千人のジハード主義者の目には、サムドラは死を恐れず、自らの信念に忠実な、勇気ある英雄として映った。埋葬時の「奇跡」は、サムドラの信奉者たちにとって彼が神に殉教者であると認められた「証拠」であった［見市 2008］。治安当局はサムドラの影響力を考慮し、元JI幹部で当局の協力者となったマレーシア国籍のナシル・アバスの本を出版してサムドラの言説に対抗させようとした。ナシル・アバスは、サムドラのジハード概念を否定し、サムドラらによる武力闘争は、暴力の使用や自爆テロが許される条件を満たさないと主張した［Abas 2008］。
　もうひとりのロールモデルはJI創設者のひとりで1999年に死去したアブドゥラ・スンカルである。テロリズムの継続を望むジハード主義者たちは、スンカルの演説の録音を携帯電話などに保存して共有していた[5]。現存するJI創設者のバアシルが「弱腰」で、武装闘争への支持を回避してきたのに対し、スンカルは彼らのより「正統」な指導者として伝説化されていた。スンカルの録音はインドネシアから逃亡する前の1980年代前半のものであり、グローバル・ジハードといった概念は現れていないが、当時のスハルト権威主義体制に対する厳しい批判は勇敢なものとして語り継がれていた［Nursalim 2001; Miichi 2022］。スンカルの勇敢さはバアシルと対比され、暴力の継続を望む組織の構成員たちを鼓舞したのである。
　2人のロールモデルはかつての指導者ではあったが、死刑囚と故人であり、

5）　スンカルによる演説の録音は、インターネット上の複数のアーカイブに保存されている。例えば、以下のウェブサイトを参照。https://archive.org/details/audio_abdullah_sungkar（2024年10月9日閲覧）

ジハード主義勢力を直接的に率いる指導者ではなかった。むしろ、自集団にとって揺るぎない正統性を持つ彼らこそが、テロリズムの継続に反対する外集団からの批判をはね返し、結束を強めて、「ジハード」の継続の正しさを信じるために必要な存在であったのである。

(2) 2010年代以降におけるジハード主義者間の不和

　2010年代になって、テロリズムの継続を望む集団はアルカーイダ系列のJI分派から、IS/ISIS系列の集団に移行した。後者は、中東におけるIS/ISISの興隆とともに急速にジハード主義者たちの支持を集めるようになった。両者のライバル関係は先鋭化し、自集団の団結は後者をテロリズムへと導いていった。とくに彼らのイデオローグであるオマン・アブドゥルラフマンとシリアに滞在していたIS/ISISのインドネシア人戦闘員たちがこの時期のロールモデルとなった。

　グローバルな闘争を謳うJIとは異なり、イラクやシリアで発展してきたIS/ISISの前身となる組織は彼らが「不信仰者」とみなす目の前の抑圧的な政府を標的とした。インドネシアでも、テロの標的は欧米の利権や観光客から、身近な敵であるインドネシア政府（とくに警察）やかつての地域紛争とは無関係のキリスト教教会に変わった。JI系組織の摘発が進んで実行能力や資金が著しく低下したこともあって、その後も暴力の継続を望む勢力は、少人数による低予算のテロに転じていった。

　2010年代前半の都市部におけるテロリズムを実行したのは、オマン・アブドゥルラフマンの追随者たちだった。オマンは、ジハード主義者の界隈ではよく知られていたが、JIなど主要組織に属さない異色のイデオローグだった。オマン自身はスマトラ島北部アチェ州の山中で多組織間の軍事訓練を企画したことを理由に2010年に逮捕されていた。しかし、彼の追随者がジャマーア・オマン・アブドゥルラフマン、タウヒード・ワル・ジハードといった自律的な小集団を各地で組織していた。オマンはインドネシア政府を「邪神（ターグート）」と見なす。ターグートは、イスラーム法に従わず、世俗的ナショナリズムや民主主義のような「反イスラーム的」なイデオロギーをムスリムに押し付ける抑圧的政権を指す。

そして、オマン・アブドゥルラフマンによれば、「多くの社会（の構成員）やターゲートの補助者」は「アッラーの法ではなく、ターゲートによって作られた法」に従っている。そうした人々は、「ムスリムとは呼ぶことはできない」［Abdurrahman 2012: 26］。当時のオマンの論理は IS/ISIS のそれを典型的に反映したものである[6]。オマンはとりわけ排他的であり、政府だけではなく、異なるイデオロギーを持つムスリムに対してもタクフィール（カーフィルの宣告）を厭わなかった。オマンの自他を明確に区別する思想は、のちに暴力的な自集団内の団結に寄与することになる。

　オマン・アブドゥルラフマンは 2010 年に逮捕後も、刑務所から内外にメッセージを送っていた。彼の説教は密かに持ち込まれた携帯電話を通じて中継され、ブログも更新されていた。オマンの追随者らは、2014 年 6 月の IS 樹立宣言を機にジハード主義者のなかで勢力を拡大させた。オマンが IS/ISIS のインドネシアの組織を代表する司令官（アミール）となったからである。ポソを基盤とする東インドネシア・ムジャヒディン（MIT）をはじめ、少なくとも数百人が新たに IS/ISIS 指導者のアブ・バカル・バクダーディーに忠誠を誓った[7]。11 月にはジャマーア・アンソール・ダウラ（JAD）が結成され、IS/ISIS 支持の諸集団を再編成した。オマンは刑務所にいながらにしてその代表に就任した［IPAC 2018］。

　加えて、IS/ISIS の呼びかけに応えてシリアに渡ったインドネシア人戦闘員たちが新たなロールモデルとなった。彼らは現地からの自撮りの動画を YouTube などで配信して、一般にも知られるようになった。シリアからの中継は、少なくとも一部のムスリムには新鮮で、「勇敢」な行為であると映ったことだろう。なかでもバフルン・ナイムは最も影響力があり、ソーシャルメディアを通じて、

6） ただし、本章注 4 に述べたように、オマン・アブドゥルラフマンは 2000 年代後半までは、のちの IS/ISIS につながるイラクのアルカーイダを批判する論理を使って武装闘争の継続に反対していた。2010 年代に入ってまったく逆の立場に転じたのである。

7） 東インドネシア・ムジャヒディンは、JI からの分派としてアブ・バカル・バアシルが 2008 年に設立したジャマーア・アンソール・タウヒード（JAT）のメンバーだったサントソが、さらに JAT から分裂して 2012 年にポソで設立した組織である。ポソの山間部を拠点とし、最盛期には 50-60 人の戦闘員が、地元警察官の襲撃などを繰り返した。2014 年に成立したジョコ・ウィドド政権下での掃討作戦によって、サントソは 2016 年に殺害、2021 年までにほとんどのメンバーが逮捕ないし殺害された。ただし、今後の受刑者の釈放による組織の再興や暴力の再開の可能性が指摘されている［IPAC 2023］。

JADの構成員や女性を含む組織に属していない個人をインドネシアにおけるテロリズム実行のためにリクルートした。2016年1月には、ジャカルタの表通りで白昼に治安当局との銃撃戦が起こった。ナイムの経験不足やインドネシアでの支援体制の欠如によって、彼のリクルートの大半は効果的な攻撃を仕掛けることができなかった。しかし彼が作成した爆弾組み立てマニュアルはソーシャルメディアで流通し、2018年11月のナイムの死後もテロリズム実行者の間で利用されている［IPAC 2019］。

　他方で、JIなどアルカーイダ側に残った既存のジハード主義諸組織とIS/ISIS支持勢力との対立が表面化した。これは、中東におけるアルカーイダとIS/ISISの対立を反映したものだった。元々、アブ・バカル・バアシルが創設したムジャヒディン評議会はそのインターネットメディア（Arrahmah.com）で、IS/ISISと対立する、シリアにおけるアルカーイダの出先機関ヌスラ戦線の公式見解を掲載した。その内容は、イスラーム法学者（ウラマー）の処刑など、IS/ISISの過剰な暴力への非難であった。オマンはこれに対抗するウェブサイトや機関誌を発行して、IS/ISIS支持のキャンペーンを行い、双方が非難を繰り返した。その後はフェイスブックやテレグラムなどのソーシャルメディア上で論争が続いた[8]。その他のサラフィー主義者も加わり、2000年代と同じように、IS/ISISをハワーリージュと非難する声が高まった［IPAC 2016: 7］。つまりは、こうしたライバル関係にあるジハード主義やサラフィー主義諸組織は、IS/ISISを支持しテロリズムの継続を望む勢力にとっては外集団となった。この過程で、IS/ISIS支持派は結束力を強めたのである。

　ジハード主義者間の意見の相違は、中東における紛争だけではなく、インドネシア国内政治をめぐる立場にも現れた。2017年のジャカルタ州知事選から2019年の大統領選まで、国内のイスラーム政治勢力は動員の主体となり、数十万人が路上で集会を開くこともあった。再選を目指していたジョコ・ウィドド大統領の対立候補となった元軍人のプラボウォ・スビアントが、事実上イスラーム政治勢力を自らの陣営に引き入れたのである。武装闘争を事実上放棄していたジハード主義諸勢力もこの流れに加わり、2019年大統領選では初めて投票

---

8) 論争の詳細については、見市［2014: 87-99］を参照。

をした人々も多かった[9]。しかし、大統領選とその後の政治動向は彼らの希望を打ち砕くような結果に終わった。落選したプラボウォはジョコ・ウィドドと和解して国防大臣として入閣、イスラーム政治勢力は梯子を外された格好になったのである（さらに2024年大統領選では、ジョコ・ウィドドの支援を背景にプラボウォが当選することになる）。こうしたムスリム諸集団の政治行動は、IS/ISIS支持者には宗教的な「大罪」に映った。彼らは「ターゲート」の政治システム内で活動した外集団のジハード主義勢力を不信仰者だと非難し、他方でテロリズムを「敬虔」で「純粋」な動機に基づく行為であるとの論理を自集団内で共有した。彼らの主張は、「本物の信仰者」を狭く捉える2017年5月17日に発せられたバグダーディーの見解（ファトワ）を反映していた［IPAC 2018: 5］。つまり、ムスリムであっても、政治的態度ひとつで容易に不信仰者だとみなされる。上にも述べた、オマン・アブドゥルラフマンのタクフィールと共通している。

　この自集団の団結は、2018年5月の機動隊本部の拘置所での暴動とスラバヤでの自爆攻撃で頂点を迎える。両事件は、自集団内での緊密なコミュニケーションによって個人の献身が養成された典型的な例だった。前者は、拘置所内のIS/ISIS支持勢力約50人が蜂起し、警察官を人質に取って立てこもった事件である。そして、複数の個人がソーシャルメディアでの呼びかけによって自発的に機動隊本部を訪れ、暴動に加わろうとしたほどの団結をみせた。この暴動の3日後に起こった後者のケースは、3組の家族がそれぞれの内部でキリスト教教会や警察署の自爆攻撃を計画し、治安当局に感知されずに作戦を実行した。作戦の中身はオマン・アブドゥルラフマンも知らされていなかったようである。スラバヤでの事件の1週間後、オマンは幼い子供を実行者にした事件に反対する声明を出した。これに対して、テロリズムを支持する勢力はオマンを非難し、彼の献身に疑念を示した。しかしその翌日、オマンは死刑判決を宣告された。かつてのイマム・サムドラのように、表情ひとつ変えず堂々と判決を受け、上告も拒否したオマンは、その勇敢さと誠意を知らしめた。ロールモデルとして

9）　そのきっかけは、2016年9月に華人でキリスト教徒のジャカルタ州知事バスキ・チャハヤ・プルナマ（通称アホック）が「宗教冒瀆」とも取れる発言をしたことであった。イスラーム政治勢力は、州知事選ではアホック、そして大統領選ではその政友であった現職のジョコ・ウィドド大統領の落選を目指して活動した。武装闘争派の動きを含めた分析として、見市［2020］を参照。

の信頼を1日にして取り戻したのである［IPAC 2018: 8-9］。この出来事は、彼の役割は作戦を指揮する典型的な組織の指導者ではなく、自集団の団結を強め、暴力を正当化する象徴的な存在であることを示している。

　2010年代においては、IS/ISISの台頭とともにジハード主義勢力内の分裂が明確になった。IS/ISISの過剰な暴力性に反対する勢力も少なくなかった。しかし、監獄から極めて明確な「正邪」の区別と政府への批判、武力闘争の必要性を説くオマン・アブドゥルラフマンとシリアから発信するインドネシア人戦士たちの「勇敢な」姿は、一部のムスリムを鼓舞し、暴力へと駆り立てたのである。

おわりに

　1998年の民主化直後に起こった地域紛争が終結したあとも、インドネシアでは暴力の継続を望むジハード主義勢力が生き延びた。2000年代から2010年代にかけて、その主体は、アルカーイダ系列のJI分派からIS/ISIS支持派へと変遷した。中東におけるジハード主義のトレンドの変化や国内情勢の変化に対応した結果だった。都市部や観光地で欧米人やその権益を標的としていた攻撃対象は、近場の警察署やかつての紛争に無関係なキリスト教教会となった。ソーシャルメディアの発達によってコミュニケーションの手段も変化した。

　しかし、ジハード主義勢力の心理的側面に着目した本章の分析から明らかになったのは、暴力の継続を望む集団内の団結を維持するメカニズムは似通っているということである。類似するイデオロギーを持つライバル組織との対立、彼らからの攻撃が、自集団の団結を強めた。そして、自集団の構成員を鼓舞し、暴力へと誘うロールモデルの存在がつねにあった。ロールモデルは自集団を直接指揮する人物ではなく、かつての伝説的な指導者や社会的に目立つ存在である。こうしたロールモデルは、自集団が外集団よりも「純粋」で、「正しいムスリム」であることを裏書きし、「勇敢な」暴力行使を継続させる大義を提供するのである。

参考文献

見市建 2008「『テロリスト』の来歴——インドネシアにおける武装闘争派の思想と行動」森孝一編『ユダヤ教・キリスト教・イスラームは共存できるか』明石書店
——— 2014『新興大国インドネシアの宗教市場と政治』NTT出版
——— 2020「武装闘争派、初めて選挙に参加する——インドネシア大統領選挙における分極化の帰結」『ワセダアジアレビュー』22: 22-26

Abadie, Alberto. 2006 "Poverty, Political Freedom, and the Roots of Terrorism," *The American Economic Review*, 96(2): 50-56.

Abas, Nasir. 2008 *Melawan pemikiran aksi bom Imam Samudra & Noordin M. Top*, Jakarta: Grafindo Khazanah Ilmu.

Abdurrahman, Abu Sulaiman Aman. 2012 *Ya... Mereka Memang Thoghut*, Surabaya: Kafilah Syuhada Publishing.

Ba'abduh, Al Ustadz Luqman bin Muhammad. 2005 *Mereka adalah Teroris!* Malang: Pustaka Qaulan Sadida.

Ba'asyir, Abu Bakar. 2006 *Catatan dari Penjara untuk Mengamalkan dan Menegakkan Dinul Islam*, Depok: Mushaf.

Brachman, Jarret M. 2009 *Global Jihadism: Theory and Practice*, Abingdon and New York: Routledge.

Hasan, Noorhaidi. 2006 *Laskar Jihad: Islam, Militancy, and the Quest for Identity in Post-New Order Indonesia*, Ithaca: Cornell Southeast Asia Program.

Haslam, S. Alexander, Riecher, Stephen D. and Platow, Michael J. 2020 *The New Psychology of Leadership: Identity, Infuluence and Power*, Second Edition, Abingdon and New York: Routledge.

Institute for Policy Analysis of Conflict (IPAC). 2014 "The Evolution of ISIS in Indonesia," *IPAC Report* 13, Jakarta, 24 September.
——— 2016 "ISIS in Ambon: The Fallout from Communal Conflict," *IPAC Report* No. 28. Jakarta, 13 May.
——— 2018 "The Surabaya Bombings and the Future of ISIS in Indonesia," *IPAC Report* No. 51. Jakarta, 18 October.
——— 2019 "The Ongoing Problem of Pro-ISIS Cells in Indonesia," *IPAC Report* No. 56. Jakarta, 29 April.
——— 2023 "Militant Groups in Poso: Down but Not Out," *IPAC Report* No. 86. Jakarta, 27 June.

International Crisis Group (ICG). 2008 "Indonesia: Jemaah Islamiyah's Publishing Industry," *Asia Report* 147. Jakarta and Brussels. 28 February.

Jackson, Richard (ed.) 2016 *Routledge Handbook of Critical Terrorism Studies*, Abingdon and New York: Routledge.

Klinken, Gerry van. 2007 *Communal Violence and Democratization in Indonesia: Small Town Wars*, Abingdon and New York: Routledge.

Maher, Shiraz. 2017 *Salafi-Jihadism: The History of an Idea*, London: Penguin Books.

McRae, Dave. 2013 *A Few Poorly Organized Men: Interreligious Violence in Poso, Indonesia*, Leiden and Boston: Brill.

Miichi, Ken. 2016 "Looking at Links and Nodes: How Jihadists in Indonesia Survived." *Southeast Asian Studies*, 5(1): 135-154.

—— 2022 "Siapa Musuh Islam? Jama'ah Islamiyyah dan Perkembangan Islamisme Militan," Ken Miichi, *Ideologi dan Gerakan Politik Islam di Indonesia: Dari NU hingga Syiah*, Jakarta: Alif.id, 301-351.

Morgenroth, Thekla, Ryan, Michelle K. and Peters, Kim. 2015 "The Motivational Theory of Role Modeling: How Role Models Influence Role Aspirants' Goals," *Review of General Psychology*, 19(4): 465-483.

Narveson, Jan. 1991 "Terrorism and Morality," Frey, Raymond Gillespie and Morris, Christopher W. (eds.), *Violence, Terrorism, and Justice*, Cambridge: Cambridge University Press, 116-169.

Nursalim Muh. 2001 "Faksi Abdullah Sungkar dalam Gerakan NII era Orde Baru," *Profetika* 3(2): 193-212.

Okezone News. 2008 "Inilah Surat Wasiat Imam Samudra." *Okezone News*, November 9. https://news.okezone.com/read/2008/11/09/1/162091/inilah-surat-wasiat-imam-samudra（2024年9月24日閲覧）

Ramakrishna, Kumar. 2022 *Extremist Islam: Recognition and Response in Southeast Asia*, New York: Oxford Univerity Press.

Sageman, Marc. 2024 "From Networks to Social Identity: A Dialecical Model of Terrorism," Nicolas Stockhammer (ed.), *Routlege Handbook of Transnational Terrorism*, Abingdon and New York: Routledge.

Samudra, Imam. 2004 *Aku Melawan Teroris!* Solo: Jazera.

Shanahan, Timothy. 2016 "The Definition of Terrorism," Jackson, Richard (ed.) *Routledge Handbook of Critical Terrorism Studies*, New York: Routledge.

Solahudin. 2013 MacRae, Dave trans. *The Roots of Terrorism in Indonesia: From Darul Islam to Jema'ah Islamiyah*, Singapore: NUS Press.

Turner, John C. and Reynolds, Katherine J. 2011 "Self-Categorization Theory," Lange, Paul A. M. Van, Kruglanski, Arie W., Higgins, E. Tory (eds.) *Handbook of Theories of Social Psychology*, Vol. 2. London: Sage Publications.

Wagemakers, Joas. 2012 *A Quietist Jihadi: The Ideology and Influene of Abu Muhammad al-Maqdisi*, New York: Cambridge University Press.

White, Gentry, Porter, Michael D. and Mazerolle, Lorraine. 2012 "Terrorism Risk, Resilience and Volatility: A Comparison of Terrorism Patterns in Three Southeast Asian Countries," *Journal of Quantitative Criminology* 29: 295-320.

第5章 対テロ戦争が生む不信
―― フィリピン南部マラウィ包囲戦の国内避難民の声を聴く

モクタル・マトゥアン、モバシャル・アッバス、
ターミジー・アブドゥッラー／石井正子 訳

はじめに

　フィリピン南部ミンダナオ島のマラウィ市で展開された「マラウィ包囲戦（Marawi Siege）」（2017年5月23日-10月23日）は、戦後フィリピン史に深い爪痕を残すこととなった（図1）。フィリピン国軍がイスラム国（IS/ISIS）に忠誠を誓ったグループ「IS ラナオ」（一般的には「マウテ・グループ」として知られる）のリーダーを確保しようとして反撃にあい、作戦は失敗。交戦に発展した。その後、治安部門がマラウィ市の一角に「IS ラナオ」を包囲し、5か月にわたって激しい戦闘が展開された。

　マラウィ包囲戦においてフィリピン政府（ドゥテルテ政権）は、「IS ラナオ」を「テロリスト」と名づけ、攻撃を正当化した。それゆえに、他の対テロ戦争同様、「テロリスト」への攻撃であれば一般の市民を巻き添えにする付随的損害は致し方がない、との解釈が生まれた。戦術的には局所軍事作戦で収められなかったことが理由ではあったが、戦闘開始から約1か月後に本格的な空爆が開始された。約500人の「テロリスト」を壊滅するために[1]、4か月ものあいだ毎日爆撃が行われたのである。包囲されたマラウィ市の一角はのちに「グラウンド・ゼロ」と呼ばれるほどに徹底的に破壊された。この間一時期、マラウィ市約21万人のほぼすべての市民が避難を余儀なくされた。「IS ラナオ」掃討

---

[1] 国防省は、約500人の地元民と外国人の「テロリスト」が2017年5月23日にマラウィを襲撃したと伝えた。同年6月3日の時点では約200-250人が立てこもっていると推定していた [Fonbuena 2017]。

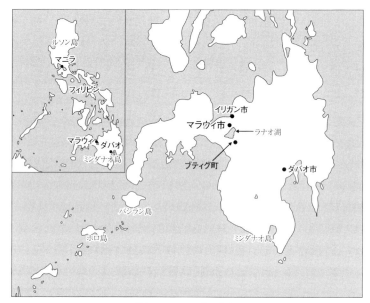

図1　フィリピン南部

には、その勢力に比して不均衡な軍事手段が用いられたのである[2]。

　本章では、主にマラウィ包囲戦に巻き込まれて避難民となったマラナオ人（フィリピンのムスリムの一民族集団[3]）の声を聴くことにより、彼らがどのように軍事手段による「テロリスト」の壊滅作戦を経験したかを記述する。これにより対テロ戦争の付随的損害を被った住民が具体的に何を契機として、どのように政府や治安部門、および地元の指導者に対して不信を形成していったのかの実態に迫る。戦闘中は、政府が戒厳令を敷いて強権的な体制をとったため、付随的損害を被った人びととの異議や疑義が表面化されることは少なかった。しかし、避難民の語りには、彼らが政府の軍事作戦にも、「ISラナオ」の存在にも疑問と不満を抱いていたことが現れている。

---

[2]　ジュネーブ条約第1議定書の「均衡性の原則（proportionality）」は、攻撃の際に想定される文民の被害が、軍事的利益を大きく上回ってはならないことを基本原則としている。

[3]　フィリピンの全人口の約90％はキリスト教徒であるが、南部に全人口の約5-6％（500-600万人）のムスリムが生活している。フィリピンのムスリムはマラナオ人、マギンダナオ人、タウスグ人、ヤカン人など、10以上の民族集団で構成されている。

対テロ戦争は、その攻撃対象の勢力に比して不均衡な軍事手段を用いることにより、一時的に「テロ組織」の勢力を押さえこむことはできる。しかし、それにより「テロリスト」の残党を拡散させるため、根絶することには成功しない。にもかかわらず、多くの住民を巻き添えにする。が、用いた軍事手段の妥当性の説明や、避難や生活再建のための支援や補償は十分ではない。説明不足のなか、犠牲を強いられた住民は暴力の行使者である政府や治安部門に対する不信の念を強める。本章は、対テロ戦争の付随的損害を被って避難民となった人びとの声を聴くことから、不均衡な軍事手段を用いて「テロリスト」に対峙することの意味を「信頼」や「不信」という観点から捉えようとするものである。

　一方、軍事作戦に伴う避難は、マラナオ人にとっては単に一時的に難を逃れることではなく、伝統的なコミュニティとアイデンティティが拠って立つ領域から切り離されることを意味した[4]。フィリピンのムスリムは、国家制度が浸透していくなかでも、土地の所有や利用の取り決めを含む伝統的な社会制度を存続させてきたが、長期にわたる避難生活は、それを麻痺させた。そのようななか、避難民の一部は、避難先で互いにコネクティビティを紡ぎ、新しいコミュニティを形成しつつある。本章では、政府当局にも地元の指導者にも頼れなくなった住民が、生の保障と誇りを回復するために、これまでつながりのなかった人びとと新しい関係性を構築していることにも注目する。

　マラウィ包囲戦の避難民への聞き取りは、マラウィ市のNGOマラデカ（MARADECA）のモクタル・マトゥアンとモバシャル・アッバス、そしてミンダナオ国立大学マラウィ校のターミジー・アブドゥッラーが2023年1月から3月まで、10か所のシェルターを訪ねて行った（図2）[5]。10か所のうち、8か所が仮設シェルターであり、2か所が永住可能な恒久シェルターであった。マラウィ市の人口の9割以上はムスリムのマラナオ人である。10か所のうち、主にキリスト教徒が滞在していた1つの仮設シェルター以外は、主にマラナオ人のシ

---

4) ここでは、原文のtraditionalという言葉を「伝統的な」と訳すこととする。しかしこの用語は、過去からの制度が変化せずに継続していることを意味するものではなく、創造されて受け継がれているという意味で用いている。
5) 本聞き取り調査は、科学研究費学術変革領域研究（A）「紛争影響地域における信頼・平和構築」（課題番号20H05829、代表者石井正子）の委託調査として実施された。

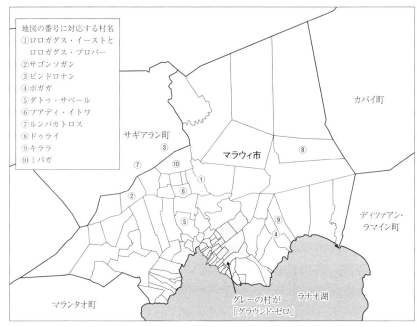

図 2 FGD を行ったシェルターの所在地

ェルターであった[6]。それぞれの仮設シェルターで、伝統的指導者（スルタンやダトゥ、後述）、宗教指導者（イマーム〈モスクの導師〉、ウラマー〈イスラーム学者〉、マドラサ〈イスラーム学校〉の先生など）、女性、若者など偏りがないように声をかけた。そして参加の意思を確認してから、10 人前後のグループを組み、フォーカス・グループ・ディスカッション（Focus Group Discussion: FGD）の形式で、のべ 106 人に話を聴いた。FGD を行った 3 人はともにマラナオ人である。マ

---

6) FGD を行った仮設シェルターが設置された村は①ロロガグス・イースト（Rorogagus East）とロロガグス・プロパー（Rorogagus Proper）、②サゴンソガン（Sagonsongan）、③ピンドロナン（Pindolonan）、④ボガガ（Boganga）、⑤ダトゥ・サベール（Datu Saber）、⑥ブアディ・イトワ（Buadi Itowa）、⑦ルンバカトロス（Lumbacatoros）、⑧ドゥライ（Dulay）、恒久シェルターが設置された村は⑨キララ（Kilala）、⑩ミパガ（Mipaga）である。このうちダトゥ・サベール村のシェルターは主にキリスト教徒のシェルターである。106 人の FGD 参加者のうち、96 人がムスリムで、10 人がキリスト教徒であった。ピンドロナン村とルンバカトロス村は、同名の村がマラウィ市にもあるので紛らわしいのだが、サギアラン町に位置する村である。それ以外の村はマラウィ市内の村である。

ラナオ人のシェルターではマラナオ語で、キリスト教徒のシェルターでは主にセブアノ語で FGD を行った。FGD は RMM（Reclaiming Marawi Movement）という、主に女性と若者の避難民による団体の協力をえて行われた。本章は、FGD 調査を行った 3 人が英語でレポートにまとめ、それを分かりやすさを優先して石井正子が元の原稿のデータを踏まえつつ、大幅に改編して翻訳したものである。

以下ではまず、第 1 節で IS ラナオに対する軍事作戦の概況を述べる。つづく第 2 節で、軍事作戦に巻き込まれて犠牲となった避難民の声から、彼らがどのようにして政府や治安部門に対する不信の念を強めていったかを紹介する。第 3 節では、避難を通じて伝統的な領域から切り離されることがマラナオ人にとってどのような意味をもったかを説明する。第 4 節で復興、帰還の遅れの問題点を指摘したうえで、第 5 節で、長期にわたる避難生活を強いられた結果、新しいコネクティビティとコミュニティが創生されている様子を描く。最後に、マラウィ包囲戦の例から、不均衡な軍事力を用いる対テロ戦争は、付随的損害を被った住民のあいだに集合的記憶としての政府や治安部門に対する不信を刻むことになり、長期的には有効な治安対策にならない負の側面があることを考察する。

1　マラウィ包囲戦──不均衡な軍事手段による「テロリスト」壊滅作戦

マラウィ包囲戦は、東南アジアのイスラム国（IS/ISIS）のアミール（司令官）を名乗るイスニロン・ハピロンを確保する作戦を国軍が展開したことからはじまった。ハピロンはバシラン島出身のヤカン人であった。一方、ミンダナオ島のラナオ湖周辺を拠点とする IS ラナオの中心人物はオマル・マウテとアブドゥッラー・マウテという地元出身のマラナオ人の兄弟であった。IS ラナオが一般的には「マウテ・グループ」と称される所以である[7]。マウテ兄弟もハピロンを指導者として仰いでいた。

実は、フィリピンにおけるイスラム国（IS/ISIS）に忠誠を誓うグループの動

---

[7]　本章ではマウテ姓を名乗るマラナオ人への差別が助長されることを危惧し、イスラム国（IS/ISIS）に忠誠を誓ったラナオ湖周辺を拠点とするグループを「IS ラナオ」と呼ぶ。

きは、イスラム国（IS/ISIS）がシリア・イラクで勢力を拡大しはじめた2014年前後には確認されていた。とりわけマラウィ包囲戦前年の2016年には、ISラナオが関わったとされる事件が頻発していた。例えばマウテ兄弟の出身地のブティグ町において、国軍は同年2月、5月、12月にISラナオと衝突した。9月には、ロドリゴ・ドゥテルテ大統領の出身地ダバオ市のナイトマーケットが爆破され、14人が死亡、68人が負傷し［City Government of Davao 2023］、翌月事件の容疑者としてISラナオのメンバーが逮捕された。

　同年11月にはISラナオがブティグ町役場を占拠し、イスラム国（IS/ISIS）の旗を掲げたが、ただちに国軍により制圧されている。このとき、ドゥテルテ大統領が1日だけ国軍が駐屯するブティグ町の隣町を訪問した［Fonbuena 2016］。翌12月に、ドゥテルテ大統領は大統領官邸で開かれたビジネスフォーラムの場で、フィリピン国軍が攻撃をやめなければ山から下りてマラウィ市を焼き払うとマウテが言ったことについて、「やるなら、やってみろ（'Go ahead, do it.'）」と挑発的な発言をしていた［GMA 2017a］。2017年2月には、国軍少佐が下士官とともにマラウィ市で情報活動中にISラナオに襲撃され、死亡した［Sunstar 2017］。つまり少なくともマラウィ包囲戦の前年の2016年には、フィリピン当局はISラナオの存在を十分認識し、マラウィ市の住民もまた、その動向を気に留めていたのである。そして後述するように、当時は不信に思われなかったこれら一連の治安部門の行動やドゥテルテ大統領の挑発的な言動が、のちに陰謀説として浮上することになる。

　2017年5月22日真夜中、イスニロン・ハピロンの居場所が記された書類がラナオ湖から20kmほど離れた陸軍の基地にもたらされた。そして翌日、陸軍の対テロ作戦部隊が、情報提供者の手引きでハピロンが潜伏しているマラウィ市の家を特定し、襲撃をした。が、瞬く間にISラナオの反撃にあい国軍兵士2人が死亡。作戦は失敗した。ISラナオはその日のうちに刑務所、警察などを攻撃した。その戦闘力は国軍の想定以上であり、同日ロシアにいたドゥテルテ大統領は戒厳令を発令した。国軍は数日後には、ISラナオをマラウィ市の一角に包囲した。しかし、密林などでゲリラ戦の経験を積み重ねてきた国軍は、市街戦では訓練不足であった。ISラナオは密集する建物に隠れ、階上にスナイパーを配置した。戦車にはRPG（rocket-propelled grenade）砲で対抗し、IED（improvised explosive device、即席爆発装置）を仕掛けて国軍の侵入を阻んだ。

　国軍は投入した戦車をうまく使うことができず、包囲した一角に到達する橋を攻略できずにいた。そこで、本格的な空爆が採用されることとなった。作戦開始から約1か月後には、韓国から納入が完了したばかりの高性能戦闘機が新たに加わり、毎朝2回、時には午後に1回爆撃を行った［Yabes 2020］。包囲された一角には、2015年のセンサスによると9676世帯の住民が暮らしていたが（Bangsamoro Parliament. n.d.: 82）、すべての家屋や商業施設、学校や病院が破壊された。

　ようやく9月になって、政府はアブドゥッラーの殺害（実際の死亡は8月）、10月にオマルとハピロンの殺害を発表した。そして戦闘開始から5か月後の2017年10月23日、ロレンサナ国防長官は、「マウテ・グループ」との戦闘終息を宣言した。5か月にわたる戦闘の死者数は、政府筋の発表によると、国軍・警察関係者168人、一般市民114人、フィリピン人と外国人からなるISラナオ関係者924人、身元不明者273人であった。くわえて、71人が行方不明であると親族が訴えていた［2021年4月時点、TFBM National Secretariat 2022］。

　この戦闘により、一時はマラウィ市と周辺人口をあわせて36万人（2017年8月時点）が避難を余儀なくされた。空爆により徹底的に破壊されたため「グラウンド・ゼロ」と呼ばれた包囲地区には24村があった[8]。戦闘終結後、そのうちの4村の一部は国有地の再生利用地（reclamation site）に指定され、公共インフラ建設予定地とされた。そのため、4村の住民は、二度と元の村に戻ることは許されず、恒久シェルターを優先的にあてがわれることとなった[9]。マラウィ包囲戦では、少数の「テロリスト」に対峙するために、不均衡な軍事手段が用いられ、その結果として多くの住民が付随的損害を被ることになった。

---

8) マラウィ復興タスクフォース（後述）は「グラウンド・ゼロ」の24村の地区をMAA（Most Affected Area）、その周囲の72村をLAA（Less Affected Area）と分けて復興計画を立て、進めてきた。そのため、英語の文献では「グラウンド・ゼロ」をMAAと称することが多いが、本章では分かりやすさを優先し「グラウンド・ゼロ」と呼ぶ。
9) 共和国法第8974号「政府機関による公共事業または他の目的のために必要な公道用地、用地、または区域の取得に関する法律（An Act to Facilitate the Acquisition of Right-of-Way, Site or Location for National Government Infrastructure Projects and for Other Purposes）」により、ダトゥ・サ・ダンサラン、ダンサラン、ダトゥ・ナガ、サバラ・マナオの4つの村の一部が収用された。2020年のセンサスによると4村の人口は1万590人［Philippine Statistics Authority 2021］である。

2　軍事作戦による付随的損害と復興の遅れが生む疑問と不信

(1)　元国軍主導の復興過程における問題

　5か月間による軍事作戦ののち、ドゥテルテ大統領は、マラウィ市は「テロリストの影響から解放された」と宣言した［McKirdy and Berlinger 2017］。しかし、勢力を根絶することはできず、2024年現在でも国軍はISラナオの残党を追っている。

　マラウィ市の復興は、ドゥテルテ政権期の2017年6月28日に設立された「マラウィ復興タスクフォース（Task Force Bangon Marawi）」（以下、タスクフォース）が管轄することとなった。タスクフォースは省庁横断型で縦割りの弊害をなくし、復興を効果的に進めることを狙った組織であった。一方、議長に就任したのは国軍に37年間所属した元少将、現場で指揮を執る次官も元准将であり、地元の事情には通じていなかった。国と元国軍が主導権をもち、地方自治体の役割を調整に限定する体制が取られた。

　後述するように、復興過程では計画や土地をめぐる問題が噴出し、紛争終結から6年半がたった2024年5月の時点でも住民の帰還と住居再建はほとんど進んでいない。FGD実施時に近い2022年12月時点においても避難民の数は8万300人（1万6070世帯）であった。うち7割が親戚・知人宅などに身を寄せ、3割が仮設シェルターに滞在していた［UNOCHA 2023］。

　2022年4月にマラウィ補償委員会を設立するマラウィ包囲戦被害者補償法（共和国法第11696号）が成立した。主にマラナオ人が委員を構成する第1回の委員会が2023年2月に開かれ、ようやく補償への道筋がつきはじめている[10]。しかし、長期にわたって放置された苛立ち、不安、喪失感から、FGDでは以下のような軍事作戦の妥当性への疑問とフィリピン政府や地元の政治指導者[11]への不信の声が聞かれた。以下、ムスリムのFGD参加者の声を紹介する[12]。

---

10)　一方、タスクフォースは2022年6月30日に発足したマルコスJr.政権が翌年12月22日に下した行政命令第14号により廃止が決定された。未使用の資金は大統領府に移され、各省庁を通じた復興プログラムに使用されることとなった［Valmonte 2023］。
11)　地元の政治指導者とは、地区選出の国会議員、州知事、州議会議員、市長、市議会議員、町長、町議会議員、村長、村議会議員などを指す。

(2) 不均衡な暴力手段による「テロリスト」壊滅作戦への疑問

　ISラナオのリーダーの確保に失敗し、国軍の増援部隊が派遣されると、マラウィ市の住民は歓迎した。しかし、「防衛」の名のもとに行われる市街地の破壊や国軍による略奪を目の当たりにし、守ってくれるとの期待は裏切られた。

「マラウィは食べ物をよそった皿のようだ。そこにハエが飛んできたのを、トンカチをもち出して食べ物を台無しにし、皿まで叩き割った。」

　一握りの勢力を制圧するのに、住民の犠牲を厭わない暴力行使への憤懣が表されている。戦闘中人びとは、慣れ親しんだ市街地が刻々と破壊される様子を、住民救出のために戦闘地域に入った人が発信するSNSを通じてリアルタイムで知ることができていた。

　マラウィ市のなかでも最も人口密度が高い「グラウンド・ゼロ」には、長く親しまれてきた主要市場があった。約40のモスクが建ち［Fernandez 2023: 53］、活気がある場所であった。とりわけ、再生利用地とされ帰還不可能となったダンサラン村にはラナオ湖に面して船の停泊所があり、湖周囲のヒトやモノが集まる古くからの交易と商業の中心地であった［Fernandez et al. 2018］。キリスト教プロテスタント系のダンサラン・カレッジは、ミンダナオ国立大学マラウィ校とならんで、フィリピンのムスリム社会研究、マラナオ研究を牽引し、その図書館には貴重な資料が保管されていた。マラナオ人であれば「グラウンド・ゼロ」の住民ではなくとも親しんできた地区であったのである。

(3) 交渉による解決への期待と失望

　停戦の交渉に対する期待は高かった。実際、伝統的指導者や宗教指導者がマウテ兄弟と連絡をとり、フィリピン政府とのあいだに入り、戦闘を止め、交渉の機会を作ろうとする動きがあった。その代表的人物が、長いあごひげが特徴だったことからフィリピンの「ビンラーディン」と呼ばれたアガカーン・シャリフさんであった。2017年のラマダーン（断食月）は5月26日から6月24日までであった。フィリピン政府とISラナオは、ラマダーン明けの祭りの初日

12）　FGD参加者の安全を優先し、発言者の所在地や属性は記さないこととする。なお、116頁と118頁に紹介するFGD参加者の声はレポートに記載があったものだが、それ以外は2024年5月1日に石井がFGDを行った3名から聞き書きを行ったものであることを断っておく。

の2017年6月25日に2-4時間の停戦に合意した。この日、「ビンラーディン」さんらウラマー7人が包囲地区に入り、マウテ兄弟と直接会って話し合いを行った。「ビンラーディン」さんらは、一般住民への被害を避けるために山に撤退してそこで国軍と戦う、というISラナオの停戦の条件を政府側に伝えたが、受け容れられなかった。

住民はこの動きを固唾をのんで見守っていた。ラマダーンが近づいていたために、「グラウンド・ゼロ」の商人は店の品揃えを充実させていた。預金を銀行に預ける習慣はなく、現金や宝石類も置き去りのままであった［Bello et al. 2023］。「ビンラーディン」さん自身、「グラウンド・ゼロ」の住人であり、自宅、自家用車、自身が設立したマドラサを残して避難した。だが、長期停戦は実現せず、住民には財産の一部ですらもち出す猶予も与えられなかった。

「平らになるまで破壊しなければ、救える財産もあったのに。」

施しを請う立場に転落した避難民は自尊心を傷つけられ、大きな喪失感に見舞われた。その喪失感は、後述するように政府は端からマラウィ市を破壊する意図をもっていたのだ、という陰謀説を信じることに転じていく。

（4）　大統領（公権力）が助長する差別偏見

ドゥテルテ大統領は立候補時に、自分には（母親の家系を通じて）マラナオ人の血が流れていると豪語し、ムスリムの信頼と人気を勝ち取ろうとした。2016年5月の大統領選挙では、ドゥテルテが初のミンダナオ島出身の有力な候補者であったこともあり、マラナオ人も含めて多くのムスリムがドゥテルテに投票した。

しかし、マラウィ包囲戦においては、マラナオ人への共感のことばは聞かれなかった。それどころか、ISラナオを迎え入れ保護したのはマラナオ人だ、と非難した。この発言は、一般のマラナオ人を「テロリスト」のシンパと見なすもので、ムスリムに対する偏見を助長した。多くのマラナオ人がマラウィ市の近隣に位置するキリスト教徒が大多数のイリガン市に避難をしたが、借家を断られたり、「テロリスト」と疑われたりするなどの差別や疎外感を経験した[13]。ある FGD 参加者は「ドゥテルテの口が災いした」とつぶやいた。

ドゥテルテ大統領は、戦闘開始の約1か月後には、兵士を極度な危険にさら

すことはできないことから、絨毯爆撃（carpet bombing）を命じてすべてを破壊することも辞さない、と気炎を吐いた［Tubeza 2017］。住民は避難途中のチェックポイントで、国軍や警察から犯罪者か「テロリスト」の疑いの眼差しを向けられた。屈辱的な取り調べ時の経験は、人びとの治安部門に対する不信を形成した。

(5) 犯罪の免罪に対する不信

　戦闘中には IS ラナオによる略奪行為が報じられたが［Allard 2018; GMA 2017b］、国軍も略奪を働いた。国軍が民家から現金、冷蔵庫や扇風機などの家電、鉄筋などをもち運ぶ証拠写真が SNS で拡散された。イリガン市などの避難先ではそれらを目撃した人もいた。

　実際に 2017 年 11 月に将校 1 人と 5 人の下士官が略奪現場を捕らえられ、起訴された［Rappler 2017］。しかし、ドゥテルテ大統領は、そのようなケースが明るみにでたあとでも、「我々の兵士が盗人であるとの非難は信用しない」と国軍を擁護し、非難した人権団体を一蹴した［GMA 2017c］。

　「国軍のビジネス（negosyo）にすぎない。」

　預金を残してきた住民のなかには、現金の運び出しと引き換えに、国軍に報酬を支払う取引を行ったものもいた。一方、こうしたビジネスが成立することは、過去の経験から治安部門がその程度に腐敗しているとの暗黙の了解と諦観が住民側にあることを示している。国軍兵士の略奪行為や人権侵害は免罪される傾向にあり、避難民の治安部門に対する印象は自分たちを保護する者から略奪者に変わった。このことは、元国軍が中心のタスクフォースによる復興過程に緊張を生むことになった。

(6) 高まる陰謀説の信憑性

　一般住民の家屋や商業施設の破壊を厭わない空爆、交渉による解決への期待と失望、ドゥテルテ大統領のマラナオ人を「テロリスト」と結びつける言説や

---

13) イリガン市において避難民は、キリスト教徒が「彼らが ISIS を育てたのだ」とか、「当然の報いだ」とうわさをしているのを聞いた。また、空室があるにもかかわらず「空きがありません」と断られる経験をしたという。

略奪を働いた国軍の擁護は、避難民のフィリピン政府、国軍への不信を高め、軍事攻撃の妥当性への疑義を生んでいった。避難民は、これがダバオ市やカガヤン・デ・オロ市、イリガン市など、キリスト教徒が多数の都市で起こったならば、ここまで容赦なく破壊するはずがない、と確信をもって語った。そして、マラウィ市はムスリムが大多数であり、1980年に市議会がイスラーム都市（Islamic City of Marawi）宣言を決議したために、政府や国軍をはじめとするキリスト教徒には、同市の住民に対する思いやりが欠如しているのだ、と述べた。2016年の国軍とISラナオとの出来事も記憶から呼び覚まされた。

「大統領は我々がマウテを歓迎したと述べるが、国軍が侵入を防げなかったものを、どうして我々一般市民が防ぐことができただろうか。」

「破壊は意図的だったのではないのか。」

ここで言及されているのは、2016年に国軍がISラナオと衝突した出来事である。2016年には国軍はISラナオの危険性を十分に認識していた。それにもかかわらずマラウィ包囲戦が起きたことは、国軍が防げなかったからではない。あえてISラナオを招き入れ、マラウィ市そのものを破壊する意図があったのだ、という陰謀説に解釈され、まことしやかに語られるようになっていったのである。

（7）ISラナオに対する不満と解のない疑問

一方、避難民はISラナオについても、強い憤りを抱いていた。アミール（司令官）のイスニロン・ハピロンがバシラン島出身のヤカン人であったように、ISラナオにはマラナオ人以外のフィリピンのムスリムや、外国人が参加していた。故郷に愛着のないよそ者の参加を目撃したとき避難を決断した、と語った避難民もいた。

「マラナオ人以外の戦闘員を目撃して、避難を決断した。」

マウテ兄弟とその一族は、地元ではよく知られた存在であった。母親はフィリピンとインドネシアなどをまたにかけて商売をしており、父親はエンジニアでモロイスラム解放戦線（Moro Islamic Liberation Front: MILF）の支持者であった。ハピロンがマラナオ人社会の部外者であるのに対して、マウテ兄弟は、地縁・血縁を通じてマラナオ人社会のコミュニティに根差しており、比較的裕福なエ

リートであった。

　マウテ兄弟がイスラム国 (IS/ISIS) に忠誠を誓うことになった理由については、MILF とフィリピン政府との和平交渉がなかなか実を結ばず、話し合いを通じた解決方法に失望したからだ、と解釈された。しかし、なぜ過激な勢力に参加し、同胞が暮らす慣れ親しんだ街を破壊することを許したのかについては、納得できる解答を見いだせていない。

3　伝統的なコミュニティからの避難

　マラナオ人にとって、居住地を離れることは、物理的に難を逃れる以上の意味を伴った。マラナオ人の社会には、4つの小規模な王国 (*Pat a Phangampong ko Ranao*) が成立していた[14]。このうち3つの王国の領域は、スク (*suku, sukong* = region/district)、イグド (*inged* = town)、アガマ (*agama* = village/community) などさらに細かい区域に分けられている。それぞれの区域ごとに、王国の系譜にもとづき誰が伝統的指導者になるか、公式の場でのどの地位の人がどのように振る舞うべきか、などを定めた口頭伝承のタリティブ (*taritib*) と呼ばれる取り決めがある。結婚式、葬式、巡礼、学費にいたるまで、コミュニティのすべての成員が、その貢献度の大小にかかわらず互いに助け合うこともタリティブに定められている [Mednick 1965; Saber 1979]。

　このうち、モスクを中心に形成された区域がアガマである。アガマには必然的に親族が集まり、親密なコミュニティが形成されている。人びとが共同のモスクで礼拝をするアガマは、カコラ (*kakola*) と呼ばれる森などの公領域、ガパ (*gapa*) と呼ばれる先祖から受け継いだ領域、カワリ (*kawali*) と呼ばれる一族 (クラン) で所有または利用する領域、そしてバゴン (*bangon*) と呼ばれる宅地に分けられている。イグドとアガマには伝統的指導者と宗教指導者がいる。伝統的指導者は町長や町議会議員、村長、村議会議員などの地元の政治指導者と

---

14)　4つの王国のうちラナオ湖に面する3つの王国 (Bayabao, Masiu, Onayan) は、非ムスリム先住民のラジャ・インダラ・パトラの子孫が領域を分けた伝説に由来する。湖に面していないバロイ (Balo-i) 王国の成立についてはこれらと異なる。4つの王国の系譜はイスラームをミンダナオ島にもたらしたシャリフ・カブンスアンにさかのぼる [Mednick 1965]。バロイをのぞく3つの王国の領域がそれ以下の細かい区域に分けられている。

重なることもある。

　マラナオ人であれば、ガパかカワリを通じて、自分が先祖から受け継いだ領域を特定することができ、それによって王国の成員であることのアイデンティティを確認することができる。このようにマラナオ人のアイデンティティは、先祖代々受け継いできた領域とのつながりに根差している。つまり、居住地からの避難は、家族、親族、指導者、先祖をつないできた領域と伝統的な政治社会制度から切り離されることを意味したのである。

　マラナオ人は困難に陥ったとき、タリティブにもとづいて助け合うことでゆるやかなコミュニティの一体性を保ってきた。くわえて、伝統的指導者、宗教指導者や親族の助けに頼ることができた。しかし、マラウィ包囲戦では、収入源を失ったうえに、異なる避難先に逃れるなど、物理的な距離が互いに助け合うことの障害となった。指導者たちの行方も分からず、分かったとしても支援を期待できない。伝統的な助け合いが機能せず、政府や NGO の支援に頼らざるをえず、無力感に苛まれることになった。このことは助け合いによってコミュニティをつなぎとめていた親密な関係に距離を形成し、心に大きな傷とトラウマを残すこととなった。

4　復興、帰還の遅れ——"No Title, No Return（土地証書なしの帰還はなし）"の方針がもたらした混乱

　タスクフォースは 2022 年 4 月のレポートで復興達成状況を報告し、フェルディナンド・マルコス Jr. 大統領も 2023 年 7 月の施政方針演説で復興の進展を改めて讃えた［Rappler 2023］。しかし、避難民からはそれに賛同する声は聞かれない。

　一方マラウィ市は、2019 年 2 月以降は、フィリピン政府と MILF との和平合意にもとづいて設立されたバンサモロ暫定自治政府の一部となっていた。暫定自治政府のアホド・バラワグ・イブラヒム議長は、マラウィ市の復興を最重要 12 項目に位置づけた。しかし、復興の遅れに対しては有効な手立てを打てておらず、避難民の意見は賛否両論である。

　タスクフォースは紛争終結後に「グラウンド・ゼロ」周辺の住民に対しては

帰還を許可し、「グラウンド・ゼロ」の住民に対しては仮設シェルターと恒久シェルターを建設した。2022年4月の達成状況レポートによれば、「グラウンド・ゼロ」からの避難民は元の世帯が分散したせいか1万7793世帯になっていた。そのうち938世帯が恒久シェルターに入居した。しかし、4646世帯が仮設シェルターに、1万2114世帯は親戚、知人宅などに避難したままだ。帰還を果たしたのは95世帯のみであった［TFBM National Secretariat 2022］[15]。避難が長期化するなかで、2020年には新型コロナウイルス感染症が襲いかかった。衛生状態が十分に保てないシェルターにおいて、感染症の恐怖は避難民の苦難に追い打ちをかけた。

「グラウンド・ゼロ」については、2018年4月までに爆発物を処理し、戦闘開始1年後の2018年5月23日までに復興計画始動の式典を行い、2021年末までに復興を完了する予定が立てられていた。しかし、爆発物の処理に2年が費やされ、終了したのは2019年10月であった。ようやく処理の目途が立った同年7月、タスクフォースはマラウィ市政府と協力して、住民が自らの家を修復するための手続きを示した。しかし、その手続きに、土地の所有や譲渡、貸与の証書が必要とされたことが問題になった［Fonbuena 2018］。先に見たように、マラナオ人の多くは先祖伝来の領域を共同所有・利用してきたからである。バンサモロ暫定自治政府のマラウィ特別委員会に提出されたレポートは、「グラウンド・ゼロ」には少なくとも土地所有に関する7種類の問題があるとの指摘を掲載している［Bangsamoro Parliament n.d.: 78］[16]。

こうした複雑な状況に鑑み、タスクフォースは土地係争仲裁部会（Land Dispute Arbitration Committee: LDAC）を設置し[17]、土地の所有・利用に関わる問題を解決しようとした。しかし、慣習よりも公的な証書を重視する部会の姿勢に住

---

15) 恒久シェルターと仮設シェルターの建設数はそれぞれ949軒、4646軒である。一方、恒久シェルター949軒は入居済みとも記載されており、938軒が入居しているとのデータとの差があることも加筆しておく［TFBM National Secretariat 2022］。
16) それらは、①土地の権利を主張する者の重複、②記録にない土地の売却、③公証制度にもとづかない年長者による売買合意、④証書に係争の注記の不記載、⑤元の所有者である両親が死亡し、土地を新しく現在の所有者に売却したのにもかかわらず、生存する相続人がそれを認めないケース、⑥二重売却、⑦所有者（既に死亡）の許可をあおいだだけで土地に家を建てている住宅所有者、である。
17) 土地係争仲裁部会では、暫定自治政府の人間居住開発省が議長を務めた。

民の不安は煽られた。破壊された建物の解体は、所有者の許可がないと行えない手続きになっていたが、アドボカシー団体が2021年末から2022年半ばに226人の避難民を対象にした調査の報告書によると[18]、その半数以上が無断で解体された経験をしていた［Fernandez 2023］。

　同報告書には、FGDの結果を裏付ける政府の復興政策や、犠牲者への補償政策への不満がよく記録されている。それによるとすべての回答者が、政府の被害損失評価（Damage and Loss Assessment）は破損した商品、略奪された財産、人権侵害やトラウマを勘案しない、との不満を表明した。支援物資受給の世帯カード、現金やシェルターの配布経路が村長に握られているという不正を訴える声もあった。支援が政治指導者の親戚やその支持有権者に配られているといった苦情は頻繁に聞かれた。恒久シェルター入居の優先者リストに村長などの口添えを含めてもらったケースや、仮設シェルターが比較的裕福な家族に割り当てられ、それを他の避難民に貸し出しているケースも報告された。住民相談会に参加しても、意が汲まれないなどの不満もあった。市場の商人への支援プログラムの対象者選びでは、包囲戦前の状況を調べたデータではなく、有権者名簿が使われていた。政府の支援に対する憤懣は特に大きく、とにかく元の場所に戻してくれ、あとは放っておいてほしい、という要求が表明されるほどであった［Fernandez 2023］。

　政治指導者の不正の実態を正確につかむことは難しい。しかし、説明や確実な情報が不足するなか、避難民はうわさや口伝えの情報に頼り、不信を抱くようになった。FGDでは長期にわたる不便かつ不自由な避難生活のなかで、政治指導者だけではなく、伝統的指導者に対する失望も表明された。困難なときにこそ指導力を発揮してくれると期待したが、自分の家族の生存と安全確保を優先した、など期待が裏切られたことは、伝統的指導者に対する失望につながった。とりわけ政治指導者に対しては、あるFGDの席で参加者が「すべての政治指導者は嘘つきで、腐っている」とはっきりと訴えた。他のFGDでも彼らは信用ならないという強い感情が顕在していた。

18）226人のうち、95人が仮設シェルター、130人が親族・知人宅に避難、1人が恒久シェルターに入居していた［Fernandez 2023: 39］。

5 破壊から再編されるコネクティビティ
　——新しいコミュニティの創生

　不安定な状況におかれていたため、避難民の多くは2-4回も滞在先を変えざるをえなかった。一方、次の例に見るように、指導者が避難民を保護することに積極的であり、避難民の入れ替わりが少ない比較的安定していた仮設シェルターでは、新しいコネクティビティとコミュニティが創生されつつある。

　「グラウンド・ゼロ」のノルハヤ村のハジ・ダウドは（ハジはマッカ巡礼を果たした人物の称号）、包囲戦がはじまったとき、親族であるか否かをかまわずに村民を率いて避難の指揮をとった。彼は、弟が村長を務め、多くの親族が暮らすマラウィ市の隣のサギアラン町ルンバカトロス村に避難民を誘導した。備えがなかった村長は、まずはマドラサに、のちには村役場も開放して避難民を迎え入れた。村長はテントの確保にも奔走した。

　ハジ・ダウドは、避難民が生計を立てることができるようにと、彼の土地を耕作用地として提供した。避難民は自家消費用の野菜を作り、余剰は近隣の市場で売った。ハジ・ダウドが亡くなった後も、弟の村長が避難民をホストしつづけた。「グラウンド・ゼロ」への帰還がままならないなか、5年以上もの月日が経つと、成長した避難民とホスト・コミュニティの若者たちが恋に落ち、結婚をするようになった。避難民のなかには、ノルハヤ村以外から避難した住民もいた。「最初は、隣の人が殺人者かもしれない、と怖かった」という。しかし、次第に慣れ、生きるために互いに支え合い、喪失を慰め合い、共に死者を哀悼するうちに、信頼が築かれていった。時間の経過とともに、イマームや、もめごとを仲裁する年長者を共に立てていった。

　仮設シェルターで避難民どうしが新しいコミュニティを形成している実態は、同じマラナオ人のFGD実施者にとっては想定外のことであった。マラナオ人は他のムスリムの民族集団と比較しても商売に従事していることが多く、マニラにもコミュニティがある。他地域の人びとと結婚することは、珍しいことではない。しかし、避難所でこのような現象が起こると想定していなかったため、FGDの質問項目には入れていなかった[19]。ところが、ルンバカトロス村を訪

れた際、避難民たちが、避難の状況には満足してはいないものの、避難所での人間関係を好意的に話しはじめた。こうして、新しいコミュニティが創生している様に気がつかされたのである。

　例えば、ボガガ仮設シェルターのある女性は次のように話していた。

> 私たちはここで本当の家族になりました。シェルターの隣人が私たちの兄弟や姉妹になったのです。血のつながりはなくとも、常に私たちのそばにいることで、彼らが信頼できる家族の成員になったのです。私たちにはたくさんの血のつながった親戚が他にいますが、彼らはとりわけ私たちが苦しい思いをしているときに、私たちと一緒にいることはできません。

　その他にも特筆すべきケースとして、キリスト教徒の避難民が身を寄せるサベール仮設シェルターをあげることができよう。包囲戦が展開した当初、彼らはマラウィ市の国軍の駐屯地とその周囲に避難していた。しかし、数か月後、駐屯地周辺に一般市民を長期滞在させることは規則違反だということで、移動を余儀なくされた。この状況をみたマラウィ市のダトゥ・サベール村の村長が、空き地を彼らに提供した。そして救援を確実に受けられるように取り計らい、清掃用務、洗濯、皿洗いなどの短期の働き口を見つけられるように動いた。FGDでキリスト教徒の避難民は、支えてくれたマラナオ人に感謝の意を表し、マラナオ人をISラナオと同一視することはなかった。

おわりに

　マラウィ包囲戦は、約500人の「テロリスト」の残党に対処するために、集中的な空爆が採用され、24村の家屋や商業施設を破壊することによって終結した。長期停戦交渉は受け容れられず、「グラウンド・ゼロ」の住民は財産のほぼすべてを失った。非対称的な軍事力行使の犠牲になったことに対する十分

19）質問項目に入れていなかったため、通婚が確認できたのは、8つのうち3つのシェルター（サゴンソガン、ピンドロナン、ルンバカトロス）であったが、他のシェルターでも起きている可能性がある。

な説明はなく、戒厳令が敷かれるなか、避難民は不安と悲しみ、悔しさのなかで住み慣れた街が瓦礫と化すことを耐え忍ぶしかなかった。

マラナオ人にとって、先祖から受け継がれてきた領域を離れ、ゆかりのない土地に避難することは、コミュニティとアイデンティティの拠りどころを喪失することを意味した。しかし、元国軍主導のタスクフォースにはこうした事情は理解されなかった。伝統的な土地の所有や利用方法が認められず、土地の所有や譲渡、貸与の公的な証書の提示が帰還の条件とされた。

避難の過程で政治指導者に対する信頼は失墜した。ドゥテルテ大統領はマラナオ人が「テロリスト」をかくまったとの誤解を流布し、略奪を働いた国軍を咎めなかった。地元の政治指導者の腐敗は包囲戦の前から常態化していたが、支援物資の横領が彼らへの不信を怒りへと変えた。伝統的指導者は、顔が見える関係で日々のくらしにおいて頼れる存在であったはずだったが、人びとを顧みずに先に自分たちだけ避難したものもいた。また、人びとを支援したくとも、物理的に遠く離れた避難所にばらばらに入居することにより、それが不可能な状況におかれていた。

指導者や親族に頼れない状況におかれたことから、避難所で新しいコミュニティが創生している状況は、注目に値する。自らを見失った状況から、生きている誇りを回復するために、これまでつながりのなかった人びととコネクティビティを築いていることは、生存の危機に対峙する人びとのレジリエンスとして捉えることができよう。しかしこれは裏返せば、生存の危機感ゆえのやむをえない選択であり、指導者たちへの不信が生んだ結果でもある。

新しいコミュニティを創生している一方、避難民が訴えるのは、先祖とのゆかりがある元の居住地への帰還である。避難民にとっては、付随的損害を被ったこと自体も不正義である。が、先祖伝来の領域から切り離されている状況は、この負の感情に拍車をかけている。またこの経験は、過去の歴史的不正義の集合的記憶を呼び覚ましている。マラナオ人を含むモロは、アメリカ植民地期と太平洋戦争後の独立期にかけて先祖伝来の領域を奪われる経験をしてきた。とりわけ、現マルコス Jr. 大統領の父親のフェルディナンド・マルコス大統領の開発独裁時代には、強権的な政治体制のもとで開発事業用地が拡大された。モロ民族解放戦線（Moro National Liberation Front: MNLF）や MILF は、先祖伝来の領

域で周辺化されたことに抗議をして武力闘争を展開したのであった。

　残念ながら、マラウィ包囲戦は、マラナオ人の歴史的不正義の集合的記憶に新たなページを刻もうとしている。強硬な手段による対テロ戦争は、その付随的損害を被った人びとに対する説明と補償が伴わなければ、その行為者に対する不信を生む。その不信は、当局が治安対策において人びとの協力をえることが困難な状況を作り出し、地域の平和と安定をゆるがしつづける悪循環を生み出している。

参考文献

Allard, Tom. 2018 "Exclusive: Looted Cash, Gold Help Islamic State Recruit in Philippines," *Reuters*. January 24, 2018. https://www.reuters.com/article/idUSKBN1FC0E2/（2024 年 8 月 31 日閲覧）

Bangsamoro Parliament. n.d. Report of the Special Committee on Marawi. https://parliament.bangsamoro.gov.ph/wp-content/uploads/2022/05/Special-Committee-on-Marawi_-Committee-Report_FINAL_260820201.pdf（2024 年 8 月 31 日閲覧）

Bello, Raizza and visuals by Dada C. Grifon and Juffali Magarang. 2023 "'Kung Hindi ka Makakauwi, Sino Ka?' There's No Way Home for Some Residents of 4 Marawi Villages," Philippine Center for Investigative Journalism. October 17, 2023. https://pcij.org/2023/10/17/no-way-home-for-some-residents-of-four-marawi-villages/（2024 年 8 月 31 日閲覧）

City Government of Davao. 2023 "Roxas Night Market Bombing 7th Commemoration," September 4, City Government of Davao. https://www.davaocity.gov.ph/peace-and-order/roxas-night-market-bombing-7th-commemoration/（2024 年 8 月 31 日閲覧）

Fernandez, Ica, David Garcia and Assad Baunto. 2018 "Community-Led Rehabilitation is the Practical Thing to Do in Marawi: Critical Points for Addressing Land Issues After the Siege," Asia Foundation.

Fernandez, Maria Carmen. 2023 *Land, Rights, Displacement, and Transitional Justice in the Bangsamoro: Insights from Household-Level Mapping in Marawi City and Maguindanao*, Davao City: Initiatives for International Dialogue.

Fonbuena, Carmela. 2016 "On Day of Duterte Visit, AFP Retakes Butig Town Hall from Maute," *Rappler*, November 30, 2016. https://www.rappler.com/nation/154094-duterte-visit-afp-retakes-butig-town-hall-maute/（2024 年 8 月 31 日閲覧）

―――― 2017 "'200 to 250' Terrorists Hold Out in Marawi City," *Rappler*, June 3, 2017. https://www.rappler.com/philippines/171874-terrorists-hold-out-marawi-city/（2024 年 8 月 31 日閲覧）

―――― 2018 "Messy Land Ownership in Marawi Complicates Rehabilitation," *Rappler*, May 15,

2018. https://www.rappler.com/newsbreak/in-depth/202390-marawi-rehabilitation-land-disputes-settlement/（2024 年 8 月 31 日閲覧）

GMA. 2017a. "Duterte Revealed Maute's Plan to 'Burn' Marawi in December Speech," *GMA*, May 30, 2017. https://www.gmanetwork.com/news/topstories/nation/612582/duterte-revealed-maute-s-plan-to-burn-marawi-in-december-speech/story/（2024 年 8 月 31 日閲覧）

——— 2017b. "Marawi Resident Finds Home Looted of Cash, Jewelry," *GMA*, November 10, 2017. https://www.gmanetwork.com/news/topstories/regions/632594/marawi-resident-finds-home-looted-of-cash-jewelry/story/#goog_rewarded（2024 年 8 月 31 日閲覧）

——— 2017c. "Duterte Defends Troops on Looting in Marawi Siege," *GMA*, November 21, 2017. https://www.gmanetwork.com/news/topstories/nation/634017/duterte-defends-troops-on-looting-in-marawi-siege/story/（2024 年 8 月 31 日閲覧）

McKirdy, Euan, and Joshua Berlinger. 2017 "Philippines' Duterte Declares Liberation of Marawi from ISIS-Affiliated Militants," *CNN*, October 17, 2017. https://edition.cnn.com/2017/10/17/asia/duterte-marawi-liberation/index.html#:~:text=The%20Philippines%20city%20of%20Marawi,President%20Rodrigo%20Duterte%20announced%20Tuesday（2024 年 8 月 31 日閲覧）

Mednick, Melvin. 1965 *Encampment of the Lake: The Social Organization of a Moslem-Philippine（Moro）People*, Ph.D. Thesis, Department of Anthropology, the University of Chicago.

Philippine Statistics Authority. 2021. 2020 Census of Population and Housing. https://psa.gov.ph/content/2020-census-population-and-housing-2020-cph-population-counts-declared-official-president（2024 年 8 月 31 日閲覧）

Rappler. 2017 "6 Soldiers Charged for Looting in Marawi," *Rappler*, November 1, 2017. https://www.rappler.com/nation/187023-marawi-soldiers-charged-looting/（2024 年 8 月 31 日閲覧）

——— 2023 "FULL TEXT: President Marcos' State of the Nation Address 2023," *Rappler*, July 24, 2023. https://www.rappler.com/philippines/sona-2023-full-text-transcript-speech-president-marcos-jr/（2024 年 8 月 31 日閲覧）

Saber, Mamitua. 1979 *20th Century Maranao Authority System: Transition from Traditional to Legal*, University Research Center, Mindanao State University.

Sunstar. 2017 "Ambushed Army Major Back in Baguio," *Sunstar*, February 21, 2017. https://www.sunstar.com.ph/more-articles/ambushed-army-major-back-in-baguio（2024 年 8 月 31 日閲覧）

TFBM National Secretariat. 2022 "Accomplishment Report Task Force Bangon Marawi As of 30 April 2022," TFBM National Secretariat. https://www.scribd.com/document/751382911/TFBM-Report-April-2022（2024 年 8 月 31 日閲覧）

Tubeza, Philip C. 2017 "Duterte Ready to Order 'Carpet Bombing' of Marawi If Needed," *Philippine Daily Inquirer*, June 22, 2017. https://newsinfo.inquirer.net/907564/duterte-ready-to-order-carpet-bombing-of-marawi-if-needed（2024 年 8 月 31 日閲覧）

UNOCHA. 2023 "Philippines: Mindanao Displacement Snapshot as of 20 July 2023," UNOCHA. https://www.unocha.org/publications/report/philippines/philippines-mindanao-displacement-snapshot-20-july-2023（2024 年 8 月 31 日閲覧）

Valmonte, Kaycee. 2023 "How Will the Gov't Institutionalize, Streamline Marawi Rehabilitation Efforts?," *Rappler*, December 30, 2023. https://www.rappler.com/nation/mindanao/marcos-jr-administrative-order-streamlining-marawi-rehabilitation-efforts/（2024 年 8 月 31 日閲覧）

Yabes, Criseda. 2020 *The Battle of Marawi*, Davao City: Pawikan Press.

第6章 バングラデシュにおける
ロヒンギャ難民の受容と拒絶
——連帯から不信へ至る多層的プロセスの考察

日下部尚徳

はじめに

　2017年8月以降、約70万人のロヒンギャ[1]がミャンマーからバングラデシュへ難民として避難した。この大規模な難民流入は、バングラデシュの政治、経済、社会に深刻な影響をもたらすこととなった。しかし、この事態は突発的に発生したものではない。ミャンマーにおけるロヒンギャへの迫害と強制移住には長い歴史があり、1978年および1991-92年にかけても大規模な難民流出が発生している。これらの過去の経験は、2017年以降のバングラデシュの難民政策や社会の対応に大きな影響を与え、ロヒンギャ難民と受入先の現地コミュニティ（ホストコミュニティ）との関係性を大きく変容させることとなった。
　本章では、人口の9割がムスリムであるバングラデシュにおけるロヒンギャ難民の受容と拒絶の過程を多角的に考察する。まず、バングラデシュのロヒンギャ難民政策の変遷とその背景を分析する。ここでは、国内政治の動向や国際関係、特に周辺国との関係性が難民政策の形成にどのような影響を与えたかを明らかにする。次に、国民のロヒンギャに対する認識の変化を描写する。難民流入の初期段階では同情的だった国民感情が、時間の経過とともにどのように変化し、また、その変化をもたらした要因は何かを探る。さらに、ホストコミ

---

[1] ロヒンギャは、ミャンマーのラカイン州北西部に住むムスリムの少数民族で、ベンガル語のチッタゴン方言に近い言語を話す。2017年以前、ミャンマーには約100万人のロヒンギャがいたとされるが、現在その多くが難民としてバングラデシュなどの近隣国で暮らしている。1982年のミャンマー国籍法とそれを根拠に実施された2014年の人口調査により、ロヒンギャの多くは無国籍状態となり、移動や教育など基本的人権が制限されてきた。

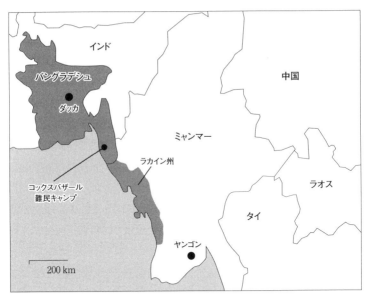

図1　バングラデシュのロヒンギャ難民キャンプの位置

ュニティとロヒンギャ難民の関係性の実態について、コックスバザールのロヒンギャ難民キャンプにおける現地調査をもとに考察を加える（図1）。

　これらの分析を通じて、難民の大規模流入が受入国の社会にもたらす影響と、それに伴う信頼構築や不信の形成メカニズムを明らかにする。特に、初期の連帯感が時間の経過とともに不信や軋轢へと変化していく過程に注目し、その背景にある社会的、経済的、政治的要因を多角的に検討する。

　また、本章の研究は、国レベルの政治的・社会的文脈の分析と、地域社会レベルでの実態調査を組み合わせる複合的なアプローチを採用した。特に、後者に関してはコックスバザールにおけるホストコミュニティと難民の「信頼」関係に焦点を当て、現地調査を実施した。調査分析では、量的調査と質的調査を組み合わせることで、統計的に有意な傾向の把握と、質的手法による文脈理解の両立を図った。具体的には、質問票による量的調査と、フォーカス・グループ・ディスカッション（FGD）および主要情報提供者インタビュー（KII）による質的調査を実施し、多面的な分析を心掛けた。

　本章の構成は以下のとおりである。第1節では、ロヒンギャ難民の流入の経

緯とバングラデシュ政府の対応を概観する。ここでは、2017年の大規模流入以前の状況も含め、バングラデシュのロヒンギャ難民受け入れの歴史的背景を提示する。また、2017年の大規模流入に対するバングラデシュ政府の初期対応と、その後の政策変更の過程を詳細に検討する。さらに、難民政策の形成と変化に影響を与えた国内外の要因、特にインドや中国といった周辺国との関係性や、国際社会からの圧力などについても考察を加える。これらの分析を通じて、バングラデシュの難民政策が、単なる国内問題ではなく、地域の地政学的力学の中で形成されてきたことを明らかにする。

　第2節では、バングラデシュ社会のロヒンギャの受容に関する認識の変化をメディアの報道やSNSなどを参照しながら分析する。まず、難民流入初期に見られた同情的な態度の背景にある要因、特にバングラデシュ社会における「集合的記憶」や「イスラーム的連帯」の概念の影響を考察する。次に、社会の態度の変遷を時系列で明らかにし、その変化をもたらした要因を分析する。ここでは、経済的負担の増大、治安への懸念、文化的摩擦などの要因に加え、政治的言説やメディア報道が社会の態度形成に与えた影響についても検討する。

　第3節では、コックスバザールにおけるホストコミュニティに対して実施した難民との関係性に関する調査結果をもとに、経済的影響、社会的軋轢、相互認識など、多様な側面から両者の関係性を分析する。具体的には、難民流入が地域の労働市場や物価に与えた影響、環境への負荷、公共サービスへのアクセスの変化、治安認識、教育への影響などについて、定量的・定性的データを用いて検討する。また、ホストコミュニティとロヒンギャ難民の日常的な交流の実態についても分析を加える。さらに、両者の間に存在する緊張関係や対立の要因を特定し、それらがどのように形成され、維持されているかを考察する。これらの分析を通じて、難民とホストコミュニティの関係性が、マクロな政治・経済的要因だけでなく、ミクロな日常の相互作用によっても大きく影響を受けていることを明らかにする。

　本章を通じて、ロヒンギャ難民の受容と拒絶の過程で形成される信頼と不信のメカニズムを多層的に描写することを目指す。特に、初期の連帯感が不信や軋轢へと変化していく過程を分析することで、難民問題における信頼構築の困難さとその要因を具体的に明らかにする。

1　国内政治と外交から見たロヒンギャ難民問題

(1)　ロヒンギャの弾圧とバングラデシュへの越境

　2017年8月以降、ミャンマーのラカイン州から約70万人のロヒンギャ難民がバングラデシュに越境した。これにより、既存の30万人のロヒンギャと合わせて、約100万人の大規模難民キャンプが南部コックスバザールに形成されるに至った。この事態は、バングラデシュにとって前例のない人道的危機をもたらした。

　過去には、1978年、1991-92年に20万人を超えるロヒンギャがミャンマー軍事政権による強奪、強制労働、暴行から逃れてバングラデシュの側へと避難した。また、ミャンマー西部のラカイン州の主要民族であるラカイン民族[2]との軋轢から、2012年にも深刻な事態が発生した。この事件では、ラカイン民族の女性をロヒンギャが集団で暴行し殺害したとするニュースが国営メディアやSNSを通じて拡散したことが発端となり、ロヒンギャとラカイン民族双方の報復合戦が激化した。この過程でも10万人以上ともいわれるロヒンギャがバングラデシュの側に越境した。

　ここまでの段階で、ミャンマーに戻ることを拒否し、バングラデシュに残ったロヒンギャは、コックスバザールに国連難民高等弁務官事務所（UNHCR）が設置した2ヶ所の難民キャンプに入るか、一般のバングラデシュ人に混じって生活をしていた［Ahmed 2009］。UNHCRによると2016年の段階で、バングラデシュ国内には30万人以上のロヒンギャが暮らしていたとされる［UNHCR 2018］。

　このような状況の中で、ミャンマーのラカイン州で2016年10月9日、ハラカーアルヤキーンを名乗る武装集団が警察施設3ヶ所を襲撃し、警察官9人が死亡するという事件が起きる。ミャンマー国軍はロヒンギャによる襲撃とみて、

---

2)　ミャンマー西部のラカイン州を主な居住地とする少数民族。人口は約300万人で、大多数が上座部仏教徒である。仏教はラカイン民族のアイデンティティと文化の中核を成し、多くの古代仏教遺跡がラカイン州に点在している。ラカイン民族の一部は、ラカイン州におけるより広範な自治を求めて政治運動を展開しており、武装組織としてアラカン軍（Arakan Army: AA）を結成し、ミャンマー国軍と武力衝突を繰り返している。また、ロヒンギャとの間に深刻な対立があり、2012年以降、両者の間で暴力的衝突がたびたび起きている。

取り締まりの名目で軍事行動にでたため、2ヶ月間で7万人近くがバングラデシュ側に越境した［Sengupta 2020］。

　そして2017年8月25日、約70万人の難民発生の直接的要因となった事件が発生する。アラカン・ロヒンギャ救世軍（Arakan Rohingya Salvation Army: ARSA）と呼ばれる武装組織が、ラカイン州北部の警察および軍事施設を襲撃したのである。ミャンマー政府はARSAを上記のハラカーアルヤキーンと同組織であると断定し、大規模な掃討作戦に打って出た。作戦はミャンマー国軍が主体になって実施されたが、警察や国境警備隊[3]、一般の村人も部分的に参加した［Chowdhury 2020］。軍はロヒンギャの村々に火をつけARSAのメンバーが隠れる場所を徐々になくす作戦にでたことから、大勢のロヒンギャがバングラデシュの側に追い立てられることとなった。川を渡って逃げる人々を岸から銃で狙い撃ちしたり、戻ってこられないように地雷を敷設したりするなど、一連の行為は「テロ掃討作戦」の範疇を大きく逸脱していた。また、ARSAの捜索という名目で、拷問、処刑、レイプなどが公然と行われたとして、国連や国際NGOは批判を強めた。国際NGOの「国境なき医師団」（Médecins Sans Frontières: MSF）が実施した調査によれば、当該軍事作戦の開始から1ヶ月間で、推定6700人のロヒンギャが殺害されたとされる。国連はこの残虐行為を「民族浄化の教科書」と表して非難した［Shafie 2019］。さらに、2017年11月にバングラデシュを訪問したパッテン性暴力担当国連事務総長特別代表は、ミャンマー国軍兵士による女性に対する組織的な集団レイプなど、「人道に対する罪」に該当する可能性のある残虐行為が行われたとして、ミャンマー政府を厳しく批判した。

（2）　大国の影響下での難民対応とロヒンギャの孤立

　2016年および2017年の襲撃事件を受け、バングラデシュ政府はイスラーム武装勢力に対する懸念をミャンマー政府と共有し、ミャンマー政府の立場を擁護する姿勢を示した。この背景には複数の要因が存在する。第一に、2016年7月に首都ダッカの高級住宅街で日本人7人を含む民間人20人が殺害された「ダッカ襲撃テロ事件」以降、イスラーム武装勢力掃討作戦を実施しているバング

3）　ミャンマーの国境警備隊（Border Guard Police: BGP）は、2014年に設立された準軍事組織で、主にミャンマーの国境地域の治安維持を担当している。

ラデシュ政府にとって、ミャンマー政府との協力関係が不可欠であった。第二に、過去の難民対応の経験から、ミャンマーへの最終的な送還を念頭に置き、ミャンマー政府との良好な関係維持を望んでいた。これらの理由から、バングラデシュ政府はミャンマー国軍による人権侵害には言及せず、同時にARSAによる攻撃にバングラデシュの組織が関与していないことを強調するため、ミャンマー政府の掃討作戦を支持する立場を取った。

経済的・外交的要因も、バングラデシュのこの姿勢を後押しした。バングラデシュにとってミャンマーを経由して中国に至る交易ルートと、ラカイン州との貿易権益の確保は極めて重要な事項であった。バングラデシュは国境の大部分をインドと接しており、中国への陸路アクセスにはインド通過が必要不可欠である。当時政権与党だったアワミ連盟（AL）は親インド政策を採りつつも、全方位外交を掲げ、中国との関係も重視していた。中国はバングラデシュにとって最大の輸入相手国であり、2018年には直接投資の5分の1を占める最大の投資国となった。2016年10月の習近平国家主席の来訪時には、2兆円規模の経済支援が表明されるなど、両国関係は着実に強化されつつある。さらに、軍事装備品の9割近くが中国製であることから、軍事面でも中国の存在感が一層増している。これらの経済的・外交的背景から、ミャンマーを経由する中国へのルートは、バングラデシュにとって経済的・外交的に重要であり、ロヒンギャ問題によってミャンマー政府との関係が損なわれることは避けたい状況にあった。

加えて、インド政府への配慮も、バングラデシュ政府の対応に大きな影響を与えた。バングラデシュの国境の9割がインドと接しているという地理的状況から、両国は国境を越えて移動するイスラーム武装勢力の動向に共通の関心を有している。そのため、ARSAの襲撃に端を発するロヒンギャ問題に関しても、バングラデシュとインドは協調的な姿勢を示した。インドは世界第3位のムスリム人口を抱えながら、ヒンドゥー教徒が多数派である。モディ政権下でムスリムの社会的疎外や政治的差別、それらに起因する暴力が懸念される中、イスラーム武装勢力がロヒンギャ問題を理由に過激な行動にでることをインド政府は警戒していた。また、インドに暮らすロヒンギャの存在も、バングラデシュの対応に影響を与えた。2017年以前から、インド各地には約4万人のロヒンギ

ャ難民が居住しており［Quadir 2019］、そのうち 1 万 8000 人が UNHCR に難民として登録されていた［UNHCR India 2019］。しかし、ARSA による襲撃事件を受け、インド政府のロヒンギャに対する姿勢は次第に厳しいものになっていった。2017 年 8 月 28 日、リジジュ内務閣外大臣はロヒンギャを治安への脅威であり、賃金引き下げの原因であると公言し、追放政策を発表した。この発表を受け、ロヒンギャの代表者 2 人が政府による追放政策の撤回を求めてインド最高裁判所に訴訟を起こしたが、判決は延期されたままとなっている。

インドはまた、ミャンマーのラカイン州におけるインフラ開発に積極的に投資を行っている。特に、インド北東部とシトウェを結ぶプロジェクトを進めており、この地域における影響力の拡大を図っている。これらのインドの姿勢と地域戦略は、バングラデシュのロヒンギャ難民政策にも大きな影響を与えている。バングラデシュ政府は、インドの対応を注視しつつ、自国のロヒンギャ政策を調整せざるを得ない状況に置かれており、インドが反ロヒンギャの姿勢を示す中、バングラデシュが単独で寛容な難民政策を維持することは困難であったと言える。

結果として、親インド路線を採るバングラデシュの AL 政権も、ミャンマー政府に対する批判を控えたことから、ミャンマー、バングラデシュ、インドの 3 国からロヒンギャが孤立する事態となった。

（3） 難民発生当初のバングラデシュ政府の冷たい対応

上述のとおり、安全保障問題と経済的利益を考慮し、バングラデシュの AL 政権はミャンマー政府を支持する姿勢をとった。AL 政権は難民の帰還を要求してはいるものの、ミャンマー政府への直接的な批判は控えた。そして、バングラデシュ国内においては、さらなるロヒンギャの越境を抑制するため、「生かさず殺さず」の最低限の人道支援政策が採られた。

難民流入の初期段階においては、NGO や国連機関に対して限定的な支援許可しか与えず、特に NGO の活動は厳しく取り締まった。これは 1991 年から 1992 年にかけての難民対応時に、イスラーム保守強硬派の団体が NGO を装ってキャンプに侵入し、政治活動を行った過去の経験に起因している。そのため、政府はコックスバザールですでに活動実績のある小規模 NGO にのみ活動許可を

図2　支援を待って路上に座り込むロヒンギャ（クトゥパロン難民キャンプ周辺、2017年2月筆者撮影）

図3　ビニールシートでテントを作るロヒンギャ（クトゥパロン難民キャンプ周辺、2017年2月筆者撮影）

与えた。また、国連機関に関しても、1992年の帰還事業で政府と対立したUNHCRではなく、バングラデシュでの難民支援経験が比較的浅い国際移住機関（IOM）にロヒンギャ難民キャンプ運営の全体調整を任せた。これは、政府がUNHCRの関与を制限しようとした結果であった。

このような限定的な方針の結果、支援やサービスの分配が不十分となり、難民の健康状態は全般的に悪化した。特に子どもや高齢者が最も深刻な影響を受け、ミャンマーからの危険な脱出を生き延びたにもかかわらず、多くのロヒンギャが難民キャンプで命を落とした。キャンプやその周辺地域の環境は劇的に悪化し、人道的危機の様相を呈した。多くの難民が路上で食料を乞い、500タカから700タカ（約650円から910円）で売られているビニールシートで雨風をしのぐ姿が見られた（図2・図3）。

しかし、社会に蔓延していた過激主義への不安から、地元紙の一部報道を除き、難民の苦境や窮状がメディアで広く取り上げられることはほとんどなかった。支援が望めない中、ロヒンギャ難民は最も絶望的で困窮した状況に置かれたコミュニティとなった。

（4）　バングラデシュ政府の方針転換——ロヒンギャ難民支援の拡大

難民の急増と国際社会の関心の高まりに伴い、バングラデシュの消極的難民

政策は段階的な変更を余儀なくされた。2017年9月15日、インドのスワラージ外相とバングラデシュのシェイク・ハシナ首相による電話会談が実施された。この会談において、スワラージ外相は状況の変化を「ローカルイシューからグローバルイシューへ」と表現し、2016年10月のロヒンギャ掃討作戦以降の国際社会におけるロヒンギャ問題の位置づけの変化について議論がなされた。予想以上に難民の数が増大し、国際的な注目を浴びるようになったことから、十分な人道的配慮をとらないことで批判の矛先が自らに向くことを恐れたうえでの政策変更であった。

　結果として、2017年10月頃から徐々に国連機関やNGOによるロヒンギャ難民支援を拡大すると同時に、これまで同調姿勢をとってきたミャンマー政府に対して、難民の帰還を受け入れないことを理由に、ハシナ首相が非難声明を出すに至った。バングラデシュ政府のロヒンギャ対応の変化には、複数の国内政治要因が影響している。

　第一に、イスラーム擁護団（Hefazat-e-Islam: HI）に代表されるイスラーム保守強硬派からの批判が増大した。HIの代表はSNSを活用して積極的に政府批判を展開し、「ロヒンギャへの弾圧がやまなければ、ミャンマーでジハードが起きるだろう」と発言するなど、政府への攻勢を強めた。第二に、2018年12月の総選挙を控え、最大野党のバングラデシュ民族主義党（BNP）やイスラーム主義政党のイスラーム協会（Jamaat-e-Islami: JI）、およびその支持団体HIが、ロヒンギャ問題を政治化し、与党批判の材料として使用することへの懸念があった。第三に、ALによるイスラーム主義層の取り込みが挙げられる。ALは2017年に国定教科書におけるイスラーム関連記述の増加や宗教学校への公的資格付与など、イスラーム主義団体の要求に沿った政策を実行した。これらの政策変更は、総選挙を見据えたイスラーム主義層の取り込みと見られており、ロヒンギャ対応の変化もその一環として捉えることができる。最後に、地域政治の力学が政策変更に影響を及ぼしたと考えられる。コックスバザール地域はBNPやJIの強い支持基盤があることから、同地域のAL候補者から、ロヒンギャ問題の放置が選挙に悪影響を及ぼすとして、党執行部への批判が起こった。

　これらの要因を背景に、ハシナ首相は2017年9月12日にキャンプを訪問し、難民に寄り添う姿勢を示すとともに、NGOや国連機関を通じた支援の拡大を

決定した。この一連の政策変更は、国内の政治的均衡を保ちつつ、国際社会からの批判に対応しようとする政府の試みとして解釈できる。ロヒンギャ難民への対応は、人道支援の問題だけでなく、バングラデシュの国内政治、宗教、地域政治の文脈の中で理解する必要があり、政府の政策決定はこれら複合的な要因の相互作用の結果として形成されていった。

2　ロヒンギャをめぐるバングラデシュ社会の反応

(1)　難民に対するバングラデシュ社会の反応の変遷

　ロヒンギャに対するバングラデシュ社会の反応は、時期によって大きく変化してきた。1978年の第一次流入、1991-92年の第二次流入の際、ロヒンギャの流入はコックスバザールにおいて重大な社会問題となった。しかし、バングラデシュの他の地域では、ロヒンギャ問題は貧困や災害など、他の多くの社会問題の1つに過ぎず、特別な注目を集めることはなかった。コックスバザール地域では、ホストコミュニティとロヒンギャの間で婚姻や社会的交流が日常的に行われており、このことがロヒンギャ難民の流入を特別な社会事象として受け止めない背景の1つとなっていた。

　また、ロヒンギャの麻薬取引や密輸、その他の犯罪への関与が新聞で断続的に報道されてはいたものの、これらは国境地帯の常であり、世界中の難民問題における典型的な状況として受け止められていた。さらに、ロヒンギャがJIなどのイスラーム主義組織と関係があるという報道が繰り返されても、ホストコミュニティのバングラデシュ人の中にもこうした組織と深い関係を持つ者が多かったため、ロヒンギャに対してそれほど強い敵対心を抱く必要性がなかった［Kusakabe and Abantee 2024］。

　しかし、2017年の大規模流入以降は、ロヒンギャに対する社会の反応が目まぐるしく変化し、国内政治にも影響を与えるようになる。2016年から2017年中頃にかけては、多くのロヒンギャがバングラデシュ側に避難したものの、前述のとおり政府は「生かさず殺さず」の難民政策を維持した。その一方で、無国籍状態となったロヒンギャの悲惨な状況がメディアを通じて広く共有されたことで、バングラデシュ市民の間に大規模な支援の動きが起こった。ロヒンギ

ャ難民キャンプにおいては、政府の方針から NGO や国連機関による大規模な支援活動は見られなかった一方で、ホストコミュニティの一般の人々が自発的に支援に乗り出し、水やシェルター用のビニールシートを提供したり、モスクを通じて集められた支援金で配給などを行ったりした。

(2) 集合的記憶とイスラーム主義的共感

　上記の反応の背景には、1971 年のバングラデシュ独立戦争時の難民経験という集合的記憶と、汎イスラーム主義的共感が存在していたと考えられる。注目すべきは、SNS を通じて 1971 年の難民流出とロヒンギャ難民の状況が視覚的に比較され、「共通性」の感情が醸成されたことである。特にフェイスブックでは、1971 年のバングラデシュ独立戦争時に難民化したベンガル人の画像が、現在のロヒンギャ難民の写真と並置されて数多く投稿された。両者とも長い旅路で擦り切れたリュックサックを背負い、家族を連れて、悲しみに打ちひしがれ、荒涼とした泥道を歩いていた。

　バングラデシュ市民は、集合的な記憶に基づいて、2 つの異なる時代——何百万人ものベンガル人難民がインドに逃れた 1971 年とロヒンギャ難民がバングラデシュに逃れた 2017 年——、2 つの異なる民族——ベンガル人とロヒンギャ——を結びつけ、自らに重ね合わせた。

　このような投稿には、「これは 1971 年の再来だ」「私たちも難民だった」といった感情的なキャプションが添えられていた。これらの視覚的・文章的表現を通して、明示的であれ暗黙的であれ、伝えられているメッセージは極めて明確で、「私たちベンガル人も同じような経験をしたのだから、ロヒンギャを支援するのは道義的な義務である」というものであった。これにより、「私たち」（バングラデシュ人）と「彼ら」（ロヒンギャ）は、民族の差異を超え、集団的経験の共有意識を通じてつながったが、同時に「彼ら」（受動的な難民）と「私たち」（能動的な支援者）という意識区分も存在していた［cf. Arendt 2006］。

　バングラデシュ社会におけるイスラームの位置づけも、ロヒンギャ支援の文脈で重要な役割を果たした。人口の 9 割がムスリムであるバングラデシュのナショナル・アイデンティティをめぐっては、世俗的なベンガル人アイデンティティ（世俗派）と「ベンガル・ムスリム」アイデンティティ（イスラーム主義派）

図4 日本のムスリムからの支援であることを示すバナー（クトゥパロン難民キャンプ、2019年8月筆者撮影）

図5 日本のムスリムからの支援で運営されているマドラサ（クトゥパロン難民キャンプ、2019年8月筆者撮影）

の間で長年議論が続いてきた［Bertocci 1996; Eaton 1993; Gardner 2001; Roy 1996; Thorp 1983］。

　そうした中、ロヒンギャ支援の訴えは、世俗派とイスラーム主義派の双方から支持を得た。世俗派はミャンマーの「独裁的」支配と民族差別への反発から、イスラーム主義派は「敬虔な」ムスリムによる宗教的連帯感から、それぞれロヒンギャ支援を正当化した。そして、イスラーム保守層はこの機会を、ムスリムの一体性を強調し、イスラームに基づく政治を推進する場として活用しようとした。実際、イスラーム系組織の資金ネットワークによる支援は、難民キャンプで大規模に実施された。このネットワークはバングラデシュ国内にとどまらず、日本を含む世界中のムスリムからの支援を難民キャンプに届けるまでに発展した（図4・図5）。この国際的なイスラーム・ネットワークを通じた支援活動は、ロヒンギャ問題が単なる地域的な課題ではなく、グローバルなイスラーム共同体の関心事となったことを示している。このように、ロヒンギャ難民への対応を通じて、バングラデシュ社会のナショナル・アイデンティティの二重性、そしてバングラデシュ社会の底流にイスラームの社会的結束が極めて強固に存在することが浮き彫りになったと言える。

(3) 共感から反感へ

　ロヒンギャ難民に対するバングラデシュ社会の反応は、時間の経過とともに大きく変化してきた。難民発生当初は、集合的記憶とイスラーム同胞意識に基づき、ロヒンギャ支援に肯定的な国民意識が優勢であった。この傾向は、イスラーム組織の資金ネットワークによる初期支援や、イスラーム保守層による政府への支援要請という形で具体的な行動となって現れた。こうしたロヒンギャへの共感は政治を動かし、政府による大規模な難民支援の実施へと結実した。

　しかし、ロヒンギャ難民問題の長期化に伴い、バングラデシュ社会の態度は大きく変化することとなる。当初の共感や連帯感は徐々に嫌悪感や動揺へと変容し、ホストコミュニティとロヒンギャの間に距離が生じるようになった。この変化は、ロヒンギャの滞在が予想以上に長期化したことで、彼らを「不幸な少数民族」「難民」から「特権的な敵」と見なす認識の転換をもたらした。この認識の変化には、複数の要因が考えられる。

　第一に、安全保障上の懸念が挙げられる。難民キャンプの治安悪化に伴い、ロヒンギャの「イスラーム過激派」との関連疑惑がメディアを通じて大々的に報道された。これにより、ロヒンギャ全体に対する警戒心が全国で高まることとなった。第二に、支援の偏りに対する不満が生じた。国際援助機関やNGOによる支援が難民に集中し、地元コミュニティへの配慮が不足しているという認識が広がった。この不均衡な支援配分は、ホストコミュニティの間に不公平感を生み出し、ロヒンギャに対する反感を助長した。第三に、環境問題の深刻化が顕著となった。水源の枯渇や汚水の排水、木々の伐採などにより、難民キャンプ周辺の環境悪化が進行し、人々の日常生活に深刻な影響を及ぼすようになった。この環境破壊は、ロヒンギャの存在を直接的な脅威として認識させる要因となった。

　こうした状況下で、ロヒンギャを犯罪者、過激派、テロリスト、麻薬売人などと否定的に描く言説が、政治家の発言やメディアの論調として見られるようになった。特に2018年の国民議会選挙でALが圧勝したのちは、イスラーム主義勢力への過度な配慮が不要となったことから、その傾向は顕著になった。与党ALはロヒンギャを「他者化」し、難民の定住を促すような存在を社会の「敵」と見なすことで、ロヒンギャに対する国民感情を政治的に利用した。こ

の政治的戦略は、複数の効果をもたらした。ロヒンギャが外部からの「脅威」であることを強調することで国民のアイデンティティと結束を強化し、難民問題への厳格な対応を示すことで政権の安全保障政策を正当化した。さらに、ロヒンギャ問題の深刻さを強調することで、国際社会からの支援増加や問題解決への圧力を促す効果も生み出した。

3　コックスバザールにおけるホストコミュニティと難民の「信頼」に関する調査

(1)　調査概要

これまで、ロヒンギャ難民に対するバングラデシュ社会の反応を政治的・社会的文脈で考察してきた。しかし、実際に難民を受け入れている地域社会レベルで、難民がどのように捉えられているかについては十分に明らかにできていない。そのため、以下の調査では、コックスバザールにおけるホストコミュニティと難民との「信頼」関係に焦点を当て、地域社会の視点からその関係性を考察する。

本調査の目的は、ロヒンギャ難民の大規模流入がホストコミュニティの社会・経済的状況に与えた具体的影響の把握にある。時間の経過に伴うホストコミュニティのロヒンギャ難民に対する認識と態度の変遷を検証し、難民受け入れによる社会環境や治安への影響を検討する。また、日常生活におけるホストコミュニティと難民の相互作用の実態を多角的に分析し、両者の関係性を明らかにする。

具体的な調査方法としては、量的調査と質的調査を組み合わせた手法を採用した。これにより、統計的に有意な傾向の把握と、質的手法による文脈理解の両立を図った。ただし、サンプル数の制約や調査範囲の限定性により、結果の一般化には慎重を期す必要がある。調査は、コックスバザールのウキア郡とテクナフ郡で実施した。ウキア郡ではキャンプに隣接するバルカリ村を、テクナフ郡ではキャンプに隣接するラジャパロン村と、キャンプからやや離れたノアパラ村を選定した。当初、各村50世帯、計150世帯を対象とする計画であったが、ラジャパロン村での調査中にキャンプへの入域が制限されたため、同村

では27世帯のデータしか収集できなかった。調査対象世帯は、3世帯間隔で無作為に抽出した。この方法によって推定値の変動係数を小さくし、推定値の信頼性を高めるよう努めた。最終的に127世帯を対象とした量的調査を行った。調査地間で統計的に優位な差異は見られなかったため、最終的にデータセットを統合し、考察を試みた[4]。

また、それとは別に上記地域において12回のフォーカス・グループ・ディスカッション（FGD）と10回の主要情報提供者インタビュー（KII）を実施した。FGDとKIIは個人を対象としており、量的調査の対象世帯とは異なる参加者で構成された。

調査は2021年12月5日‒22年1月31日にかけて実施された。コロナ禍で外国人の入域が厳しく制限されていたため、バングラデシュ・リベラルアーツ大学のアバンティ・ハルン助教を代表とする研究チームに現場での調査を委託する形で実施した[5]。

質問項目は、基本的な世帯情報から、ロヒンギャ流入後の社会・経済的変化、ロヒンギャとの関係性、各種機関に対する信頼度など、幅広いテーマをカバーしたが、本章においてはホストコミュニティとロヒンギャ難民の関係性に焦点を絞って考察を加えた。

（2） 初期対応後の変化

2016年、2017年のロヒンギャ難民の大規模流入に対し、ホストコミュニティは当初、人道的な観点から迅速かつ広範な支援を提供した。調査結果によると、回答者全員が何らかの形でロヒンギャを支援したと回答している。具体的な支援内容としては、食料支援（63％）、水の提供（42％）、住居の提供（16％）、衣類の支援（6％）などが挙げられた（複数回答可）。バルカリ村の回答者の1人は次のように述べている。

「2017年に大量のロヒンギャが流入してきた時、私たちが最初に対応したの

---

[4] 本調査は、科学研究費学術変革領域研究（A）「紛争影響地域における信頼・平和構築」（課題番号20H05829、代表者石井正子）の委託調査として実施された。
[5] アバンティ・ハルン助教をはじめ、研究チームはロヒンギャの言語に精通したメンバーで構成され、ホストコミュニティを対象とした本調査は、チッタゴン方言のベンガル語で実施された。

です。食べ物、衣服、薬、時には住む場所さえも提供しました。」

　これらのデータは、難民危機の初期段階において、ホストコミュニティがロヒンギャに対して同情的な姿勢を持ち、積極的に支援を行っていたことを明確に示している。前節で論じたように、これらは集合的記憶とイスラーム主義的共感がその背景にあると思われるが、この初期の人道的対応は、ロヒンギャとホストコミュニティの間に構築された文化的・社会的差異を解消するものではなかった。

　調査結果は、回答者の大多数がロヒンギャをベンガル人とは明確に区別していることを示している。回答者の98％がロヒンギャをベンガル人とは見なしておらず、わずか1％がロヒンギャをベンガル人と考えている（1％は未回答）。言語、宗教、外見上における類似性は認められるものの、ホストコミュニティにとって両者の間に構築された差異は絶対的なものであることが理解される。

　特に言語面での差異が顕著であり、回答者の99％がチッタゴン方言[6]とロヒンギャ語は異なると認識している。さらに、食習慣や歴史的背景においても明確な相違点が存在するという見解が支配的であった。

　バルカリ村の男性は次のように述べている。

「言語はかなり異なります。彼らはチッタゴン方言を学んだのかもしれませんが、彼らの食習慣や歴史は全く異なります。」

　前述のとおり、時間の経過とともに、バングラデシュ社会における初期の同情的な態度は変化し、ロヒンギャを受け入れることへの強い抵抗感が見られるようになった。多くの回答者は、ロヒンギャの出生地や財産の所在地がミャンマーにあることを根拠に、彼らの帰還を主張している。ノアパラ村の女性は次のように主張している。

「彼らはそこで生まれました。彼らはそこに財産を持っています。だから彼らはミャンマーに帰るべきです。ここで彼らは私たちの生活を破壊しています。」

　さらに、ロヒンギャの滞在が地域社会に与える影響について、地元住民の間

6）　チッタゴン方言（Chittagonian）は、バングラデシュ南東部のチッタゴン管区で主に話される方言で、標準ベンガル語とは発音、語彙の面で大きく異なる。コックスバザールにおいても一般的にチッタゴン方言が話される。

に軋轢が存在することも明らかになった。バルカリ村の男性は次のように述べている。

「私たちは何十年もここに住んでいます。1990年代のロヒンギャ流入以前からです。それなのに、彼らは私たちにここを出ていけと言います。ここは彼らの場所で、彼らは好きなことができると主張するのです。」

(3) ホストコミュニティとロヒンギャの社会的関係性

調査結果は、ホストコミュニティの大多数がロヒンギャとの社会的・経済的関係を否定しており、両者の間に深い溝が存在することを示唆している。

具体的には、回答者の96％がロヒンギャをコミュニティの住民とは見なしておらず、彼らを「単なる顔見知り」と表現している。この結果は、両コミュニティ間の心理的距離の大きさを如実に表している。バルカリ村の有力者は次のように語った。

「彼らは私たちの社会の一部ではありません。同じ場所に住んでいても、私たちの生活とは完全に切り離されています。彼らが私たちの家を訪れることも、私たちが彼らの家を訪れることもありません。」

交流頻度に関するデータでは、40％が月に数回、37％が週に数回、23％が毎日ロヒンギャと話すと回答している。しかし、質的データからは、これらの交流が表面的なものにとどまっていることが推測される。ノアパラ村の商店主は以下のように述べている。

「確かに彼らと話すことはありますが、それは商売上の必要最低限の会話です。ほとんどの場合、彼らは無作法で、私たちに怒鳴ります。友好的な関係など全くありません。」

さらに懸念すべきは、回答者全員がロヒンギャを「恐ろしい」または「脅威」と感じていると回答している点である。その主な理由として、91％が違法薬物、65％がロヒンギャ間の殺人、65％が強盗、56％が銃撃戦を挙げている。これらの数字は、ホストコミュニティの間に広がる深刻な不安と恐怖を反映している。バルカリ村の警察官は次のような証言をしている。

「ARSAというテロ組織がロヒンギャ9人をモスクで殺害したという事件がありました。このような出来事が、地域住民の恐怖心をさらに煽っています。」

これらの結果は、ロヒンギャ難民の受け入れが地域社会の安全と秩序に関わる重大な問題として認識されていることを示している。両コミュニティ間の信頼関係の欠如と、ホストコミュニティの間に広がる恐怖心は、今後の社会統合に向けた取り組みにおいて大きな障壁となる可能性がある。

(4)　地域経済への影響

　ホストコミュニティの大多数が、ロヒンギャの存在が地域経済に負の影響を及ぼしていると認識している。具体的には、回答者の85％が収入に変化があったと回答し、そのうち98％が日雇い労働の賃金低下を指摘している。この数字は労働市場における深刻な歪みを示唆している。加えて、過去6ヶ月間にホストコミュニティとロヒンギャの関係悪化を実感したかとの設問に対し、回答者の91％が実感したと答え、全回答者が賃金の低下をその要因として挙げている。

　バルカリ村の日雇い労働者は次のように証言している。

「ロヒンギャが来る前は、1日500タカ（約650円）の賃金を得ていました。しかし今では、わずか200タカ（約260円）にまで下がってしまいました。彼らはもっと安い賃金で働くため、私たちの仕事を奪っています。家族を養うのが本当に難しくなりました。この状況では、彼らに対して友好的でいられるはずがありません。」

　この急激な賃金低下は、ホストコミュニティの生活基盤を直接的に脅かし、社会的緊張を高める一因となっている。

　経済的影響は労働市場にとどまらず、生活全般に及んでいる。回答者の80％が生活必需品の価格高騰を、20％が医療費の高騰を報告している。バルカリ村の女性は次のように述べている。

「毎日の買い物が本当に大変になりました。米や野菜の価格が急上昇し、以前は普通に買えていたものが、今では贅沢品になってしまいました。」

　また、バルカリ村の小売業を営む男性は以下のように語っている。

「米の価格が2倍になり、野菜や薬の価格も急上昇しています。しかし、ロヒンギャは支援物資をもらっているので、この影響をあまり受けていません。私たちだけが苦しんでいるのです。」

同時に、こうした経済的な影響が、ロヒンギャとホストコミュニティのみならず、都市部から来た援助関係者や関連ビジネスに従事する人々と、地元住民との間の軋轢に発展している可能性も示唆された。バルカリ村の商店主は次のように述べている。
「都市から来た人々は高い給料をもらっており、簡単に商品を買えます。しかし、私たちにとっては、同じ商品がほとんど手の届かないものになっています。この不公平さに怒りを感じます。」
　このような所得と購買力の不均衡に対する認識は、間接的にロヒンギャに対する不満や敵意を増幅させる要因となっている。バルカリ村のコミュニティリーダーは次のように分析している。
「人々は直接的にはロヒンギャを責めていませんが、彼らの存在が引き起こした経済的混乱に不満を感じています。援助関係者への嫉妬や怒りが、結果的にロヒンギャへの反感につながっているのです。」
　さらに、地域のインフラや公共サービスへの影響も無視できない。自治体の職員は以下のように指摘している。
「病院や学校が難民によって溢れかえっています。地元住民が適切な医療や教育を受けられなくなっているのです。これは長期的に見て、地域の発展に深刻な影響を与えるでしょう。」
　さらに、バルカリ村の有力者は次のように述べている。
「以前は定期的にゴミ収集や道路修理がありましたが、今ではほとんど行われません。行政のリソースがすべてロヒンギャ支援に向けられているようです。」
　これらはあくまでホストコミュニティの人々の「体感」であるが、ひとつひとつの問題が積み重なることで日常的な軋轢を生み出し、両者の関係を継続的に悪化させていることが理解される。

(5) 土地と環境への影響

　ロヒンギャ難民の流入は、ホストコミュニティの土地利用と環境に深刻な影響を与えた。調査対象村がカースランドと呼ばれる政府所有地に位置していることが、この問題をさらに複雑にしている。

カースランドは、政府によって土地を持たない貧困層に一時的または永続的に割り当てられる土地である。調査対象地域の住民の大半は、このカースランドに家を建て、耕作を行い、家畜を放牧しているが、法的には土地所有権を持っていない。ノアパラ村の有力者は次のように説明している。

「私たちはここで何世代にもわたって暮らしてきましたが、この土地は法的には私たちのものではありません。政府の善意で使用を許されているだけなのです。」

　調査では、回答者の37％がロヒンギャの流入後の土地所有権の変化を報告している。ノアパラ村の農家の男性は以下のように訴えている。

「私が何年も耕してきた畑が、突然ロヒンギャのキャンプになってしまいました。補償もなく、生活の糧を失ったのです。政府は私たちよりも難民を優先しているように感じます。」

　さらに、前述のように、過去6ヶ月間にホストコミュニティとロヒンギャの関係悪化を実感したかとの設問に対し、回答者の91％が実感したと答えているが、そのうち8割が放牧地へのアクセス喪失を主要な緊張要因として指摘している。ノアパラ村の農家の男性は次のように訴えている。

「以前は自由に家畜を放牧できましたが、今では難民キャンプが広がり、放牧地のほとんどを失いました。ロヒンギャが私たちの土地を占拠しているのです。」

　加えて、回答者の97％が森林の質と量の低下や減少を指摘している。この数字は、環境破壊が広範囲に及んでいることを示唆している。バルカリ村のNGOスタッフは次のように述べている。

「キャンプの建設や、支援機関の事務所の設置により、私たちの森林が急速に失われています。これは単なる景観の問題ではありません。森林は私たちの生活を支える重要な資源なのです。」

　質的データからは、この環境変化が地域住民の日常生活に直接的な影響を与えていることが明らかになった。ノアパラ村の女性は次のように証言している。

「以前は森から薪を集めていましたが、今ではそれも困難になりました。薪を買わなければならず、家計を圧迫しています。料理や暖房に使う燃料の確保が、毎日の悩みの種になっています。」

また、森林減少は単に資源の問題にとどまらず、地域の生態系にも影響を及ぼしている。ノアパラ村の漁師は以下のように述べている。
　「森林が減少したことで、川の水量が変化し、魚の数が激減しました。漁業で生計を立てている私たちにとって、これは死活問題です。」
　これらの変化と、ロヒンギャ難民の流入と環境変化の因果関係は今後の詳細な調査を要する。しかし、不安定な土地所有状況にあるカースランドの住民が、ロヒンギャの流入と長期滞在を自らの生活基盤を脅かす重大な問題として認識していることは明らかである。

(6) 教育と婚姻慣行に与える影響

　ロヒンギャ難民の流入は、地域の教育環境に深刻な影響を与えている。回答者の52％が、難民流入後に子どもの安全が確保できないことを理由に、近隣の児童が学校を中退したことを知っていると答えている。この数字は、教育の中断が広範囲に及んでいることを示唆している。ノアパラ村の女性は次のように証言している。
　「私の娘は14歳ですが、もう学校に通わせていません。誘拐や人身売買が日常的に起こっているので、娘を1人で外出させるのが怖いのです。教育は大切ですが、娘の安全の方が大切です。」
　また、バルカリ村の警察官は以下のように状況を説明した。
　「過去5年間で、この地域だけで10件以上の誘拐事件が発生しました。その多くが子どもを標的としており、身代金目的のものもあります。学校に通う子どもたちが特に狙われやすいのです。」
　教育の質の低下も深刻な問題となっている。回答者の67％が、教師がロヒンギャ支援のためにキャンプ内のNGOの学校に転職したことで学校教育が妨げられたと考えている。バルカリ村の学校長は次のように述べている。
　「過去2年間で、我が校の教師の約3分の1がキャンプで活動するNGOの仕事に転職しました。彼らにとっては給料が良く、魅力的な選択肢なのでしょう。しかし、その結果、私たちの学校は深刻な教師不足に陥っています。残った教師たちは過重労働を強いられ、教育の質が著しく低下しています。」
　さらに、ノアパラ村の公立学校の教師は以下のように状況を説明した。

「マドラサや公立学校の教師の中には、すでにキャンプ内の別の組織で働き始めている者もいます。彼らは日中は学校で教え、放課後や週末に NGO で働いています。これは教師の疲労につながり、授業の質にも影響を与えています。」

バルカリ村の教育委員会のメンバーは、この問題の複雑さについて次のように語った。

「教師たちを責めることはできません。NGO の給料は我々の 3 倍以上です。しかし、この状況が続けば、地域の教育システム全体が崩壊してしまう恐れがあります。政府は教師の待遇改善と、NGO との給与格差是正に取り組む必要があります。」

また、教育の中断は子どもたちの将来にも深刻な影響を与えている。バルカリ村の 16 歳の少年は以下のように語っている。

「2 年前に学校を辞めました。両親が安全を心配したからです。今は家族の仕事を手伝っていますが、将来の選択肢が狭まったように感じます。多くの友人も同じ状況です。教育を受けられないことで、私たちの未来はどうなるのでしょうか。」

これらの証言は、ロヒンギャ難民の流入が地域の教育に深刻な影響を与えていることを示している。治安の悪化や教師の流出、教育の質の低下など、複合的な要因が教育の継続を脅かしていると言える。

教育に関連する問題として児童婚の増加も顕著である。回答者の 94％が児童婚が増加したと認識しており、そのうち 55％が 18 歳未満の少女の結婚が「中程度に増加した」と回答し、39％が「大幅に増加した」と回答している。教育の機会が限られ、先行きが不透明であることが、この問題の背景にあると考えられる。バルカリ村の NGO 職員は以下のように述べている。

「難民流入以降の生活環境の厳しさと将来の不確実性により、多くの親は娘にとって結婚以外に選択肢がないと考えています。隣接するロヒンギャ社会ではベンガル人男性との結婚がキャンプ生活からの脱出手段として認識されていることもあり、ホストコミュニティの親たちは、ロヒンギャよりも早く自分の子どもを結婚させなければという焦りを感じているのでしょう。」

また、一夫多妻の増加も報告されている。ノアパラ村の住民は次のように証

言している。

「ロヒンギャの女性との結婚は比較的容易です。彼女たちは新郎に対する要求が少ないためです。そのため、地元の既婚男性がロヒンギャの女性と重婚するケースは珍しくありません。しかし、ロヒンギャの男性がベンガル人女性と結婚するケースは稀です。」

これらの変化は、両コミュニティの社会規範に影響を与え、長期的には社会的緊張を高める可能性がある。児童婚や一夫多妻の増加は、一般的に教育機会を制限し、貧困の連鎖を固定化させるリスクがあることから、早急な対策が必要とされる。

おわりに

本章は、バングラデシュにおけるロヒンギャ難民とホストコミュニティの関係性の変遷と2022年段階の信頼関係に焦点を当てた。第2節で述べたように、ロヒンギャ難民発生初期段階では、バングラデシュ社会の集合的記憶とイスラーム主義的共感が、ロヒンギャ難民への強い共感と支援を生み出した。しかし、時間の経過とともに、この初期の連帯感は徐々に不信感へと変化していった。この変化は、難民問題の長期化がもたらすホストコミュニティにおける経済的圧迫、環境悪化、社会サービスの逼迫、治安悪化の認識など、複合的要因によって引き起こされたものである。

ロヒンギャへの連帯は、政治的レトリックや国民感情を喚起する物語として消費されてきた。メディアや政治家、宗教指導者の発言を通じて、ロヒンギャ支援の必要性が強調される一方で、これらの言説は必ずしも現場レベルでの実質的な信頼構築につながっていない。むしろ、政治的利用やメディアの過剰な報道が、ホストコミュニティの不安や不満を助長する場合もある。

こうした状況を踏まえて、現状のホストコミュニティとロヒンギャ難民との間の社会的距離の拡大は極めて深刻である。当初は「同胞」として受け入れられていたロヒンギャが、次第に「他者」や「脅威」として認識されるようになった過程は、難民受け入れにおける社会統合の困難さを示している。この変化は、ホストコミュニティとロヒンギャの関係性の問題だけでなく、バングラデ

シュ社会全体とロヒンギャ難民との信頼崩壊を示唆している。

　また、本事例は、難民問題が受入国の国内政治の動向だけでなく、周辺大国との外交関係によっても大きな影響を受けることを明らかにした。特にバングラデシュの場合、インドや中国といった地域大国の影響が顕著であり、これらの国々との関係が国内政策を通じてロヒンギャへの対応に影響を与えている。

　難民問題は国内の人道的課題にとどまらず、地域の地政学的力学の中で理解される必要があることは論を俟たない。しかし、政治的・外交的考慮が優先される結果、長期的にはホストコミュニティが負担を背負い、さらには難民の生存までもが左右される事態となっている。このように難民の命運が政治的駆け引きに翻弄される状況は、人道的観点からみても深刻な問題である。

　これらを通じて、ロヒンギャ難民問題におけるホストコミュニティと難民をめぐる「信頼」の重要性と脆弱性が浮き彫りになったと言える。初期の連帯感が時を経ることで容易に不信感へと変化し得ることは、難民受け入れにおける現場レベルでの継続的な対話と相互理解の必要性を強く示唆している。注目すべきは、言語的類似性を有し、同じムスリムであっても、信頼から不信への急速な変化は避けられないという点である。むしろ、こうした共通点や類似性が、難民問題の政治的・外交的利用を容易にする一因となっている可能性すらある。このことは、難民問題において文化的類似性に依拠した対応策の危険性を示すとともに、そうした類似性を超えて、難を逃れた人「難民」とそれを受け入れる人「ホストコミュニティ」間の信頼をどのように構築できるのか、という本質的な課題を提起していると言える。

参考文献

Ahmed, I. 2009 "The Rohingyas: From Stateless to Refugee," 1-13. Network for International Protection of Refugees (NetIPR). https://www.netipr.org/policy/downloads/20100101_FromStatelessToRefugees_ImtiazAhmed.pdf（2024 年 9 月 30 日閲覧）

Arendt, H. 2006 *Eichmann in Jerusalem: A Report on the Banality of Evil*, New York: Viking Press; Original publication, 1963.

Bertocci, P. J. 1996 *The Politics of Community and Culture in Bangladesh: Selected Essays*,

Dhaka: Center for Social Studies.

Chowdhury, M. 2020 "The Rohingya Crisis: Governance and Security Implications in Bangladesh," R. Chowdhury and Z. Chowdhury (eds.), *The Rohingya Crisis: Human Rights Issues, Policy Concerns and Burden Sharing*, Dhaka: University Press Limited.

Eaton, R. M. 1993 *The Rise of Islam and the Bengal Frontier, 1204-1760*, New Delhi: Oxford University Press.

Gardner, K. 2001 "Mullahs, Migrants, Miracles: Travel and Transportation in Sylhet," T. M. Madan (ed.), *Muslim Communities of South Asia: Culture, Society and Power*, 3rd Enlarged Edition, 149-176. New Delhi: Manohar.

Kusakabe, N. and Abantee, H. 2024 "The Rohingya Issue from Bangladesh," Kusakabe, N, Sugie, A, Ohashi, M (eds.), *The Rohingya's Predicament from Bangladeshi / Japanese Perspectives: Between Acceptance and Friction*, Dhaka: Academic Press and Publishes Library (APPL).

Quadir, S. 2019 "Rohingya Muslim Group Fleeing India to Bangladesh Stuck on 'Zero Line'," *Reuters*, January 21. https://www.reuters.com/article/us-myanmarrohingya-india-bangladesh/rohingya-muslim-group-fleeing-india-to-bangladesh-stuck-onzero-line-idUSKCN1PF0PD（2024 年 9 月 30 日閲覧）

Roy, A. 1996 "The Pir-Tradition: A Case Study in Islamic Syncretism in Traditional Bengal," A Roy (ed.), *Islam in South Asia: A Regional Perspective*, 1001-1020. New Delhi: South Asian Publishers.

Sengupta, S. 2020 "Being Stateless and Surviving: The Rohingyas in Camps of Bangladesh," N. Chowdhory, and B Mohanty (eds.), *Citizenship, Nationalism and Refugeehood of Rohingyas in Southern Asia*, Singapore: Springer.

Shafie, H. 2019 "State Onslaught and Contested Identities: Oscillating Identities of the Rohingya between Myanmar and Bangladesh," *Gender and Ethnicity in Bangladesh: Life as a Rohingya Refugee*, FINDAS International Conference Series 3: 37-56. Tokyo: FINDAS.

Thorp, J. P. 1983 "The Muslim Farmers of Bangladesh and Allah's Creation of the World," *Asian Folklore Studies* 41: 201-215.

UNHCR. 2018 *Global Trends: Forced Displacement in 2017*, Geneva: UNHCR.

UNHCR India. 2019 "UNHCR Seeking Clarification from India over Returns of Rohingya," *UNHCR*, January 4. https://www.unhcr.org/news/press/2019/1/5c2f2a374/unhcr-seeking-clarification-indiareturns-rohingya.html（2024 年 9 月 30 日閲覧）

第7章 草の根からの難民連帯運動
——トルコとギリシャの国境地帯の事例から

佐原徹哉

はじめに

　戦争や自然災害などが原因で避難する人々は年々増加しており、UNHCR（国連難民高等弁務官事務所）は2022年末に、世界の難民・国外避難民・庇護申請者の総数が史上初めて1億人を突破したと発表している。これは人類の80人に1人が難民状態にあることを意味しており、避難を必要とする人々をどうやって保護するかは、現代世界が直面する最大の課題の1つと言えるだろう。

　本書のテーマである紛争の影響を受けた地域における信頼と平和構築にとっても、難民問題は中核的な要素である。紛争は難民を生み出し、難民を保護する取り組みには人間の連帯が必要だからだ。本章では2015年の「欧州難民危機」以降のEU諸国の難民政策の問題点を確認し、難民がやってくる主な経路である「バルカン・ルート」に暮らす人々がその問題にどのように取り組んできたのかを紹介することを通じて、難民と連帯する重要性を確認してみたい。

　エーゲ海の密航路は、中東やアフリカの難民たちが陸路でトルコに渡り、ギリシャを経て西バルカン諸国を通過して西ヨーロッパに至る「バルカン・ルート」の起点であるが、このルートが利用されるようになったのは比較的最近のことだ。バルカン諸国は伝統的に移民の輩出国であり、1960-80年代には旧ユーゴが西欧諸国の移民労働者の供給地となり、1990年代にはブルガリア、ルーマニア、アルバニアがそれに加わったが、2001年以降、バルカン諸国と西欧の間でビザが廃止され域内の移動が容易になったことで、陸路で西欧を目指す中東・アフリカからの移民も流入し始めた。まず、「対テロ戦争」によって荒廃

したアフガニスタンやイラクからの避難民たちがやってくるようになり、2011年に内戦が始まるとシリアからの避難者がこれに加わった。それでもエーゲ海の島々に渡るのは僅かな数だったが、2013年にそれまでの主な入国ルートだったエヴロス川の警備が強化されたことで増加し始めた。

　欧州を目指すこうした避難民は2014年に急増した。主な原因は、アフリカから中央アジアにかけての広大な地域でジハード主義勢力が拡大したことである。アフガニスタンではタリバンの攻勢が続き、ソマリアでは2011年にアル・シャバブがモガディシオを制圧して以降、アフリカ連合、ケニア、エチオピアの軍事介入が繰り返される無政府状態が続いていたし、西アフリカでは「ボコ・ハラム」がナイジェリア北部で勢力を拡大し、2014年4月にはボルノ州で200人以上の女子学生誘拐事件を起こした。翌年3月にはイスラム国（IS/ISIS）に合流してカメルーン、チャド、ニジェールのジハード主義組織を糾合してサヘル地域全体に勢力を拡大した。北アフリカのアルジェリアとチュニジアでは「イスラーム・マグレブ諸国のアルカーイダ（AQIM）」が活動を活発化させていたが、リビアでもNATOに支援された反政府勢力によって2011年8月にカダフィ政権が崩壊した後、各地でイスラーム系武装勢力の活動が活発化し、2012年9月には東部のベンガジで米国の駐リビア大使が殺害される事件が起こった。混乱を収拾すべく行われた2014年6月の国政選挙では世俗派勢力が圧勝したが、イスラーム主義勢力は首都トリポリを制圧して独自の政府を樹立したため、東部のトブルクに避難した世俗派政権との間で内戦が勃発した。これに乗じて、キレナイカ地方は独自の自治政府を作り、デルナ県ではイスラム国（IS/ISIS）に呼応したグループが実効支配を始めるなど無政府状態となった。イエメンでも2015年2月のフーシ派による政権掌握後、サウジアラビアに支援されたアデン政府、アルカーイダ系組織の三つ巴の内戦が始まった。シリアでは2013年春にイスラム国（IS/ISIS）の前身である勢力がアルカーイダ系のヌスラ戦線から北部の支配地域を奪い、2014年6月にはイラク北部のモースルを陥落させ、カリフ制国家の復活を宣言した。イスラム国（IS/ISIS）はこの年の夏から秋にかけてイラク中部からシリア北部に支配地域を広げ、クルド人勢力の拠点であるコバニを包囲した。

　こうしたことを背景に、欧州難民危機に先立つ数年間、世界中で避難民が増

加していた。UNHCRの年次報告書によると、世界の避難民は2012年までは4000万人前後で推移していた。避難民の大部分が比較的短期間で故郷に戻っていたので、新規の避難民の数は帰還者の数で相殺され、総数は横ばいとなっていたからだが、それ以降、一方的な増加に転じ、2022年末には史上初めて1億人を超えた。この十年間で2.5倍になったのだ。同年に世界の人口は80億を突破したが、避難民の増加は人口増加をはるかに上回るペースで進んでおり、世界の74人に1人が避難民の状態にある。このような避難民の急激な増加は、従来とは異なる変化が世界的規模で起こっていることを意味している。2012年以降の避難民の増加は、新規の避難民が急増したからではなく、帰還者の数が減っていることが原因だからだ。例えば2022年に帰国した難民は33万9300人だったが、この数は新規の難民の5％にも満たない。UNHCRは難民状態が5年以上続く人々を長期難民と定義しているが、1993年の難民全体に占める長期難民の割合は48％だったのが2004年には61％となり、2018年には84％となった。難民状態が長期化することでホスト国の負担も増している。現在、難民や庇護申請者として国外に出た人々の7割が出身国の隣国、あるいは同じ地域で保護されているが、その大部分が低所得国であり、難民の増加にホスト国の経済が耐えられなくなっている。

　近年の変化のもう1つの特徴は、避難民の増加に気候変動の影響がはっきりと確認できるようになっていることだ。UNHCRの推計では、難民全体の3割強にあたる3260万人が気候変動の影響によるものであるという。気候変動は熱帯地域で特に破壊的な影響を及ぼしており、その規模は一国で収まるものではないので同じ地域内で難民を保護し続けることが難しくなっている。多くの研究者が、今後は洪水や山火事や旱魃などの現象が一層頻繁になるので、地球上のいくつかの地域は完全に居住不可能となると予想している。

　難民問題はこのように従来とは異なる構造的変化を辿っており、これまでのような一時的保護では対応できなくなっている。UNHCRは長期難民の解決策として第三国での定住を提唱しているが、それに応えたのは僅かな国でしかない。出身国での安全が確保できず、隣国も不安定で、第三国も移民として受け入れないのであれば、残された手段は安定した国で庇護申請を行うしかない。バルカン・ルートを通って欧州を目指す人々は、こうした選択をせざるを得な

かった人々である。

　以下では第1節で、難民危機に対するEUの対応策、第2節では難民危機の最前線であるエーゲ海諸島で人道支援が抑圧され、難民排除のシステムが構築されている現状を紹介し、第3節では規制強化に抵抗する辺境地域の人々の難民連帯の運動と、第4節でその背景にある国民国家に対する辺境地域の抵抗の歴史を概説し、「おわりに」では、辺境地域の抵抗精神と難民連帯の思想の現代的意義を考察しよう。

1　人権を無視したEUの新しい出入国管理体制

　「難民問題」というと、人命救助や人道支援の問題だと考えられがちだが、その本質は普遍的人権をいかにして保障するかにある。1951年の「難民条約（難民の地位に関する条約）」が、難民を「人種、宗教、民族もしくは特定の社会的集団の構成員であること、または、政治的意見を理由に迫害を受けるおそれがあるという十分に理由のある恐怖を有するために、国籍国の外にいる者であって、その国籍国の保護を受けることができない者」と定義しているように、難民とは、国籍を有する国から基本的人権の保障を受けられない人々を指しており、難民保護とは国籍国以外の主体がそれを保障することを意味するからだ。

　「難民条約」は世界人権宣言を受けて締結された条約で、宣言が定めた「すべての人間は、生れながらにして自由であり、かつ、尊厳と権利において平等である。人間は、理性と良心を授けられており、互いに同胞の精神をもって行動しなければならない」という原則を、国家の保護を失った人々に適用するという発想に基づいて作られた。ここには国境を越えた人類の同胞愛という思想と、基本的人権は国家の利害に従属してはならず、主権を盾に人権侵害を正当化させてはならないという精神が息づいている。世界人権宣言は1948年の第3回国連総会で採択されたものだが、その前文にある「人権の無視及び軽侮が人類の良心を踏みにじった野蛮行為をもたらした」という表現は、日本・ドイツ・イタリアなどのファシスト諸国によって第二次世界大戦が引き起こされたことを指しており、この条約の基本精神はファシズムと戦うことであると言えよう。

では、ファシズムとはなんだろうか。これについてファシズムの先駆者であるムッソリーニは「ファシズムの教義」の中で次のように述べている。「ファシストの生の概念は国家の重要性を強調し、個人の利害は、歴史的実体としての人間の意識と普遍的意思を体現する国家の利害と一致する限りにおいてのみ許容される」[Mussolini 2006]。つまり、ファシズムの本質は個人の人権を国家に従属させることである。それ故、国家が恣意的に人権を制約できないようにすることがファシズムの台頭を妨げ、人類に安寧をもたらすのだ。こうした発想が世界人権宣言の背景にある。

　世界人権宣言は「迫害を免れるため、他国に避難することを求め、かつ、避難する権利」を定めているが、これは、ファシスト国家が人権を侵害しても、他国に亡命して保護を受けられれば民主主義を擁護できるという考えを形にしたものだ。それを具体化したのが「難民条約」だったが、この条約には大きな欠陥がある。それは、誰を難民に認定し、難民にどのような権利を与えるかを締結国の自由とした点である。国家にとって都合の良い人々だけを難民として認定するなら、「個人の利害は国家の利害と一致する限りにおいてのみ許容される」というムッソリーニの思想と結局は同じことになる。ファシズムに抗う思想から生まれた「難民条約」だが、その運用の仕方によってはファシズムを助長する可能性があるのだ。

　このように、難民とどのように向き合うかは人道主義の問題ではなく民主主義の本質につながる問題なのだが、昨今では地域紛争の増加を受けて人道危機が相次いだために、人命の問題だけがクローズアップされて人権の問題が軽視され、難民保護は我々自身の人権を守る戦いなのだという重要な点が見過ごされがちになっている。2015年の「欧州難民危機」以降のEU諸国の難民政策は、それを改めて浮き彫りにすることになった。

　2015年の夏に100万人を超える人々が一斉に欧州を目指して移動したことによってEU諸国で難民保護を巡る対立が表面化し、EU共通の難民政策の策定に向けた作業が加速化した。その現段階での到達点が、2024年4月10日に欧州議会が承認した「庇護と移民の管理に関する包括的協定」である [CEU 2023]。これにより、ビザを持たずにEUの外部国境を越えたり、海上で保護されたり、難民認定率が2割以下の国の出身だったりする人々が庇護申請を行った場合、

彼らを強制的に特定の施設に収容し、スクリーニングが完了するまで拘禁することが可能になった。同時に、「不法入国者」の幇助という概念が拡大され、難民に水や食事を与えたり、避難所を提供したり、人権保護団体の連絡先を教えるなどの行為が犯罪と見なされるようになった。

　EU当局はこの新しい措置が「庇護申請の審査手続きを迅速化する」[CEU 2023] ためのものだと主張しているが、人権活動家たちは、難民をヨーロッパから強制退去させることになると批判している。個人的事情を考慮せずに難民たちを出身国によって機械的に分類すれば、庇護申請者を門前払いすることになるし、スクリーニング期間中の身柄の拘束は強制収容所に隔離することに他ならないからだ。アムネスティ・インターナショナルなどの穏健な人権団体は、これによってヨーロッパ中に強制収容所が乱立すると懸念しているが、より急進的な活動家たちは、この措置が人種主義を制度化することになるとまで警告している。エーゲ海の島々でのギリシャ政府の政策を見ると、これらの警告は当を得ていると言えそうだ。

2　2015年の難民危機とエーゲ海諸島

(1)　難民危機の最前線での草の根の人道支援

　トルコに近いギリシャのレスボス島、ヒオス島、サモス島、コス島には、2015年秋に大量の難民が漂着したことで知られているが、ここでは2016年以降、EU全体の国境管理のモデルとなるパイロット・プロジェクトが展開されている（図1）。危機以前に4島に渡航した難民は月平均1000人程度だったが、2015年の春以降、渡航者数が急増し、10月には20万人を超える異常事態となった。レスボス島の広域自治体が作成した報告書には当時の混乱ぶりが次のように記されている。

　　公共機関は非常事態への準備が整っていなかった。言語を絶する混乱の最中にゴムボートでやってきた数十万の人々に入国手続き、転送、医療サービスを施しながら、8万6000人の市民に行政サービスを行うには新しい機構整備が必要だった。国には危機への組織的な対応を行う計画がなく、

図1 トルコとギリシャの国境地帯（筆者作成）

個々の取り組みを調整するセンターもなかったため、島の役場が全ての調整役を引き受けることになった。役場は入国手続きを管轄し、地図を持たない数千人の難民・移民が島内を放浪する状態の中で、到着した人々の登録業務に一定の秩序を与え、彼らを海岸から島内に移動させ、自治体用地に臨時に収容し、ボランティア団体と協力しながら様々な必需品を提供した。役場の職員は常勤85人と契約職員37人しかいなかったが、職員の一部を難民問題専門に割り当て、その他の職員は通常の公共サービスに従事しつつ、必要に備えて難民支援を行えるよう待機させることになった。

(……)特に負担が増したのが衛生・医療サービスに関与する部署だった。島には北エーゲ海辺境医療福祉システムの中核をなす総合病院と4つの保健所、31の辺境診療所があったが、通常のサービスを提供しつつ、難民に対する緊急医療を施さねばならなくなった。そのため、救急医だけでなく、歯科医師や薬剤師や物理療法師までが救急外来を補助するために動員され、連日の長時間勤務をこなした。〔……〕2015年9月まで、レスボス島には難民の身元確認を行う部署も存在しなかった。従来の難民の登録は警察の住民登録の一環として処理されていたが、危機には全く対応していなかったため、自治体の主導で「身元特定センター」が設置され、ようやく難民たちへの必要物資とサービスの提供ができるようになった［Psimítis et al. 2017］。

　この記述からわかるように、ギリシャ政府は難民危機に殆ど対応できなかったため自治体がその負担を肩代わりしたのだが、122人しかいない職員にできることは限られており、救援活動の大半は「ボランティア団体」が担っていた。レスボス島ではエーゲ大学の難民支援グループや未成年の難民を保護するNGOピクパが活動していたが、2015年の危機では、島内各地に難民支援団体が結成され、住民たちが自前の資金で海岸に漂着した人々に水や毛布を配布したり、即席の避難所を開設して炊き出しを行ったりして難民救助に奔走した。こうした活動が最も成功したのが、島の北端にある人口140人の小さな漁村、スカラ・シカミアスであった。この村では、毎日漂着する何千人もの難民を助けるため、住民が総出で保護に奔走した。漁師たちは海で溺れた人々を救助し、若者は水や乾いた衣類を配布し、女性は炊き出し所を開設して食事をふるまい、老人は幼児の世話をした。海岸に放棄されたゴムボートやライフ・ジャケットを処理したのも村人たちだった。住民は自発的に作業を分担し、ギリシャ本土からやってきたボランティアに役割を割り振り、救援活動を円滑に進めるための司令部も作りあげた。こうした草の根からの自発的な活動が限られた資源と人材を効率的に活用することにつながり、人道危機の深刻化を食い止めたのである［Papataxiarchis 2016］。
　難民危機が島民の生活にとって脅威だったことも軽視すべきでない。難民の

急増で日用品や食料が不足し、島の主要産業である観光業も大打撃を受けて経済活動全般に悪影響が及んだため、難民支援は人道主義だけでなく、住民が生き残るためにも必要なことだった。危機の解決は住民自身の課題であり、住民と難民が一種の運命共同体であることが強く意識された。これは、危機に対応できず、経済的支援にも及び腰な政府とは対照的な反応であった。実際、危機を通じて島民たちの国家そのものに対する不信感が深まった [Kotronaki et al. 2023]。

(2) エーゲ海の「収容所群島」

　トルコから大量の難民が押し寄せる状況を打破するため、2016 年 3 月 16 日にドイツの主導で EU とトルコの国際合意が結ばれた。これは、ギリシャに「不法」に到達したシリア難民を「安全な第三国」であるトルコに送り返す代わりに、それと同数のトルコに滞在するシリア人を EU 加盟国が受け入れるというものだった。当時の EU 委員長のジャン=クロード・ユンケルは「密入国組織を抑制し、移民の流入を減少させる」画期的な政策と自画自賛したが、合意によってレスボスの島民の負担が軽減されることはなかった。ギリシャ諸島への到着者は 2015 年の 86 万人から 2018 年には 5 万 6000 人に減少したが、島々に滞在する難民は逆に増加したからだ。

　合意以前、難民の殆どはドイツなどの中欧諸国を目指していたので、島の課題はできるだけ短期間に難民を本土に送り出すことだった。しかし、この合意によって、シェンゲン条約の加盟国に庇護申請するものは最初の入国地で手続きを行わねばならないというダブリン規定が厳格に適用されることになり、難民は島で庇護申請をするようになったのだが、島には大量の申請を処理する能力がないので、申請受理の可否ですら 1 年以上も遅延することになった。そのため、島に滞留する難民の数は一方的に増え続けることになったのだ。

　ギリシャ政府は合意を受けて、島にあった民間の保護施設を強制的に閉鎖し、難民を政府の「受け入れセンター」に移動させたが、これにより、定員の数倍の人々が限られた場所に収容されたことで悲惨な状況が生まれた。最も深刻な例はレスボス島の南部にあった「モリャ受け入れセンター」で、そこは「欧州最大の棄民場所」と呼ばれるようになった。モリャには軍の古い兵舎があった

が、「受け入れセンター」はそれを転用した施設だった。当初の収容能力は 800 人分しかなかったため、徐々に拡大されて最大 3000 人まで収容できるように増築されたが、流入速度が収容能力の拡張を上回ったため、常に過密状態になり、ピーク時には 1 万 2700 人が詰め込まれることになった。収容者は長期間にわたり耐え難い環境で暮らすことになり、不眠や鬱などの精神疾患に苦しむ人が増え、自傷行為や自殺が後を絶たなくなった。過酷な条件を生き抜くため、難民は出身地や民族別にグループを作って支え合ったが、そのためグループ間の衝突も絶えなかった。登録手続きの遅延や非人道的な状況に抗議する大規模な暴動も発生した。それによって怪我人が出ても、施設内に 1 人しかいない医師では対応できなかった［Masseguin and Djavahery 2020］。

　EU が「不法移民に対する人道的解決策」と称した、この「新しいメカニズム」は明らかに現実を反映しておらず、島民は、難民に渡航を思いとどまらせるための見せしめとして「受け入れセンター」が意図的に劣悪な状態のまま放置されており、その負担が自分たちに押し付けられていると考えるようになった。例えば、レスボス島の労働組合は「伝染病が発生し、殺人・自殺・暴動が頻発し、過密な条件に置かれた抑留者による犯罪行為が後を絶たない。我々はこのような圧力と不安定な状況下で働き続けることはできない」［Efsyn 2019］との声明を発表し、広域自治体や他の住民団体も施設の撤去を求めて運動した。しかし、政府の対応は遅く、遂に 2020 年 9 月 8 日の大規模な火災で「モリャ受け入れセンター」は灰燼に帰した。

　ギリシャ政府は、火災の原因がアフガン人の少年たちによる組織的な放火だったとして容疑者を重罪刑で告訴したが、放火は施設がなくなれば地獄のような状況から解放されるという収容者の希望を代弁するものだった。モリャに続いてサモス島とヒオス島でも収容所が組織的に放火されたのは、それを裏付けている。しかし、政府の取った措置は難民を一層過酷な状況に置くことだった。モリャの収容者たちは強風が吹きつける泥田のような湿地帯に作られたカラテペ収容所に 2 年以上も抑留されることになったのだ［Efsyn 2020］。

　ギリシャ政府は 2022 年になって漸く、「持続可能で人道的な拘留センター」を建設する計画を発表し、4300 万ユーロの EU 資金を使って、最初の施設をサモス島に建設した（図2）。新しいセンターは 3000 人の収容能力を持ち、「現代

的で機能的インフラを備えたホテル並みの設備」[Hellenic Republic 2022] であると謳われているが、十分な水が供給されず、空調にも欠陥がある上、二重の有刺鉄線とフェンスで囲まれて365日24時間カメラと警備員に監視される刑務所のような環境である。国連視察団も職員の人権教育の欠陥を指摘し、欧州人権裁判所もギリシャ政府の対応を非人道的であると判断しているほどだ。更に問題なのが、センターが市街地から15 kmも離れた山の中に作られたことだ。これによって収容者は生活必需品の入手が困難になり、市民や支援者との交流もできなくなった。施設への立ち入りが禁止されたので、人権侵害を監視できなくなったことも懸念材料の1つである。

図2　サモス島の難民収容施設（2022年9月筆者撮影）

ギリシャ政府は同様の隔離政策を全国で進めており、例えばアテネ市内にあったエレオナ収容所は2022年に閉鎖されて、70 km以上離れたリツォナ収容所に移された。エレオナは開放型の施設でアテネの中心部にも近かったため、収容者は市民と交流できたが、リツォナは人が住まない山中にあり、関係者以外の立ち入りが厳しく制限されている。

政府が収容施設を社会から隔離するのは、基本的人権の侵害を隠蔽するためだと考えられている。実際、サモス島とレスボス島の庇護申請者は、閉鎖型収容施設で違法な拘禁を受けている。島に到着した人々は有無を言わさず警察に連行され、携帯電話を取り上げられて弁護士や支援者との接見が妨げられたまま、法が定める手続きに則らない長期間の拘留を強要されている。これは欧州人権条約第5条に基づく自由権の侵害であるが、EUが進める「庇護と移民の管理」の新制度が本格的に実施されれば、組織的な人権侵害が全欧州に広がることが懸念される [IHR 2023]。

(3) 押し戻しの横行

　EU 委員会は 2018 年に新たな入管制度の構想の一環として、難民が「危険な船旅に乗り出す動機を挫く必要があり、そのために海難救助作戦で救出された人々の上陸に関する新たなアプローチが必要である〔ので〕、委員会は加盟国に対し、移民のプルファクターとならないように従来の上陸手続きに代わる新たな制度を迅速に探るよう」求めた［CEU 2018］。ここに言う「上陸手続き」とは、欧州国境沿岸警備機関（Frontex）が行ってきた地中海上での遭難船の救援活動を指している。それに代わる「新たな制度」がどのようなものであるかは、トルコとギリシャの国境のエヴロス川沿いで頻繁に発見される全裸の男たちが証言してくれる。彼らはギリシャ当局によって拘留され、携帯電話・現金・貴金属・その他の所持品を全て奪われた後、全裸にされて暴行を受け、夜陰に乗じてボートに乗せられてトルコ側に送り返されているのだ。この事実は『オランダのライトハウス・レポーツ』を中心とした国際的な合同取材や国連作業部会の調査でも確認されている［Lighthouse Reports 2022b; UNWG 2022］。

　エーゲ海沿岸でも類似の事件が多数報告されている。レスボス島の対岸に位置するアイヴァルク沖やサモス島の対岸のクシャダス沖ではトルコ当局が毎月数百人の難民を救助しているが、全員がギリシャの沿岸警備隊に押し戻されたと証言している。英国の『ガーディアン』紙も 2021 年 9 月 15 日にサモス島に上陸した難民がギリシャ当局によって海上に放置され、2 人が溺死したと報じているし［The Guardian 2022］、BBC もギリシャの沿岸警備隊が 2021-24 年に少なくとも 40 人の難民を海上に放置し、そのうちの 9 人が溺死したと伝えている［Smith and Steele 2024］。

　こうした違法な押し戻しに Frontex が関与していることも明らかになっている。ライトハウス・レポーツは Frontex が 2020 年 3 月から 2021 年 9 月までの間に 222 件の押し戻しに関与したことを確認しているが［Lighthouse Reports 2022a］、欧州不正対策局（OLAF）が行った内部調査でも、Frontex が「欧州連合基本権憲章の重大な違反を構成する重大な不正行為を犯した」ことが判明した［OLAF 2021］。これらは押し戻しが事実上の EU の公式政策となっていることを示している。これは迫害の恐れのある者の送還を禁じた難民条約が定める「ノン・ルフールマン原則」の明らかな違反である。

3　辺境地域での難民連帯

(1)　密入国斡旋業者が悪いのか？

　EU 委員会と加盟国の指導者たちは、欧州にやってくる難民が「経済移民」であり、「悪質な密入国斡旋業者」が大量流入の「根本的原因」だという主張を一貫して繰り返してきた。イタリア首相のジョルジア・メローニに至っては、密入国斡旋業者は「第三ミレニアムの奴隷商人」であり、「人身売買業者に対する容赦ないグローバルな戦争」が必要だとまで叫んでいる［France Info 2023］。彼らの論理に従えば「密入国斡旋業者のビジネスモデルを壊す」ことは、脆弱な人々を救うための人道的措置であるということになるが、事実は異なっている。

　まず、殆どの「密入国斡旋業者」はメローニが主張するような国際的マフィア組織ではなく、小規模な自営業者の緩やかなネットワークにすぎない。バルカン・ルートを通る難民はトルコ国内で斡旋人に接触し、その手引きで密入国の仲介サービスを受ける。密入国サービスは密航実行まで難民を隠れ家に保護する業者、隠れ家から密航ポイントまで送迎する業者、ボートを準備したり越境地点まで案内したりする業者、国境の反対側で難民を出迎え、安全な場所まで送迎する業者などからなり、それぞれの業者は部分的な業務を請け負うだけで、殆どが他に生業を持つ一般市民である。これはギリシャとブルガリアで逮捕された容疑者の大半が初犯であったという事実からも確認できる［Tinti & Reitard 2018］。

　第二に、「密入国斡旋業者」の多くは、営利よりも人命と信用を重んじる特有の規範意識を持っている。例えば、レスボス島に辿り着いたある難民は、4回も密入国に失敗し、その度にボートが押収されたにもかかわらず、斡旋人は追加の料金を求めることなく、成功するまで面倒を見てくれたことに感謝していた［Siegel 2019］。セルビア国境で行われた社会学的調査でも、多くの難民が「斡旋業者は私たちを助けてくれる友人だ」と語り、業者を強く信頼していることが明らかになっている［Mandić 2017］。特に重要なのが、難民が最初に接触する斡旋人たちで、その多くがアラビア語やパシュトゥーン語やアムハラ語な

どの難民たちと同じ言葉が話せる人々で、自身も難民であることが少なくない。彼らは難民と「道徳的価値観を共有する共同体」［Achilli 2018］に属しており、難民の保護を自らの使命と考えている。彼らは密入国スキームの末端にすぎないが、渡航の実務を担う仲介業者が不誠実な態度をとった場合、新しい顧客を紹介しないという方法で難民を保護することができる。そのため他の仲介業者も信用を損なわないように行動しなければならなくなり、営利目的で危険を強要する業者は淘汰されることになる。

　斡旋業者に全ての責任があると考えるEUの指導者たちは、難民が故郷を離れる決断は難民自身が行い、その後に斡旋業者を探すという当たり前の事実も無視している。斡旋業者は難民が求める需要に応じてサービスを提供しているだけなので、国境を要塞化し、取り締まりを厳格化することは問題をより複雑にする。渡航斡旋のリスクが高まれば料金が上がり、より悪質な犯罪組織が密入国に関与するようになるからだ［Jeremić 2022］。このような負のサイクルによって難民の商品化が促進され、従来の倫理的紐帯が営利目的の純粋な犯罪に置き換わると、そのツケは政府自身に返ってくることになる。最も安全な密入国の方法とは入管関係者を買収することだからだ。大規模な犯罪組織は実際に税関職員・国境警備隊・内務省幹部に深く食い込んでいる。2023年にブルガリア内務省は、国境警察の複数の職員が金銭を受け取って難民が国境フェンスを越えるのを黙認していたことを認めたが、同様のケースはギリシャでも摘発されている［EAS 2022; Frog News 2022］。

(2)　人道主義と博愛主義の乖離

　更に大きな問題は、密入国斡旋と人助けの間に明確な境界線が存在しないことだ。金銭を受け取ってボートに乗せるのは密入国斡旋だろうが、海難者を救助したり、衰弱して行き倒れになった人々に水や食事を与えたり、法が定めた権利を説明したりすることは人道支援である。しかし、新しいEU規則によれば、これらはいずれも犯罪ということになり、多くのボランティアが強制的に排除されつつある。

　例えば、レスボス島では、2016年末に5人の外国人ライフガードが「人身売買の疑い」で逮捕された。これに続いて、ギリシャの人道支援団体「国際緊急

対応センター」のメンバー30人が「組織犯罪ネットワーク」として逮捕され、翌月には、難民出身のシリア人ボランティアでエーゲ海での人命救助に携わっていたサラ・マルディーニが「人身売買、スパイ活動、組織犯罪への加入」の容疑で逮捕された。いずれも難民を救助して上陸を手助けした行為が「人身売買」とされたのだ［Efsyn 2018］。外国人ボランティアの弾圧に続いて、地元住民にも抑圧の範囲が拡大された。民間の難民保護施設は強制的に閉鎖されたし、NGOが収容所内で難民支援を行うことも禁止された。コス島では検事当局が、地元の人権擁護団体とデンマークのNGO「エーゲ海ボート・レポート」のメンバーを「ギリシャに不法に入国しようとする第三国の市民に情報を提供する犯罪組織を結成した」として訴追した［Efsyn 2022］。この2つの団体は難民に無料の法律相談を行い、海上で遭難した人々から救援信号を受け取って当局に救援を依頼する合法的な活動を行っていたが、それが犯罪と決めつけられたのだ。特に「エーゲ海ボート・レポート」は違法な押し戻しの実態を告発する活動を続けてきたので、その報復という意味も含んでいる［Efsyn 2022］。

　EUとギリシャ当局は民間主体の非公式な支援団体を厳しく弾圧する一方で、UNHCRなどの公的な支援機関には収容所の立入検査などの新たな補助的な業務を割り当てて活動を容認している。つまり、従順な団体は容認するが、政策に迎合しない組織と個人は強権的に排除するという形で、EU当局は人道支援活動に明確な境界線を引いたのだ。ファシズムの本質は国家によるボランティアの強要であることを考えると、EUが進める政策はファシズムの制度化であるとも言えるだろう。

　こうした迫害にもかかわらず、多くの人々が救援活動を続けている。彼らは、弾圧に屈せずに活動を続ける中で難民支援が単なる憐憫や善行ではなく、普遍的な人類の連帯のための道徳的義務だと考えるようになった。難民支援の最前線に立つコス島のボランティアたちは「私たちがここにいるのは、ここで行われていることが間違っていると信じているからで、〔難民たちに〕誰もがあなたたちに敵対しているわけではないことを示すためだ」と語っているし［Parrotta 2021］、レスボス島の草の根のボランティア活動を調査したエーゲ大学の研究者も、多くの地元民がEUの政策は間違っており、保護を求めてやってきた人々を助けることは自分たちの義務であり誇りであると感じていると指摘している

［Papataxiarchis 2016］。

　難民連帯の精神は、他の国境地帯でも報告されている。エヴロス川流域の住民は、密入国の斡旋が正しい行為だと考えており、渡河地点に近い村々では、住民の誰もがどこに難民が隠れていて誰が川にボートを出しているかを知っているが、軍や警察に情報を漏らすことはない。地域全体で彼らを匿っているのだ。西バルカン諸国でも、至る所で難民に食事を配ったり、休憩所を提供したりする人々がいるが、彼らはそうした行為が法に触れることを知りつつ、権力に逆らって正義を行うことがこの地域の伝統的反骨精神（地元の言葉でこれをイナット inat（強情）と表現）であると考えている［Milan 2018］。

　EU 当局の考える秩序が間違っていると、声に出して訴える勇気ある人々もいる。例えば、200 人以上の難民を自宅に匿ったとして 2016 年に逮捕されたブレイユ・シュール・ロワヤのオリーブ農家は、人道支援は憲法に明記された博愛の精神に則るものであり、法を犯しているのは国の方だと主張した。また、ブリアンソンでアルプス越えをする難民を極右過激派の襲撃から守るために無償でガイドを行っていた 7 人の市民が、2018 年に密入国斡旋容疑で逮捕され一審が有罪判決を下した際に、被告側は「困っている人を助けるのは第二次世界大戦中のレジスタンス運動以来のこの地方の伝統だ。山は常に人々を守ってきた。裁判では、博愛の側につくべきか、見殺しにするべきかが問われたが、判事は殺す方を選んだ。これはブリアンソンの住民全員に対する挑戦だ。住民は皆、連帯を掲げている」という声明を出した［France 24 2018］。ブレイユ・シュール・ロワヤもブリアンソンもイタリア国境に近いフランスの自治体だが、国境地帯に暮らす人々には国家によって虐げられた人を守るという義務感が強いようだ。彼らは弾圧に屈することなく人道的行為の正当性を訴え続けたので、フランス司法は 2021 年の上告審でその主張を認め、2 つの事件をいずれも無罪とした。これは加盟国の法制度から見ても EU の入管制度が違法であることを意味している。

4　国民国家に抵抗する辺境地域

(1)　トルコとギリシャの辺境地域と1923年の住民交換

　筆者は長年、トルコとギリシャの国境地域でフィールドワークを行ってきた。具体的には、レスボス島とサモス島とエヴロス川流域だが、これらはいずれもバルカン・ルート上の重要な越境地点である。レスボス島とトルコの最短距離は12 kmで、サモス島のマイカレ海峡は僅か1.6 kmしかなく、エヴロス川は場所によっては50 m程度で歩いても渡ることができる。こうした条件が密航に適していると言えるが、それだけが理由ではない。密航スキームは国境の反対側にも連動するネットワークが必要だが、3つの地域は共通の歴史的パターンによってこの条件を満たしているからだ。

　エーゲ海の島々は歴史的にアナトリアの沿岸部と強く結びついていた。つながりは古代にまで遡り、海の両側で、商業的、共同体的、文化的な結びつきが世紀を超えて維持されてきた。エヴロス川流域の地域も同様で、川を挟んで有機的な地域分業ネットワークが広がっていた。しかし、20世紀初頭の一連の戦争によって、これらの地域はトルコとギリシャ（とブルガリア）に分けられてしまった。

　特に決定的だったのが1923年に結ばれたローザンヌ条約の附帯議定書が定めた「住民交換」である。この取り決めは、トルコとギリシャが「トルコ領内に定住している<u>ギリシャ正教徒のトルコ国民</u>、およびギリシャ領内に定住している<u>ムスリムの宗教のギリシャ国民</u>の強制的な交換」（下線部筆者）に合意し、「移民は退去する国の国籍を失い、目的地である国の領土に到達してからその国の国籍を獲得する」という具合に、国家が勝手に国籍を奪って国外に追放し合うというものだった。つまり、個人の意思とは無関係に国家が勝手にそのアイデンティティを決め、人為的に引かれた国境に沿って人々の社会的つながりを強制的に断つという不条理なものだった。この政策によって国境地域の人々は大きな打撃を受け、その負の影響は長い間人々を苦しめることになった。

　エーゲ海の島々では「住民交換」によって、まず、大量の難民が発生した。例えば、サモス島では人口5万5000人ほどの場所に、1922-23年だけで3万人

図3 レスボス島のアナトリア難民記念碑（2019年9月筆者撮影）
1923年のトルコとギリシャの住民交換によって難民となったギリシャ人の苦難を忘れないために建立された。

以上の難民が押し寄せ、深刻な人道危機に陥った。島には難民を収容する余力はないので、大部分はギリシャ本土に移住したが、約6000人が島に残ることを決めた［Tsolakídou 2021］。彼らはエーゲ海の対岸の町や村からやってきた人々で、共通の方言を話し、文化的にも近く、血縁関係もあったからだ。彼らはその後、サモス社会に統合されたが、その過程は決して順調ではなかった。難民はサモス島で生きるため、都市部では家事使用人や荷揚げ人夫、農村部ではタバコ栽培に従事する農業労働者として働かざるを得ず、長い間、島の最下層の階級として蔑視された［Giannoutsos 2016］。

レスボス島では住民の15％がムスリムだったため、状況はより複雑だった（図3）。島のムスリムたちはギリシャ語を話し、キリスト教徒と同じ村に住み、コミュニティの一員として交流していたので、1913年秋にギリシャ領に組み込まれた後も島に住み続けたが、「住民交換」が締結されたことで、1924年10月に全員が強制的に追放されることになった［Hatzilías 2022］。島の古老たちは、トルコ行きの船に乗せられるムスリムたちをキリスト教徒の村人たちが涙を流して見送り、桟橋に向かうムスリムたちが口々に「なぜ故郷を離れてトルコという未知の国に行かねばならないのか」と訴えていた様子を語り伝えている［Galinoú 2012］。ムスリムの多くは、エーゲ海の対岸のクチュククユとアイヴァルクに定住したが、いずれもレスボス島と関係の深い場所だ。クチュククユはレスボス島北部の古代都市国家モリヴォスの植民都市の近くにあり、古代以来、島との交流があり、ギリシャ人が暮らしていた。レスボス島のムスリムはこのギリシャ人と入れ替わる形で移り住むことになった［Atabay 2008］。アイヴァルクもレスボス島の人々が作った町で、現在でも19世紀にギリシャ人が建てた家が数多く残っている。ムスリム

たちがギリシャ人の残していった家にそのまま住み着いたからだ。

　クチュククユとアイヴァルクに移住したムスリムたちはギリシャ人が残していった耕作地やオリーブ畑を手に入れたが、以前の暮らしを取り戻すには長い年月が必要だった。19世紀末のアイヴァルクは西アナトリア沿岸で2番目に大きな商業都市であり、広大なブドウとオリーブの畑を利用したワイン醸造、オリーブ油精製、石鹸製造が盛んに行われ、製品は海外にも輸出されて国際的な貿易港となり、1000軒を超える店舗が立ち並び、多くの学校と文化施設を備える近代都市として発展しつつあった。しかし、「住民交換」によって全てのギリシャ人住民がレスボス島に移住し、ムスリムに入れ替えられたことで町の発展は止まってしまった。1914年に3万人を超えていた人口は1927年に1万6873人にまで減少し、1970年代まで「住民交換」以前の水準に回復することはなかった［Akova 2011］。

　経済的衰退はレスボス島でも同様で、島の人口は1928年の13万7140人をピークに一貫して減少し、1960年代末に観光業が繁栄し始めてようやく逆転に転じたが、いまだに「住民交換」以前の水準には回復していない。島には特有の問題もあり、1922-23年にやってきた難民は追放されたムスリムの5倍に当たる約5万人だったので、彼らに分配できる農地や店舗が不足した。運よく空いている土地を手に入れた場合も、トルコ領からの移民は「外国人」と見なされて爪弾きにされた［Emmanouïl 2023］。都市部に移住した人々も、空き家となった店舗を見つけて商売を続けられたのはほんの一部にすぎず、多くは下層の労働者として生きてゆかねばならなかった。彼らは水も電気もない町の郊外に暮らし、地元の言葉で「難民」というとそれはスラムを意味するようになった。1960年代になっても、移民地区には下水道もなく道路も荒れたままだった［Agtzídis 2023］。

　難民とその子孫が辛酸を嘗めさせられたのは、国境線によって伝統的な地域経済の分業システムが破壊され、産業全般が衰退したからだが、この点はエヴロス地方でも同様で、エーゲ海沿岸と同じような負の歴史を経験した。この地域は古代トラキアの中心地で、オスマン帝国時代にはエディルネ州の心臓部だった。エディルネ州は帝国内で最も人口が多く、経済的にも繁栄した州の1つであり、20世紀初頭には100万人以上が暮らし、その多くがキリスト教徒だっ

たが、20世紀初頭の15年間の戦争でブルガリア、ギリシャ、トルコに相次いで占領されたため複雑な人口移動が起こり、最終的にほぼ全てのブルガリア人がブルガリアに、ギリシャ人はギリシャに、ムスリムはトルコに移住させられた。こうして新しく引かれた国境線によって地域市場は分断され、製造業と商業が致命的な打撃を受けた［Yaşar 2009］。典型的な例はエヴロス川下流にあるスフリである。この町は1872年に鉄道が敷かれて重要な商業の中心となり、多くのワイナリーや食品加工場、鉄工所、蒸気式の製粉所と精油所が作られた。特に繁栄したのが絹織物産業で、南バルカンで最も重要な養蚕センターの1つとなった。町の発展に伴って人口も1877年の4680人からバルカン戦争前夜には1万3000人に増加した。しかし、1922年にギリシャ領に組み込まれたことで、エヴロス川の対岸にあった水田、牧草地、ブドウ園と切り離されてしまい、多くの工場が閉鎖に追い込まれた。養蚕業は辛うじて持ちこたえたが、現在ではわずかな工場しか稼働していない［Soufli 2010］。スフリのトルコ側に組み込まれた地域でも急速に脱工業化が進み、農業主体の経済構造になった。これはトルコ領のトラキア全般に当てはまる現象で、この地方は長らくトルコでも最も後進的な地域の1つであった。1990年代になるまで、この地方は他の地方への人口の流出が続き、過疎化に苦しんだ。このように「住民交換」は地域経済の衰退という形で、難民だけでなく、後に残った人々にも影響を与えたのだ。

(2) 移民コミュニティと出身地の絆

「住民交換」は、アナトリアの東方正教徒とギリシャのムスリムがそれぞれ「ギリシャ人」と「トルコ人」というアイデンティティを持った均質な集団だという前提で実施されたが、これは複雑な現実を無視したものだった。例えば、黒海南東部のトラブゾン地方の東方正教徒は古代のイオニア方言の伝統を受け継いで独自に進化したポンドス方言を話していたため、ギリシャ本土の文化に同化できずに長く苦しむことになった。アナトリア中央部のカッパドキアの東方正教徒の多くも、トルコ語をギリシャ文字で表記した独自の言語文化を持つカラマンリデスと呼ばれる集団だったが、彼らも言葉と文化の違いからギリシャ本土で冷遇された。ポンドス・ギリシャ人とカラマンリデスはギリシャ人社会で差別されたため、長い間、同じ集団内で通婚する傾向が見られた［Vergeti

1991］。

　トルコでも、移民コミュニティは移住元の文化と言語を長い間保持してきた。移住先との文化的差異が大きく、かつ、移住が集団で行われた場合に、こうした傾向が顕著となることも指摘されている［Chousein 2009］。サモス島の対岸のギュゼルチャムルはその一例であろう。この村は 1922 年にギリシャ人がいなくなった後、1924 年 2 月に新たに 80 世帯約 400 人の住民が入植したが、彼らはいずれもマケドニア南東部のカヴァラ近郊のエレフセレスという村の出身者だった。エレフセレスはキリスト教徒とムスリムが混在する村だったので、ムスリムもギリシャ語を話し、そのためにアナトリアに移住した後も周囲のトルコ人とは交流せずに閉鎖的なコミュニティを維持した。村の主力産業がタバコの栽培で長く貧困状態が続いたことも原因の 1 つであるが、1980 年代以降、徐々に観光化が進み、農業に代わって観光業が主力産業になってからも、コミュニティの閉鎖性は残ったままだ。美しいビーチに目をつけたアンカラやイスタンブルなどの業者が主導するリゾート開発によって、アナトリア各地からたくさんの移住者がやってきて住民構成が大きく変わったが、元々の住民たちは、新参者との交流を避けている。筆者の友人の 1 人はこうした移住者だが中学生からギュゼルチャムルで育ったにもかかわらず、元の住民とは挨拶を交わす程度で、内容ある話をしたことは一度もないと語っている。旧住民たちは仲間内でギリシャ語を話し続けており、ギリシャの民俗学者は彼らが「故郷から持ち込んだ習慣と伝統を失っていない」と記している［Kaplánoglos 2019］。

　移民たちが「故郷から持ち込んだ習慣と伝統」を長い間失わずにいるため、コミュニティが分裂する傾向はクレタ島のレシムノン市でも確認されている。クレタ島は独特なギリシャ語の方言が話されているが、「住民交換」以前にはキリスト教徒もムスリムも同じ言葉を話していた。しかし、ムスリムが追放された後にアナトリアから入植した移民はアルメニア系だったので、レシムノンではクレタ方言とアルメニア語、そして観光化によってギリシャ本土から移り住んだ現代ギリシャ語を話す集団という 3 つのコミュニティに分裂した［Çankara 2016］。

　アイヴァルクの状況もこれに類似している。この町には主にレスボス島とクレタ島の移民が入植したが、彼らはギリシャ語話者だった。1934 年 4 月 13 日

にトルコ建国の父、ムスタファ・ケマル・アタチュルクが町を訪れた際、警察は住民たちにギリシャ語の使用を禁止したが、殆どの住民がトルコ語を話せなかったので、結局、アタチュルクはギリシャ語で話すことになったという話も伝わっている［Büyükçerçi 2008］。この逸話からも分かるように、住民はトルコ語が不得手だったので、行政機関との関係に苦慮してきた。特に深刻だったのが、損失補填問題である。ローザンヌ協定は、ギリシャで失った財産に対する補償をトルコ政府が行うと規定していたが、多くのケースで損失補填が不十分だった。移民はこれを、トルコ語ができないので不当に扱われたと考え、子孫たちもそう信じた。こうして、貧困の原因は行政による不当な差別だという信念が根付き、国家権力への不信がこの地方の伝統に組み込まれた［Durgun 2023］。

　移住先で疎外感を抱いた難民たちが、故郷への郷愁と愛着を長く抱き続けたこともトルコとギリシャの研究者たちによって報告されている［Chousein 2009; Bruneau 2010］。アイヴァルクでも、クレタ島出身の老人たちは何十年間も故郷の村との交流を続けている。レスボス島の場合は、フェリーで数時間しか離れていないため、更に頻繁に交流が行われており、昔なじみとの交流が続いている。例えば、アイヴァルクのジュンタ・アダ地区のギリシャ人はレスボス島に集団で定住したので、ジュンタ・アダのトルコ人がレスボスに行くと、村人たちがコーヒーハウスに集まって、町の様子や昔の家がどうなったかについて今でも話が盛り上がるという。アイヴァルクの老人たちは国境を越えた交流を「イスラームを信じる我々と、彼らの信仰は異なるが、十字架によって分けることはできない。我々は皆、同じ人間なのだ」と表現しているが［Büyükçerçi 2008］、この言葉は国家の都合で民衆の絆を断つことはできないことを想起させるものだ。ギリシャでも「住民交換」の記憶を風化させないように、古老の話や家に伝わる伝承を保存する運動が盛んだが、多くの人々がムスリムとキリスト教徒が仲良く暮らしていた思い出を語っている。その中には、レスボス島を離れる際、島に戻れると信じたムスリムたちが現金や貴金属をギリシャ人の隣人に預けたところ、数年後にギリシャの漁師たちが密かにアイヴァルクにやってきて、お金や貴重品を返したという話も残っている［Hatzilías 2022］。この話は、海を越えた交流が非公式に続いていたことを示している。

(3) 密貿易の伝統

　非公式の海上交易は、「住民交換」が行われるはるか以前からエーゲ海沿岸地域の重要な経済活動の一部だった。その中心に位置していたのがサモス島である。この島は 1821 年のギリシャ革命で独自の地方政権が樹立されたが、1834 年にオスマン帝国の宗主権下の自治公国となり、1913 年まで存在したため、一種の租税回避地として機能するようになり、海賊や密輸業者の拠点となったのだ。密輸業者は小船を使ってアナトリア沿岸部で盗んだ家畜や木材を輸入し、武器などを輸出していたが、この時代の最も重要な交易品はタバコだった［Başaran and Özçelik 2019］。タバコが密輸の主力商品となった理由はトルコの特殊な税制にある。オスマン帝国は 19 世紀後半に財政破綻し、西欧の国際借款団が借金の担保として税収を管理するのに伴って、タバコはフランス資本のレジー商会が独占販売するようになった。高い税金が掛けられたタバコを買わされることになったトルコ人は、サモス島のタバコを密かに購入するようになった。タバコの密売は実入りの良いビジネスだったので密輸ネットワークは他の島にも広がり、陸側の主な港であったアイヴァルクにも重要な拠点ができた。密輸の多くは漁師の副業として行われていたが、彼らは権力に対して仲間を守る独自の掟を発展させた。密輸は国家に対する犯罪だが、タバコの密売は植民地主義への抵抗という意味も持つので、エーゲ海の民衆間に権力に屈しない独特の正義感が養われたのだ［Houmerianós 2003］。

　密輸を通じた地域間の結びつきは「住民交換」後に一層強まった。サモス島以北の島がギリシャ領になったことに加えて、その南に位置するドデカニサ諸島がイタリア領となったので、エーゲ海は 3 つの異なる税体系が交錯する海域となり、各国の税制の違いを利用した密輸ビジネスが繁栄したからだ。トルコ側からはタバコに加えて農産品も密輸されるようになり、ギリシャとイタリアからはアルコール飲料やタバコの巻き紙などが輸出されるようになった［Vardağlı 2021］。1930 年代にはクレタ島出身のトルコ人たちが密輸に参入し始め、短期間で支配的な勢力に成長した。彼らはトルコ語とギリシャ語の双方に通じていたからだ［Gözcü and Çakmak 2019］。アイヴァルクでは密輸ビジネスが 1950 年代末まで活況を呈し、地元の若者がレスボスの漁師たちと違法な取引を行っていることは町の誰もが知る公然の秘密であった。住民たちは、密輸を地

場産業の衰退を補填する手段と考え、不当な国家を欺いて利益を得るのは道徳的に正しいと考えていた［Doúma 2006］。

　国境を越えたコミュニティの結びつきはエヴロス地方でも見られる。エヴロス川は1923年のローザンヌ条約の締結後にトルコとギリシャを分ける境界となり、検問所を除く橋は壊されたが、住民たちは浅瀬を渡って日常的な交流を続けた。1974年のトルコのキプロス侵攻を受けて国境警備が厳格化される以前、人々は親戚を訪ねたり、買い物をしたり、あるいは友人宅でコーヒーを飲んだりするために気軽に川を渡っていた。ギリシャ側に位置する西トラキアでは「住民交換」の例外として約10万人のムスリムが留まることが許されたが、彼らもトルコとギリシャを結ぶ重要な役割を演じてきた。彼らは国際条約で少数民族としての自治権が認められているが、20世紀に幾度も迫害を経験した。まず、第二次世界大戦で西トラキアがブルガリアに占領されると、占領軍はムスリムから少数民族の地位を奪い、コミュニティの指導者や知識人など多くを逮捕・弾圧した。第二次世界大戦が終わり、ギリシャ内戦が始まると、ムスリムは共産主義者と極右民兵の双方から攻撃を受けた。こうした迫害を避けるためにトルコ領に避難しようとしたが、トルコのイノニュ政権が国境を閉じたため、エヴロス川流域の人々が密入国を手引きし、彼らに避難所を提供した［Akdeniz 2011］。ギリシャとトルコは1952年にNATOに加盟し、形式的には同盟国となったが、キプロス問題、大陸棚問題、エーゲ海の非武装化などを巡ってしばしば対立し、その影響を受けて西トラキアのムスリムへの人権侵害が繰り返されている。彼らはギリシャでの地位が不安定であることから、トルコ国内に不動産を持つなどリスク分散に努め、トルコ国籍を取得して通商に従事している［Kaşlı 2022］。その中には違法な取引も含まれており、最近のエピソードとして有名なのが、2016年7月のクーデタ未遂事件後、事件に関与したとされるイスラーム主義組織「フェトフラー・ギュレン運動」の関係者数百人がエヴロス川を越えてギリシャに入国した出来事である。

おわりに

　アジアやアフリカからヨーロッパを目指す難民がエーゲ海とエヴロス地方を

渡航地点に選ぶ理由は、この地域で長年培われてきた伝統と無関係ではない。ギリシャとトルコの国境地帯は、長年にわたってそれぞれの政府から冷淡な扱いを受けてきたため、恣意的な国家に対する反骨精神が育まれたが、彼らはEU当局や国家による難民の不当な扱いを自らの経験に重ね合わせ、難民に連帯しようとしているからだ。2015年の危機の最中にスカラ・シカミアスの住民が自治体当局に宛てた以下の訴えはその精神を見事に表現している。

> この文書に署名したスカラ・シカミアスの住民の大部分が、難民としてこの地に定住した者たちの子どもや孫であるので、人々が故郷を離れて難民となる道を選ぶ理由や原因が何であるかをよく理解している。生命と人間の尊厳を求める難民たちの止むを得ぬ事情によって、我々の村は通過点となったのだ。我々は、この村が人類の連帯と人間の尊厳を守る戦いの最前線にあると認識している。我々は難民を自らの歴史の一部と感じるからこそ、彼らと連帯するのだ［Skala Sykamias 2015］。

こうした連帯精神はレスボス島だけでなく、バルカン各地で広く見られるし、西欧でも確認されるように、国境地帯に暮らす人々に共通する意識と言えるだろう。国家の利害に追随せず、迫害された人々を救うことが道義的義務と信じ、弾圧を恐れずに戦い続けることは、西欧諸国で排外主義が高まる状況で特に重要な意味を持つ。極右人種主義者の勢力が台頭し、EU当局がそれに迎合して難民を犯罪視する政策を導入したことでリベラルな価値観が風化しつつある中で、国家の論理に抗って人間の連帯を貫くことがファシズムを阻止する力となるからである。

参考文献
Achilli, Luigi. 2018 "The 'Good Smuggler': The Ethics and Morals of Human Smuggling among Syrians," *The Annals of the American Academy of Political and Social Science*, 676(1): 77-96.
Agtzidis, Vlásis. 2023 "I prósphiyes tis Lésvou: Apó ton próto diogmó, stis ekkatharísis tou Kemál," *Mikrasiatis*. https://mikrasiatis.gr/oi-prosfyges-tis-lesvou-apo-ton-proto-diogmo-stis-

ekathariseis-tou-kemal/（2024 年 9 月 24 日閲覧）

Akdeniz, Melih. 2011 "İkinci Dünya Savaşı'nda Batı Trakya Türkleri," *Türk Yurdu*, 31(290): 301-6.

Akova, Süheyla Balcı. 2011 "Ayvalık Şehirinin Nüfus Özellikleri," *Sosyoloji Dergisi*, 3(22): 59-87.

Atabay, Mithat. 2008 "Mübadelede Küçükkuyu," *Çanakkale Araştırmaları Türk Yıllığı* (Bahar-Güz), 61-90.

Başaran, Mehmet and Ali Özçelik. 2019 "Ege Adaları Menşeli Rum Çetelerin Batı Anadolu'daki Eşkıyalık ve Kaçakçılık Faaliyetleri (XIX. Yüzyılın İkinci Yarısından XX. Yüzyılın İlk Çeyreğine)," *İzmir Araştırmaları Dergisi*, 11.

Bruneau, Michel. 2010 "Turcs hellénophones et Grecs turcophones: défi à l'homogénéisation ethnique de l'État-nation ou héritage ottoman menacé de disparition?" *Anatoli*, 1, 2010.

Büyükçerçi, Emre. 2008 "Mübadele Yılları, Ayvalık," *Cunda Ada*. http://www.cundada.com/wordpress/Ayvalik/Cunda/Adasi/mubadele-yillari-ayvalik/（2024 年 9 月 24 日閲覧）

Çankara, Melis. 2016 "Spatial and Cultural Changes in Rethymnon - Crete after the Treaty of Lausanne," *Proceedings of the 12th International Congress of Cretan Studies*, Heraklion.

Chousein, Şule. 2009 "Unwelcome Citizens: Muslim Turks of Greece and Orthodox Greeks of Turkey," *Journal of Social Sciences* (SDU Faculty of Arts and Sciences) 2: 69-86.

Council of the EU (CEU). 2018 *European Council Conclusions*. [28.06.2018].

———. 2023 "The Council and the European Parliament Reach Breakthrough in Reform of EU Asylum and Migration System," [20.12.2023].

Doúma, Alexándra. 2006. *Kontrampánto: thrílos kai istorikí pragmatikótita*. https://hellanicus.lib.aegean.gr/bitstream/handle/11610/10597/file0.pdf?sequence=3&isAllowed=y（2024 年 9 月 24 日閲覧）

Durgun, Özgür Duygu. 2023 "Resmo'dan Ayvalık'a: Mübadelenin izleri, insanları, mekânları," *Gazete Duvar*, February 1.

Ellinikí Astinomía (EAS). 2022 *Anakinósis Graphíou Enimérosis Dimosigráphon Attikís*, [18.06.2022].

I Ephimerída ton Sintaktón (Efsyn). 2018 "Sinelíphthisan 30 méli tis MKO ERCI sti Lésvo," *Efsyn*. August 28.

———. 2019 "Étoini na 'ekrageí' i Mória," *Efsyn*. August 3.

———. 2020 "Kai apánthropi kai paránomi i néa domí sto Kará Tepé!" *Efsyn*. September 17.

———. 2022 "Parapémpontai yia kakouryímata i iperaspistés tis nomimótitas," *Efsyn*. December 20.

Emmanouíl, Dímitra. 2023 "Kentrikí Agorá Mitilínis: I prosphiyikí mními sto khóro," *Politika Lesvos*, March 27.

France Info. 2023 "Crise migratoire à Lampedusa: qu'a fait Giorgia Meloni face à l'immigration depuis son arrivée au pouvoir en Italie?" *France Info*, September 21.

France 24. 2018 "'The Alps have always protected people,' says Frenchman convicted of help-

ing migrants," *France 24*, December 16.
Frog News. 2022 "Bûlgariia - pred bezpretsendenten migratski natisk, MVR znae za konkretni politsai v shemi za kanaldzhijstvo," *Frog News*, September 8.
Galinoú, Elínas. 2012 "Antallayí plithismón – Sto déntro tis mnímis, " *Inphognómon Politiká*, September 29.
Giannoutsos, Emmanoíl. 2016 *Mikrasiátes Prósphiyes sti Sámo (1922-1940): Kinonikí Éntaxi, Ikonomikí Drastiriótita, Politikí Simperiphorá*, Panepistímio Krítis: Rethymnon.
Gözcü, Alev and Fevzi Çakmak. 2019 "Cumhuriyet'in İlk Yıllarında Türkiye'nin Güney Sınırında Gerçekleştirilen Kaçakçılık Faaliyetleri," *Sosyal Bilimler Enstitüsü Dergisi* (Dokuz Eylül Üniversitesi) 21(3): 683-714.
Hatzilías, Dimítris. 2022 "Mikrasiatikí katastróphi: 100 khrónia mnímis kaí ponoú – Skalokhóri kai antallayí ton plithismón (1923)," *Néa Lésvou*, October 5.
Hellenic Republic. 2022 Ministry of Migration & Asylum, "CCC Samos," Closed Controlled Access Center of Samos, Hellenic Republic, Ministry of Migration & Asylum. https://migration.gov.gr/en/ked-samoy-kleisti-elegchomeni-domi-samoy/ (2024 年 9 月 24 日閲覧)
Houmerianós, Manólis. 2003 "To lathrempório tou kapnoú sti Mikrá Asía," *Dokimés, Epitheórisi Kinonikón Spoudón*, 11-12, 187-215.
I Have Rights (IHR). 2023 *Joint Statement - Unlawful Detention and Worsening Conditions*, September 19.
Jeremić, V. 2022 "U oružanom sukobu u Horgošu učestvovali kriminalci, a ne migranti: Zašto je krijumčarenje ljudi nerešiv problem?" Danas 25 Nov.
Kaplánoglos, Stávros P. 2019 "Tsanglí(í) – Tsanglí – Güzelçamlı: Çamlı, Rumçamlısı, Gavurçamlı, Rumçanlısı, Panionion," Prlogos. gr. October 20. https://www.prlogos.gr/τσαγγλήί-τσαγκλί-guzelcamli-camli-rumcamlisi-gavurcamli-rumcanlisi-panionion/ (2024 年 9 月 24 日閲覧)
Kaşlı, Zeynep. 2022 "Migration Control Entangled With Local Histories: The Case of Greek-Turkish Regime of Bordering," *Society and Space*, 41(1): 14-32.
Kotronaki, Loukia, Nikos Serdedakis, and Samy Alexandridis. 2023 "Borders of Solidarity, Seasons of Meanings: A Spatial-Temporal Analysis of Solidarity Action Frames during the Refugee 'Crisis' in Greece," *Movements: Journal for Critical Migration and Border Regime Studies*, 7(2): 93-109.
Lighthouse Reports. 2022a "Frontex, the EU Pushback Agency," May 6. https://www.lighthousereports.com/investigation/frontex-the-eu-pushback-agency/ (2024 年 9 月 24 日閲覧)
―――. 2022b "We Were slaves," June 28. https://www.lighthousereports.com/investigation/we-were-slaves/ (2024 年 9 月 24 日閲覧)
Mandić, Danilo. 2017 "Trafficking and Syrian Refugee Smuggling: Evidence from the Balkan Route," *Social Inclusion*, 5(2): 28-38.
Masseguin, Léa and Darya Djavahery. 2020 "À Lesbos, 'Ce n'est ni la première ni la dernière fois que le camp de Moria brûlera," Libération 9 Sep.
Milan, Chiara. 2018 "Refugees at the Gates of the EU: Civic Initiatives and Grassroots Respons-

es to the Refugee Crisis along the Western Balkans Route," *Journal of Balkan and Near Eastern Studies*, 21(1): 43-60.

Mussolini, Benito. 2006 *My Autobiography: With "The Political and Social Doctrine of Fascism,"* New York: Dover Publications. [Reprint of the Charles Scribner's Sons, New York, 1928 edition].

OLAF 2021. *OLAF Final Report on Frontex*, CASE No. OC/2021/0451/A1

Papataxiarchis, Evthymios. 2016 "Being 'There': At the Front Line of the 'European Refugee Crisis'," Part 1, *Anthropology Today*, 32(2): 5-9.

Parrotta, Yaël. 2021 *Redefining Humanitarianism in the Making: Grassroots/volunteer Organizations in Samos (Greece), The Global Migration Research Paper Series* 28, Geneva: Global Migration Centre.

Psimítis, Mikhális, Strátos Georgoúla, Níkos Nagópoulos, Khrístos Koupoútzas, Dimítris Paraskevópoulos, and Manouéla Psimíti. 2017 *Prosphiyikí Krísi kai Dimósies Ipiresíes sti Lésvo (2015-2016)*, Athina: Kinonikó Políkentro.

Siegel, Dina. 2019 "Human Smuggling Reconsidered: The Case of Lesbos." *The 19-th Crossborder Crime Colloquium*, Kharkiv: Eleven International Publishing, 103-121.

Skala Sykamias. 2015 *Kímeno ipsiloú íthous*. https://www.apan.gr/gr/component/k2/item/1361-keimeno-ypsilou-ithous（2024 年 9 月 24 日閲覧）

Smith, Lucile & Ben Steele. 2024 "Greek Coastguard Threw Migrants Overboard to Their Deaths, Witnesses Say," *BBC*, June 17.

Souflí. 2010 *Souphlí, i póli tou metaxioú*. https://www.greekscapes.gr/index.php/2010-01-21-16-47-29/landscapescat/45-evrou/83-soufli（2024 年 9 月 24 日閲覧）

The Guardian. 2022 "'It's an Atrocity Against Humankind': Greek Pushback Blamed for Double Drowning," February 17.

Tinti, Peter & Tuesday Reitard. 2018 *Migrant, Refugee, Smuggler, Saviour*, London: Hurst & Company.

Tsolakídou, Philaretí-María. 2021 *I prósphiyes tis Mikrás Asías sti Sámo*, Kalamáta: Panepistímio Peloponnísou.

UN Working Group（UNWG）. 2022 *End-of-Mission Statement by Sorcha MacLeod and Carlos Salazar Couto, Members of the United Nations Working Group on the Use of Mercenaries as a Means of Violating Human Rights and Impeding the Exercise of the Right of Peoples to Self-determination, on Their Visit to the Hellenic Republic*, Athens, December 16. https://reliefweb.int/report/greece/end-mission-statement-sorcha-macleod-and-carlos-salazar-couto-members-un-working-group-use-mercenaries-and-private-military-and-security-companies-their-visit-hellenic-republic（2024 年 9 月 24 日閲覧）

Vardağlı, E. Tutku. 2021 "'Soft Tensions' on the Eastern Mediterranean and Reflections on Turkish Diplomacy: Meis and Samos Island Cases in the 1920-1930s," *The Turkish Yearbook of International Relations*, 52: 61-84.

Vergeti, Maria. 1991 "Pontic Greeks from Asia Minor and the Soviet Union: Problems of Integration in Modern Greece," *Journal of Refugee Studies*, 4(4): 382-394.

Yaşar, Okan. 2009 "Edirne İli'nin Nüfus Hareketleri Bakımından İncelenmesi ve Son Dönemde Göçlere Katılanların Sosyo-Ekonomik Nitelikleri," *Doğu Coğrafya Dergisi*, 14(21): 195-220.

第 **III** 部

多元的な信頼、錯綜する猜疑

第 8 章 紛争下で取り結ぶ人間関係
―― パレスチナ人と他者

鈴木啓之

> 「……だがな、これは誰にもいうんじゃないぞ……つまりだ、わしが他の男から 10 ディーナール取ったとしても、おまえが 5 ディーナールしか払っていないなんぞといっちゃいかんということだ……」
> 「でも私があなたを信用するには、どうしたらいいんです」
> ――カナファーニー［2009: 45-46］

はじめに

　本章では、さまざまなパレスチナ人が記録として残した回顧録やインタビュー資料をもとに、「賭け」としての信頼に望みを託してきた人びとの生存戦略を論じる[1]。パレスチナ人にとって、相手を信頼する行為は、ときに自らの命すら左右しかねない「賭け」となってきた。パレスチナ人の小説家であり、またパレスチナ解放人民戦線（al-Jabha al-Shaʻbīya li-Taḥrīr Filasṭīn, 略称：PFLP）という解放運動組織の幹部でもあったガッサーン・カナファーニー（1936-72 年）は、小説『太陽の男たち』（1962 年）で、そうした賭けに打って出ざるを得ないパレスチナ難民の苦境を描いた。密航業者に命を預けた 3 人のパレスチナ難民は、目的地のクウェートにたどり着く途上で命を落とすことになる。しかし、その

---

1) アラビア語で回顧録（mudhakkirāt）または自伝（sīra dhātīya）と呼ばれる文献を本章では資料とする。回顧録では、大きな出来事や人生のある特定の時代に焦点を絞って記述がなされる傾向にある一方、自伝では誕生から執筆時点までの歩みがある程度網羅的に記されることが多い。ただし、回顧録と自伝という 2 つの言葉は、かなりの部分で互換可能なものとして理解される傾向にあり、実際のところアラビア語で「回顧録」と名づけられた著作であっても、著者の誕生から現在までの歩みを時系列的に記述するものが多く見られる。詳細は鈴木［2025］に譲るが、こうした回顧録は、著名人による日記などとともにパレスチナ人の民族運動のなかで高く評価され、一部はパレスチナ関連団体によって編纂、刊行されている。

密航業者も、同じくパレスチナ難民であった。同胞の命を奪うことになった彼もまた、賭けに失敗した存在であったと言えるだろう。

　カナファーニーの小説は、大部分が実際の出来事に着想を得たものであると言われる。むしろ、1948 年 5 月のイスラエル建国前後に起きた故郷からの離散、すなわちアラビア語で「ナクバ（al-Nakba）」と呼ばれる出来事によって難民となったパレスチナ人たちが、実体験として共有している苦境や矛盾を小説で描いてみせる点に、カナファーニー作品の最大の特徴がある。一方、本章で扱うのはパレスチナ人による回顧録やインタビュー記録のなかに見られる「賭け」としての信頼のあり方である。カナファーニーの小説と本章が依拠する資料は、文学的創作物と個人の記録ということ以上に、極めて対照的な性格を持つ。つまり、前者では命に関わる賭けが必ずしも成功しない、むしろ失敗する悲哀が描かれるのに対して、後者では賭けが基本的に成功するからである。当然のことではあるが、その場を生き延びたからこそ、著者であるパレスチナ人は回顧録を書くことができたのだ。しかし、これはパレスチナ人にとっての賭けが、容易なものであったことを示すわけではない。むしろ、現実にはカナファーニーの小説が示したように、賭けに破れ、命を落とすことも、決して珍しいことではなかったと考えるべきだろう。だからこそ、回顧録やインタビューに、信頼が功を奏したエピソードや、「一か八か」とも表現できるような、無謀にさえ聞こえる「秘話」が盛り込まれているのだと言えるだろう。

　ここで、パレスチナ人による回顧録執筆と刊行の特徴を手短に整理しておきたい。パレスチナ人の回顧録やインタビューには、成功者としての栄達よりも、ナクバの経験を含めた民族としての歴史に焦点を絞る傾向が見られる［DeYoung 2017］。書き手は当初こそ文化人や政治家といった著名人に限られていたが、ことにナクバから半世紀ほどを経た頃から、決して著名とは言えない人物による回顧録の出版が続いた。これは、ナクバを経験した最後の世代が、自らの記憶を後世に残そうとしている結果だと考えるべきである［鈴木 2025］。また、パレスチナ人の回顧録には、道徳への強い自負や友愛に喩えることができるような故郷への愛着が記されることが多い。パレスチナ人にとって、自らの人生や記憶を書きとめ、後世に残す行為は、民族的アイデンティティを確認する行為でもあった。特に自身の道徳的な振る舞い（戦時下にあっても、窃盗などの犯罪に

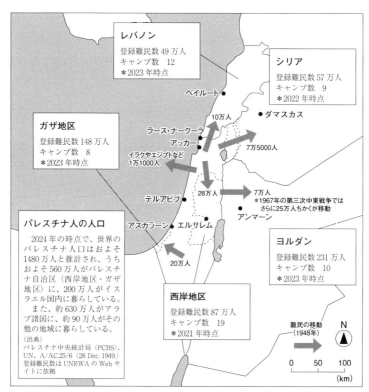

図1 パレスチナ／イスラエルと周辺地域（筆者作成）

手を染めなかった、など）を強調するような記述が多く、時にはそれが「敵」と看做される相手にすら働きかけようとする動機となっている。

　本章が着目する「賭け」としての信頼は、本来であれば信頼を向ける関係にはない相手、極言すれば「敵」との関わりのなかで生じるものである。紛争下に生きるパレスチナ人にとって、そうした相手は、イスラエル建国を支持するシオニストやイスラエル人に限らず、他のアラブ人や、時には同じパレスチナ人ですらあった。近接する事例として、錦田愛子はヨルダンのパレスチナ人が、かつて関わった「いいユダヤ人」について語ることに論及した［錦田 2010: 150-153］。過去のある時点で打ち解けたり、または便宜を図ってくれたりしたユダヤ人の存在を記憶し、時にはかなり抽象化しながら語るパレスチナ人の姿に、

第8章　紛争下で取り結ぶ人間関係 —— 183

「(……)個人的な交流や対面的コミュニケーションの経験は、ユダヤ人に対する一面的な敵対意識からパレスチナ人を解放し、より柔軟な人間関係の構築へと向かう糸口を与えている」と錦田は論じている［錦田 2010: 153］。一方、本章で着目するのは、友人や仲間になり得ない関係であることを前提としつつ、それでも相手の人間性や友情、道徳に信頼を置き、その場限りの「賭け」が行われる様子である。ここでは、相手はあくまで一義的に「敵」であり、相手への信頼も一時的なものに留まる。それでも、そうした不安定な信頼に頼らざるを得ない点にこそ、紛争下を生きるパレスチナ人が他者と取り結ぶ不安定な関係のあり方が映し出されていると言えるだろう。

1 個人の信頼と平和構築

　パレスチナ人が紛争下で他者と取り結ぶ人間関係、ことに信頼の置き方については、特に平和構築の分野で手厚く論じられてきた。在米研究者のシェイラ・カッツによる『敵とつながること』(Connecting with the Enemy) は、パレスチナ人とイスラエル人が私的な共働を100年近くにわたって続けてきたことに注目した研究書である［Katz 2016］。カッツは、ユダヤ教徒が庇護民（ズィンミー）としてオスマン帝国支配下に暮らしていた時代から、2008年末から2009年初頭のガザ地区での戦闘に至るまでの時代にかけて、常にパレスチナ人（アラブ人）とイスラエル人（ユダヤ人）の双方から相手との対話や共働を求める動きがあったことを強調する。非暴力主義や平和運動、NGOや個人の篤志家による活動が、ほとんど網羅的に論じられたこの本は、1993年のオスロ合意を端緒とする中東和平交渉が行き詰まりを迎えるなか、草の根の信頼構築に希望を見出すような構成になっている。ただし、カッツのこの著作は、個人レベルでの信頼醸成がどのように続けられてきたのかを主題としていることから、平和主義、または和平推進派の個人やグループに対象を絞っている。もちろん平和主義者による地道な活動は、いわゆる右傾化の様相をますます呈するパレスチナ／イスラエル社会で、特筆すべき果敢な挑戦であろう。一方で、対話や信頼構築の取り組みが、相手を十分に内包することなく、時に「一人語り」に近い一方的な行為へと陥る危険については等閑に付されているきらいがある。

イスラエル人とパレスチナ人に限らず、平和主義や対話を呼びかける人物が人生を通して一貫して平和主義者ではなかった場合は数多い。こうした事例のなかでも異彩を放つ 1 冊に、元 PFLP 幹部バッサーム・アブー・シャリーフ（1946 年-）と元イスラエル諜報員ウズィ・マフナイミ（1952 年-）による共著『最良の敵』（*Best of Enemies*）がある [Abu-Sharif and Mahnaimi 1995]。「敵」同士であった両者は、それぞれ対話や平和主義の重要性を認め、ついに一冊の本を共同で上梓するに至る。

　アブー・シャリーフは、PFLP による一連の武装闘争で最も有名な 1970 年の航空機ハイジャックの際、ヨルダンの首都アンマーンで国外メディア向けの広報担当を務めていた。この事件では、トランス・ワールド航空とスイス航空がハイジャックされたうえでアンマーン郊外の旧英国軍飛行場に強制着陸させられ、追加でハイジャックされた英国機とともに乗員乗客を降ろしたうえで機体が国外メディアの前で爆破されている [Sayigh 1997: 304-305]。あまりに大胆な軍事作戦が国内で実行されたことを重く見たヨルダンのフサイン国王は、パレスチナ人武装グループの一掃を決心し、「黒い九月」と通称されるヨルダン内戦へと発展した。また、当初はイスラエルのエル・アル航空が標的になっていたことから、イスラエルにとっても一連の出来事はパレスチナ人武装組織に対する脅威認識を高める契機になった。

　「黒い九月」によって、パレスチナ人による故郷解放運動は、活動の中心地をヨルダンからレバノンへと移すことを余儀なくされた。アブー・シャリーフ自身も、後に改めて詳細を述べるような大胆な「賭け」によってヨルダンでの拘束を逃れ、レバノンの首都ベイルートに拠点を移している。そのベイルートで、1972 年に郵便物を偽装した爆発物による攻撃がアブー・シャリーフに対して実行された。彼はこの事件によって、手の指 4 本、片目の視力、さらに片耳の聴力を失う。イスラエルの諜報機関が当時採用していた「郵便爆弾」による暗殺未遂であった [バーグマン 2020: 198]。一方でマフナイミは、アブー・シャリーフを「標的」として認識する立場にあった。イスラエル軍の特殊部隊サイェレット・マトカルの入隊試験に挑戦するほどの愛国主義者であったマフナイミは、最終的にイスラエルの諜報機関に所属していた。

　『最良の敵』は、1 冊のなかにかつての「敵」同士が文章を寄せている点で、

個人レベルでの和解を演出するものだと言えるだろう。アブー・シャリーフは、イスラエルとの二国家共存路線へと傾きつつあったパレスチナ解放機構（Munaẓẓama al-Taḥrīr al-Filasṭīnīya, 略称：PLO）主流派のファタハに 1980 年代に接近し、PFLP を離れた。ある時期にはファタハの代表で PLO 議長でもあったヤースィル・アラファート（1929-2004 年）の政治顧問の 1 人であったと言われている。また、マフナイミも諜報機関を離れ、ジャーナリストとしてイスラエル国内で活動するようになった。1991 年 10 月には、当時 PLO の本部が置かれていたチュニジアで、アラファートに対する単独インタビューに成功している。この 2 人が対面を果たすのは、1988 年のことである。ロンドンのレストランで対面した 2 人は、最終的に『最良の敵』を共同で著すことになった。しかし、両人があくまで自らの視点から歴史を記述し、共に 1 つの文章を書くには至っていない点を見逃すわけにはいかない。アブー・シャリーフとマフナイミは、交互に 19 世紀頃からのパレスチナ問題の歴史を記述し、徐々に自らの半生に言及していく。しかし、1 冊の本のなかで書き手が幾度も切り替わり、これがむしろ両者のすれ違いを印象づけている。

　一方的な「対話」、または「一人語り」に近い信頼感情は、架空の相手に向けられる時にさらに深刻な様相を呈する。パレスチナ人であるイブラーヒーム・スースによる『ユダヤ人の友への手紙』（1988 年）と、イスラエル人のヨッシー・クライン・ハレヴィによる『わが親愛なるパレスチナ隣人へ』（2018 年）は、架空の「友」や「隣人」に共存を訴えかけるもので、両書はいわば構成として鏡写しの関係にある。しかし、執筆時期が約 30 年離れていることを差し引いたとしても、両者の呼びかけは絶望的なほどにすれ違う。

　スースによる著作は、1987 年 12 月からイスラエル占領地で続くパレスチナ人の大衆蜂起「インティファーダ」（al-Intifāḍa）のさなかに発表されたものだった。PLO のパリ事務所代表であるスースは、架空のユダヤ人の「友」の助けを求める［スース 1989: 89］。

　　友よ、きみだけが警報器を鳴らす能力を有しているのだ。ぼくはまだきみを信頼している。

スースは、ユダヤ人の「友」に対して、イスラエル政府に働きかけ、パレスチナ人の生存を認めてほしいと訴えていた。この呼びかけの背景には、当時のPLOが置かれていた環境が色濃く反映されている。と言うのも、当時のPLOは軍事的にイスラエルと対決する方針を公に放棄し、イスラエルとの政治的交渉を望む状態にあったからである。契機となったのは、1982年のレバノン侵攻であった。この戦闘でPLOはイスラエル軍に敗北し、本部をチュニジアに移した。これはパレスチナ人の故郷解放運動にとって1970年の「黒い九月」以来2度目の拠点喪失であり、パレスチナ人による武装闘争に大きな打撃を与えた。なぜならば、レバノンの拠点を失うことで、パレスチナ人の諸勢力は、かつてのパレスチナ、つまりイスラエルに隣接する拠点をすべて失ったことになったからである。ところが、イスラエルが軍事占領するヨルダン川西岸地区とガザ地区でインティファーダが1987年に発生し、国際メディアの注目も手伝ってイスラエルに対する政治的圧力を生み出した。

　PLOはこのインティファーダが作り出した国際的注目に力を得て、イスラエルとの政治交渉を試みた。当時のイスラエルは、PLOの政治的代表性を認めず、パレスチナ人については自決権を持つ独自の民族集団とは認めない立場を堅持していた。PLOは、1988年11月にパレスチナ独立宣言を発表し、同時にパレスチナ問題の本質を矮小化するものとして長年にわたって拒絶してきた国連安全保障理事会決議242号と338号の承認を宣言した[2]。両決議の受諾は、アメリカがPLOを承認するために課した条件のひとつだった。

　スースの「友」への呼びかけは、言わばこのPLOによる政治的「賭け」と連動したものだったと述べて構わないだろう。

　一方のハレヴィは、スースの著作から30年後に、平和主義者としての立場からパレスチナ人の「隣人」に共存を呼びかけた［ハレヴィ 2019: 89］。

---

2) 1967年の第三次中東戦争を受けて採択された安保理決議242号は、イスラエルに対して戦闘で新たに獲得した占領地からの撤退を要求するものだった。PLOが問題視したのは、パレスチナ人への言及のあり方である。決議242号では、パレスチナ人の自決権や民族的権利が言及されず、そもそもパレスチナ人の存在についてもわずかに「難民」として指摘するに留まっていた。この点をパレスチナ問題の矮小化であるとPLOは捉え、1973年の第四次中東戦争を受けて決議242号の履行を改めて呼びかけた決議338号とともに、長年にわたって不承認の立場を貫いていた。

あなたに手紙を書いているうちに、深夜になってしまいました。あなたの丘にはほんの数軒しか光が灯っていません。私たちの丘の谷間を行く道路では、静寂を破るように一台の車が走っています。この道路の向こう側に話し相手がいる。そう思って、あなたに話しかけようとすると、ほんの少しだけ孤独感が薄れます。

　ハレヴィの呼びかけは、一見するとスースによる呼びかけと対応関係にあるように見える。パレスチナ人であるスースはユダヤ人の「友」に、一方でユダヤ人のハレヴィはパレスチナ人の「隣人」にそれぞれ呼びかけているからである。しかし、ここで「あなた」として登場するパレスチナ人の属性は、あくまで不問とされている点に留意が必要だろう。ハレヴィはエルサレム在住のイスラエル国籍を持つユダヤ人であり、彼が日常的に目にするパレスチナ人の大半は、「48年パレスチナ人」[3] か、またはイスラエル国籍を持たず、一方でエルサレムの市民権だけが認められた東エルサレム住民であることが推察される。

　スースの呼びかけからハレヴィの呼びかけが行われるまでの約30年は、和平交渉の開始から挫折までが含まれる期間に該当する。和平交渉の開始の時点で、東エルサレムのパレスチナ人は、自治区から切り離され、イスラエルが一方的に併合したエルサレム市域内で不安定な生活を余儀なくされた［鈴木 2019］。また、イスラエル国内でマイノリティとして暮らす「48年パレスチナ人」は、イスラエルとパレスチナの和平交渉でほとんど無視された存在であった。なぜならば、イスラエル政府とPLOによる交渉は、基本的にガザ地区とヨルダン川西岸地区の一部地域に設置された暫定自治区に焦点が絞られ、周辺アラブ諸国に残るパレスチナ難民やイスラエル国内のパレスチナ人は交渉対象にすら含まれなかったからである。また、2002年には東エルサレムの市域を恣意的に切

---

[3] イスラエル国籍を持つパレスチナ人は、イスラエル総人口のおよそ2割を占めてきた。「イスラエル国籍アラブ人」(Israeli Arabs) や「アラブ系イスラエル人」(Arab Israelis) と呼ばれることが多いこれらの人びとは、1948年のナクバを契機としてイスラエル領内に暮らすことになったことにちなみ、「48年パレスチナ人」と自称することが多い。この場合、「48年」は年号のみならず、第一次中東戦争で領域がおおよそ定まったイスラエル領を指す「1948年占領地」を意味する。

り分けるように分離壁がイスラエルによって建設され、東エルサレムのパレスチナ住民の孤立状態が深まった。

　ハレヴィが一見すると真摯に「あなた」へと語りかける一方で、パレスチナ社会を切り分けるような形で和平交渉が進展したことを考慮すれば、やはり「あなた」をどのように設定しているのかという点には深刻な問題を読み取らざるを得ない。しかし、こうした「一人語り」とも言えるような「友」や「隣人」への呼びかけは、平和構築への容易ならざる道のりを物語るほかに、主体的な行為としての「信頼」のあり方を改めて浮き彫りにするものだろう。つまり、相手の実情や、時には合理的に考えて友人や仲間になり得ない関係の相手に対してすら、時に個人は信頼を向け、命にすら関わるような賭けを行う。紛争下において、パレスチナ人が他者と取り結んできた関係には、そうした信頼のあり方が具体的に示されている。

2　奇妙な友情、または偶然の関係性

　紛争下では、ときに「敵」や「味方」が錯綜する。そのような混乱のなかで、「敵」であるはずの人びとのなかに、善良な個人を見出す経験が生まれる。注目すべきは、この経験が対話や和解に前向きな人物に限られるものではない点だろう。以下に引用するアフマド・ヤースィーン（1936-2004年）の語りは、その一例である［Manṣūr 2003: 32］。

> 父が死んだのは、おそらく私が4歳から5歳の頃でした。いまでは思い出せません。母——アッラーの御慈悲がありますように——には学問があったので、ありがたいことに私たちは小さいながらも、良い生活を始めました。この頃は、もちろん第二次世界大戦のさなかで、イギリス軍が動員され、パレスチナにやって来ました。兵士たちは海岸で憩い、私たちは彼らとともに海に行きました。私は当時の軍司令官ととても近しくなった子どもの1人でした。なぜなのか、私にはわかりません。なぜ村の他の子どもたちではなく、私だったのか、わからないのです。

〔インタビュアー〕そうした交流はどうやって生まれたのですか？
わかりません。私は軍事基地に出かけていって、当時の伍長（al-Kūbrūl）に普通の子どもではないように受け入れられたのです。私はテントに入り込み、望むままに遊びました。彼らが海に泳ぎに出かけるときには、私を一緒につれて行きました。思い出すのは、あるとき、私が彼らよりも少し先に水に入ったとき、波にさらわれて沈み、水を飲んでしまいました。司令官は飛び込んで私のところに降りてきて、水から引き上げてくれました。水を見やると、彼の膝ぐらい〔の深さ〕でした。

〔インタビュアー〕イギリス人があなたの命を助けたということでしょうか!?
その通りです。

　ヤースィーンは、1936年にパレスチナ南部の港町アスカラーンに生まれた。1948年以降はイスラエル領内に位置し、「アシュケロン」と呼ばれている場所である。ヤースィーンが生まれた1936年には、パレスチナ全土を巻き込んだ反英・反シオニスト運動である「アラブ大反乱」が起き、パレスチナのアラブ人社会が政治的な目覚めの時期を迎えていた。エルサレムの名望家であったハージッジ・アミーン・フサイニー（1895-1974年）が指導者として見出され、農村部や北部の港湾地域を中心に、ゼネストやデモ、武器を使用した襲撃が行われた［Swedenburg 2003］。1930年代から40年代にかけて、パレスチナではイギリス委任統治当局とアラブ人とのあいだに、常に緊張状態があった。
　ヤースィーンは、イスラーム抵抗運動（Ḥaraka al-Muqāwama al-Islāmīya, 略称：ハマース）を後の1987年に創設し、イスラエルに対する武装抵抗運動の精神的支柱となった人物である。PLOがオスロ合意によってイスラエルとの二国家共存路線へと姿勢を変化させるなか、イスラエルの建国そのものを不正義と捉える原則的立場をヤースィーンは崩さなかった。先ほど見たヤースィーンの語りは、カタルを拠点とする衛星放送アルジャジーラによるインタビューのなかで得られたものである。
　抵抗運動の指導者の口から、かつてイギリス軍兵士と交流があったこと、さらには命を助けられた過去があったことが語られたことに、インタビュアーの

記者は驚きを隠さなかった。というのも、当時のイギリス委任統治当局は、アラブ人を時に暴力を用いて管理するのみならず、シオニストのユダヤ人に融和的であったと看做されていたからである。実際のところ、後ほどシリアでの投獄体験を取り上げるアブドゥッラザーク・ヤヒヤー（1929-2020 年）は、少年期にイギリス人に対する「作戦」を実行したことを誇らしげに回顧録に記している［al-Yaḥyā 2006: 18］。軍車両のバッテリーを抜き取って海に投げ込み、海水浴をするイギリス人の衣服を隠すといった行為を、ヤヒヤーは後に PLO 軍事組織の司令官になる自身の原初的な抵抗として位置づけてみせた。ヤースィーンの語りは、1930 年代のパレスチナ人とイギリス当局の関係性を踏まえれば、やはり意外なものであると言わざるを得ないだろう。

　戦闘のさなかに、奇妙な信頼関係が生じる様子は、さらに後の時代の回顧録にも確認できる。教育者のガービー・バラームキー（Jābī Barāmkī, 1929-2012 年）は、ヨルダン川西岸地区のラーマッラー郊外で第三次中東戦争（1967 年）を迎えた。ヨルダン川西岸地区は、この戦争の結果、ガザ地区やエジプト領シナイ半島、シリア領ゴラン高原とともに、イスラエルによって占領されることになる。当時のヨルダン川西岸地区は、1950 年から隣国ヨルダンによる併合状態が続いていたが、イスラエルによる占領を受けて、社会全体が動揺することになった。特にそれまで近隣アラブ諸国に進学先を頼る状態にあった大学教育は 1967 年の占領によって多大な影響を被った。1975 年にパレスチナで初めての四年制大学に再編されたビールゼイト大学で、バラームキーは副学長を務めることになる。この自身の人生の転換点にもなった第三次中東戦争について記述するなかで、バラームキーはあるイスラエル軍兵士との交流に言及している［Baramki 2010: 28］。

〔イスラエル軍兵士による家宅捜索と金品の略奪、新車の接収のあとで〕……少し経って、イスラエル軍の将校が先ほどの兵士と一緒に私の車でやって来た。家にあがりたくないようで、彼は庭先の門のところに私を手招きした。フランス語で彼は尋ねてきた。「これはあなたの車ですか？」。私は頷いた。〔妻の〕ハイファーも私の後を追って出てきたが、妊娠していることは傍目にもわかる状態だった。私はつたないフランス語で言葉を継いだ。「妻

はいま臨月で、車が必要なんです」。将校はそれを聞くと、車を接収した兵士を叱りつけ、何かヘブライ語で話し始めた。私には意味がわからなかったが、その男を叱責しているように聞こえた。兵士は弁明しながら、私たちが車を2台持っていると指で示していたようだ。

　将校は私たちの方に振り返り、「奥さまが大変なところ、このような事態となり申し訳なく思います。ただ、あなたはもう1台車を持っているとのことですが？」。「はい」と私は答えた。「でも、ガソリンが切れていて動きません」。「わかりました」と彼は応じ、「数日ほどでこの車を返却するとお約束します」と言った。

　かくして、1967年6月9日の正午頃、彼は車を返しに来て、私に鍵を戻した。車のガソリンを満タンにさえしてくれていた。そして彼はこう言ったのだ。「いいですか、私たちの部隊は間もなくこの地域を離れますが、次に来る部隊がどういった連中かはわかりません。私があなたの立場なら、車を持って行かれないように最善を尽くすことでしょう。ディストリビューター〔エンジン点火部品〕を取り、タイヤを2本外しておきなさい」。

　バラームキーは、この将校が作家でジャーナリストのハイム・ゴーリー（1923-2018年）であったことに後日気がついたと述べている。ゴーリーは、1961年のアイヒマン裁判[4]の報道で知名度を得て、ジャーナリストとしての地位をイスラエル国内で確立していた。また、イスラエルの「独立戦争」（第一次中東戦争）を題材として、愛国主義的な詩をいくつか著している。バラームキーの認識が正しいとすれば、この著名で愛国主義的ですらあったゴーリーもまた、戦時下で道徳的に振る舞おうとした1人であったことになる。また、バラームキーは、地域を占領するために展開したイスラエル軍兵士のなかにゴーリーの

4）　イスラエルは、アルゼンチンに潜伏していたナチス・ドイツの元親衛隊員アドルフ・アイヒマン（1906-62年）を拘束し、イスラエルに連行したうえで裁判を実施した。アイヒマンは、イスラエル国内では唯一ナチス関係者に対してのみ宣告される死刑の判決を受け、1962年に刑が執行された。このアイヒマン裁判は、哲学者のハンナ・アーレント（1906-75年）による『エルサレムのアイヒマン』によって世界的によく知られた出来事であるが、イスラエル現代史では建国期を支えたシオニズムが国民統合の効力を失っていくなか、新たにホロコーストの記憶がイスラエル国民の集合的記憶へと押し上げられていく出来事に位置づけられている。

ような道徳的な人物を認め、この人物と関わることで押収品の返還を勝ち得たのだと言えるだろう。

　もっとも、より偶然の産物として、イスラエル人から「信頼」を得て、危機を乗り越えたパレスチナ人もいた。ハナーン・アシュラーウィー（1946 年-）は、同乗していた夫が偶然にもイスラエルの軍司令官アムラム・ミツナア（Amram Mitzna, 1945 年-）に風貌が似ていたことで難を逃れた。イスラエルの外出禁止令を破っていたにもかかわらず、司令官が乗車していると誤解され、パレスチナ人であるアシュラーウィーは通行を許可されたばかりか、兵士からの敬礼すら勝ち得たという［アシュラウィ 2000: 67］。当時、インティファーダのさなかにあった東エルサレムで、アシュラーウィーは他のパレスチナ人らとイスラエルとの政治交渉に向けた秘密会合を重ねていた。1991 年にマドリード中東和平会議が開催されると、アシュラーウィーを含む東エルサレムのパレスチナ人指導者はアドバイザーとして交渉を見守った。アシュラーウィー自身はメディア対応に尽力し、結果として「パレスチナの報道官」の異名をとることになる。

　ヤースィーンやバラームキー、アシュラーウィーといったパレスチナ人が半生についてのインタビューや回顧録で明らかにした奇妙で、かつ不安定な信頼のあり方は、紛争下で錯綜する人間関係のあり方を物語って余りあるものだろう。しかし、パレスチナ人にとって緊張を帯びる関係はイスラエル人やユダヤ人とのあいだのものに留まらない。むしろ、本章の冒頭に示したようなアラブ人同士、場合によってはパレスチナ人同士の関係にこそ、緊張が走ることがしばしばであった。

3　同胞との緊張関係

　パレスチナ人がファタハや PFLP などの政治グループに結集し、アラブ諸国の国内政治のなかで存在感を示すようになると、パレスチナ人であることを理由に拘束されたり、命の危機に直面したりといったことが起きるようになった。ここでは、偶然にも同じ出来事をきっかけに、同胞であるはずのアラブ人への信頼を失った経験を語る 3 人のパレスチナ人の回顧録を繙いてみたい。1950 年代から 60 年代にかけて、アラブ諸国ではアラブ民族主義の動きが活発に展開

された。エジプト大統領ガマール・アブドゥンナースィル（1918-70 年、以下では慣例通り「ナセル」と表記する）がアラブ民族主義を強力に牽引し、1958 年 2 月にはエジプトとシリアが連合して「アラブ連合共和国」を名乗るまでになった。しかし、エジプトによる管理を嫌ったシリアが 1961 年に脱退することで、この試みは挫折する。

　アラブ連合共和国の結成と瓦解は、アラブ人同士の連帯が興隆し、また低迷していく変動の時代を象徴するような出来事であった。最初に確認したいのは、シリア軍の将校として、エジプトに派遣されたハサン・アブー・ラカバ（1929 年-）の記録である［Abū Raqaba 2010］。アブー・ラカバは 1929 年にパレスチナ北部の港町アッカーに生まれ、1948 年のナクバによって難民としてシリアに逃れた。しかし、軍人としての経験を見込まれ、パレスチナ人でありながらシリア軍に職を得ることに成功する。アブー・ラカバは、エジプトに派遣された時の様子を、失望を込めて回顧録に記した［Abū Raqaba 2010: 86］。

> 数ヵ月のちに、シリア軍将校のエジプト配置人員のリストが公開され、私もその一員になった。ムハンマド・ズルフ司令官が率いる合計 41 人の将校がカイロに到着すると歓迎式典が開催され、観光プログラムが数々用意された。しかし、受け持ちの部局や基地はあてがわれなかった。（……）いつしか、私たちは冗談で「アリババと 40 人の盗賊」とあだ名された。

　アブー・ラカバにとって、ナセルのもとで興隆したアラブの紐帯と、それが結実したアラブ連合共和国の成立は、パレスチナ問題の解決に向けて希望を与えるような出来事だった。しかし、内実はエジプトがシリアを従属的な存在として扱うことで軋轢が生じ、両国の権力抗争へと収斂していく。アブー・ラカバにとって、アラブ連合共和国の内実を示すようなエジプトでの経験は、アラブの紐帯が実体を伴わないものであると認めるばかりか、パレスチナ解放への道のりが遠ざかるような感覚を抱かせるものであったことだろう。

　このアラブ連合共和国の成立をイラクから眺めていた人物に、パレスチナ人のナウワーフ・アブー・ハイジャー（1942-2015 年）がいる。この人物については、別稿［鈴木 2025］でも取り上げるのだが、彼の経験を 1950 年代末から 60

年代初頭にかけてのアラブ諸国家関係のなかに位置づけると、避難先となったアラブ諸国の政治的事情によって翻弄されるパレスチナ難民の姿が改めて浮かび上がってくる。アブー・ハイジャーは、1942 年にパレスチナ北部のハイファー県に生まれ、ナクバを契機としてイラクに難民として逃れた［Abū al-Hayjā' 2015］。このイラクで、アブー・ハイジャーはバアス党に入党する。彼がバアス党への参加を決意したのは、1958 年 2 月のアラブ連合共和国の実現を目の当たりにしてのことだった。イラクでは、同年 7 月のアブドゥルカリーム・カースィム将軍（1914-63 年）による軍事クーデタで王制が廃されてから、アラブ民族主義の動きも強まっていく。ところが、カースィム将軍自身が基本的にイラク愛国主義者であったことから、徐々に国内のアラブ民族主義者との軋轢が深まった。結果的に、1963 年 2 月にはバアス主義者のクーデタによってカースィム将軍の政権が転覆され、「ラマダーン革命」（Thawra Ramaḍān）が達成される。このクーデタを契機として、イラク国内のアラブ民族主義者のあいだ、具体的にはバアス党とナセル主義者のなかでの対立が本格化した。

　アブー・ハイジャーが寝間着姿のまま地下牢と拷問部屋のある施設に連行されたのは、ナセル主義者によって新たにクーデタが起こされ、バアス党政権が倒された 1963 年 11 月のことだった。アブー・ハイジャーは、連行先での「パレスチナ人だな？」との問いかけに、「違う、バアス主義パレスチナ人だ」と果敢に応じたという。先述したイラクの国内情勢を踏まえれば、「バアス主義パレスチナ人」と名乗ることは、一見すると自らの命を危険にさらす行為に他ならなかった。しかし、これが功を奏したのがアブー・ハイジャーの経験である。つまり、この時の捜索はバアス党の「防衛隊員」を対象としたもので、イラク人党員ではないことが確認されたアブー・ハイジャーは翌日に家に戻されることになった。最終的にアブー・ハイジャーはイラクからシリアへと追放されることになるが、少なくとも一度は収監の危機を乗り越えたことになる。

　一方で、エジプトとシリアの連合共和国の試みが進展するなかで、長期の収監と拷問を経験したパレスチナ人もいる。アブー・ハイジャーと同じくパレスチナ北部の港町に生まれたアブドゥッラッザーク・ヤヒヤーは、ナクバの後にアブー・ラカバと同じようにシリア軍へと合流した。ヤヒヤーは、先述した通り少年期にはすでにイギリス当局に対する「サボタージュ」を行っているが、

青年期に入るとファウズィー・カーウクジー（1890-1977年）指揮下のアラブ救援軍に参加し、その後はナクバを経てシリア軍に合流した。ヤヒヤーは、1959年6月から1960年2月まで、離反行為の容疑で収監され、同胞のアラブ人による拷問を経験する。ヨルダンやエジプトにシリア軍将校として派遣されるほどの地位を得ていたヤヒヤーであったが、パレスチナ人であることからシリア人幹部から不当な容疑をかけられた形である。狭小な独房に収監されたヤヒヤーは、殴打、電気ショック、睡眠の妨害などによる精神的・肉体的な拷問を8ヵ月にわたって受けた。しかし、回顧録のなかで、ヤヒヤーはこの投獄・拷問経験に積極的な意味づけを行ってみせる［al-Yaḥyā 2006: 93］。

> 牢獄での経験は大変厳しく辛いものだったが、多くを学んだ。国家の不正やテロ、謀略や人間の悪の側面など。ただ、それと同時に、人権や人間の尊厳、自由の価値、法の価値や主権の尊重を学んだ。

ヤヒヤーは、釈放後に牢獄での拷問体験について証言を始めたことで再び拘束され、エジプトへと追放される。難民として逃れた国からさらに追放される経験は、パレスチナ人に否応なしに自らの難民としての立場を再認識させるものであったことだろう。ヤヒヤーが最終的に設立から間もないPLOに合流し、その軍事組織であるパレスチナ解放軍の訓練担当官に就任するのは、1964年のことである。その後、ヤヒヤーはアラファートの信頼を得て、パレスチナ解放軍の総司令官へと就任する。

　ここまで見てきたアブー・ラカバ、アブー・ハイジャー、さらにはヤヒヤーの記述でことさら意識させられるのは、アラブ民族主義が興隆し、パレスチナ問題への支持が中東地域を席巻しているかに見えた1950年代末から60年代初頭にかけてすら、パレスチナ人は同胞であるはずのアラブ人と緊張関係を抱えていたという事実だろう。紛争下で難民となったパレスチナ人にとって、他者との信頼関係を取り結ぶのは容易なことではなかったのだ。

4　友情への「賭け」

　ここまで紛争のなかで「敵」との信頼関係が築かれる様子や、逆に同胞であるはずのアラブ人との緊張関係を見てきた。最後に、「敵」に変貌した同胞に対して、大胆な「賭け」に打って出ることで、身の危険を逃れた事例を参照したい。着目するのは、本章の前半部分ですでに登場しているPFLPメンバーのバッサーム・アブー・シャリーフによる記述である。1970年の「黒い九月」のさなかに、アブー・シャリーフはヨルダン当局に身柄を確保された。1917年のロシア十月革命を記録したジョン・リードによる有名な著作『世界を揺るがした10日間』（1919年）と同じタイトルを付した回顧録で、アブー・シャリーフはその時の様子を次のように記述している［Abū Sharīf N.D.: 92］。

　　4人の兵士を乗せた軍用車が近づいてきて、私たちに向かって飛び出してきた。「このならず者ども、犬の息子らめ！」。1人が全員に向かって叫んだ。そして、拘束された者の1人に近づくとこう言った。「お前は、七面鳥(ハバシュ)の息子だな！」。その人は許しを請うような声で、「断じて違います」と答えた。

　「犬の息子」という言葉は、アラビア語で男性を侮辱する際に放たれるものである。そして、これを変形した「七面鳥(ハバシュ)の息子」とは、PFLPの創設者で2000年まで書記長として同組織を率いていたジョルジュ・ハバシュ（1926-2008年）を含意するもので、PFLPメンバーに対する侮辱の言葉であろう。「黒い九月」のきっかけがPFLPによるハイジャック作戦である以上、PFLPメンバーは特に重点的に標的とされたことがよくわかる。

　負傷した仲間と病院で過ごしていたアブー・シャリーフは、ヨルダン軍によって病院が包囲されていることを悟ると、とっさの判断で鬚を剃り、白衣を身につけた。医師に扮してヨルダン軍の突入を切り抜けようとした形だが、ここでアブー・シャリーフに誤算が生じる。医師であると認識された結果、ヨルダン側の負傷者が多く運び込まれている軍病院へと身柄を移送されたのだ。現場

のH医師に促されてオペ室へと向かうなか、アブー・シャリーフは自身の正体が露呈し、ヨルダン軍に拘束される恐怖に襲われる。しかし、ここで彼は命を左右しかねない「賭け」に打って出ることになった。病院スタッフのなかに、旧友の「Y. M.」を発見したのだ [Abū Sharīf N.D.: 100-101]。

　　Y. M. はまだ私に気がついていない。私もH医師との会話に精一杯だった。考えが素早く巡る。
　　彼とのかつての友情に頼って良いのだろうか？　この数年間で、状況は大きく変わった。民族主義の側から敵の立場になった者もいるし、その両方から身を引いた者もいる。当局からの報復に怯えることなく立場を貫いている者もいる。
　　Y. M. はと言えば、いまはどうだ？
　　彼はいま、軍医の1人として医者になっている。
　　〔H医師とY. M. の〕2人の医師が近づいてきたが、視線はこちらに向いていなかった。
　　その次の瞬間、Y. M. がこちらに視線を向けた。2人の医師は私たちスタッフについて話しているようだ。
　　目があった。
　　突然のことに彼は驚いていた。思わず言葉が出そうになりながらも、彼の口は閉ざされていた。
　　Y. M. の動揺で周りの注目を集めないように素早く微笑んで、彼を抱擁しながら私は囁いた。
　　「事情は後で説明する。私は医者だ。わかるね？」
　　たちまち彼はすぐに叫んだのだ。「やぁ先生！　お元気でしたか？」
　　H医師がこちらに来て言った。「お友だちでしたか。素晴らしいことです。これで処置もはかどりますね」
　　Y. M. の行動は素早かった。
　　他のスタッフにはオペ室に入るように指示を出し、H医師に時間をくれるように許可を求めた。
　　彼は私の手をとってバルコニーに行き、諜報関係者もいる場なので大きな

声で話さないように注意してから私に尋ねた――「お前はここで何をしているんだ？」

アブー・シャリーフに、医師として活動した経験はない。「私は医者だ」という短い言葉で、アブー・シャリーフは旧友がすべてを悟ってくれることに賭けたのだろう。実際のところ、この「賭け」によって彼は危機を脱した。Y. M. の機転によって、アブー・シャリーフは裏口からタクシーに乗って軍病院からの脱出に成功する。アブー・シャリーフがその後にベイルートに逃れたのは、先に述べた通りである。Y. M. 氏の詳細については、回顧録のなかで明らかにされていない。ただし、心の葛藤を述べている「民族主義の側から敵の立場になった者もいるし、その両方から身を引いた者もいる。当局からの報復に怯えることなく立場を貫いている者もいる」という文言から、Y. M. 氏はヨルダン国籍を保持するパレスチナ人で、アブー・シャリーフとかつて友人であったことが推測される。語りかけるその瞬間まで、Y. M. 氏が「敵の立場になった者」なのか、はたまた信頼に足る人物であるのか、アブー・シャリーフは確信を持つことはできなかった。しかし、身元の露呈という危機を目の前にして、アブー・シャリーフは Y. M. 氏とのかつての友情を信頼し、命を左右しかねない「賭け」に打って出ざるを得なかった。

この 1970 年にアブー・シャリーフによって行われた「賭け」は、言わば「一か八か」とも表現すべき、無謀なものであろう。旧友であり、また推測される限りでは同じパレスチナ人である Y. M. 氏に向けられるアブー・シャリーフの猜疑と信頼が入り交じる感情は、紛争下で生じる人間関係の複雑さを示して余りある。難民であり、またアラブ諸国の社会情勢に翻弄されてきたパレスチナ人の「生存戦略」は、こうして不確定な関係のなかを時には「賭け」によって切り抜ける形で作りあげられていたのだと言えるだろう。

おわりに

紛争下で、パレスチナ人はさまざまに個人的なレベルで信頼に頼り、時には命を左右しかねない「賭け」に打って出ていた。これは紛争下の社会における

信頼構築とは異なり、一見するとその場しのぎで、場当たり的な行動に見える。一方で、信頼を抱くのはあくまで個々人の行為であることを踏まえれば、荒唐無稽に見えるような形で、かつ一時的なものとして取り結ばれる他者との関係にも注意を向ける意義があろう。本章で検討できた資料は限定的であるものの、パレスチナ人が他者と取り結ぶ関係には、紛争下で示される信頼の複雑さが映し出されている。

　パレスチナ人にとって、信頼とは時に自分の命を左右しかねない事態のなか、数少ない救いの道をもたらしてくれるものだった。歴史的、また大局的な観点に立てば友人にはなり得ない人びとのなかに、合理的で人間的な良い個人を見つける行為や、または原則的には同志であるはずのアラブ諸国による弾圧や収監、拷問体験について、自らの人生のなかに意義あるものとして位置づけてみせる様子は、信頼と失望の諸相を物語るものである。しかし、パレスチナ人にとって、不確かでありながら、それでも信頼を頼りに関わりを模索せざるを得なかったのは、他のパレスチナ人との関係であったのかもしれない。本章冒頭に挙げたカナファーニーの小説は文学的意匠によって、またアブー・シャリーフの回顧録は現実の駆け引きを再現することによって、パレスチナ人同士の信頼と猜疑を浮かび上がらせている。

　実際のところ、本章で検討した1950年代から60年代にかけてのアラブ民族主義が興隆した時代、さらにはパレスチナ人グループが初めて明確な形でアラブ国家と衝突した1970年の「黒い九月」を過ぎると、パレスチナ人の政治グループはさらに細分化し、一部はレバノンを舞台に内部抗争を繰り広げることになった。本章で取り上げたいくつかの回顧録によって浮かび上がってきた信頼の実践は、1970年代から80年代にかけてより深刻な形でパレスチナ人の前に立ち現れることになる。

参考文献

アシュラウィ、ハナン　2000『パレスチナ報道官——わが大地への愛』(猪股直子訳) 朝日新聞社 (Hanan Ashrawi, *This Side of Peace: A Personal Account*, New York: Simon and Schuster, 1995)

カナファーニー、ガッサーン 2009『ハイファに戻って／太陽の男たち』（黒田寿郎・奴田原睦明訳）河出書房新社（新装新版初版、初版 1978 年）
スース、イブラーヒーム 1989『ユダヤ人の友への手紙』（西永良成訳）岩波書店（Ibrahim Souss, *Lettre à un ami juif*, Pariss: Seuil, 1988）
鈴木啓之 2019「大使館移転が映し出す『首都エルサレム』の現実——ナクバから 70 年を迎えたパレスチナ問題の行方」『歴史学研究』981: 46-54.
───── 2025「『無名』パレスチナ人と離散の記憶——難民化とアイデンティティの葛藤」鶴見太郎・今野泰三編『帝国と民族のあいだ』東京大学出版会（近刊）
錦田愛子 2010『ディアスポラのパレスチナ人——「故郷（ワタン）」とナショナル・アイデンティティ』有信堂
バーグマン、ロネン 2020『イスラエル諜報機関 暗殺作戦全史』上巻（小谷賢監修、山田美明・長尾莉紗・飯塚久道訳）早川書房（Ronen Bergman, *Rise and Kill First: The Secret History of Israel's Targeted Assassinations*, New York: Random House, 2018）
ハレヴィ、ヨッシー・クライン 2019『わが親愛なるパレスチナ隣人へ——イスラエルのユダヤ人からの手紙』（神藤誉武訳）ミルトス（Yossi Klein Halevi, *Letters to My Palestinian Neighbor*, New York: HarperCollins, 2018）
Abu-Sharif, Bassam, and Uzi Mahnaimi. 1995 *Best of Enemies: The Memoirs of Bassam Abu-Sharif and Uzi Mahnaimi*, New York: Little, Brown and Company.
Baramki, Gabi. 2010 *Peaceful Resistance: Building a Palestinian University under Occupation*, New York: Pluto Press.
DeYoung, Terri. 2017 "The Disguises of the Mind: Recent Palestinian Memoirs." *Review of Middle East Studies*, 51(1): 5-21.
Katz, Sheila H. 2016 *Connecting with the Enemy: A Century of Palestinian-Israeli Joint Nonviolence*, Austin: University of Texas Press.
Sayigh, Yezid. 1997 *Armed Struggle and the Search for State: The Palestinian National Movement, 1949-1993*, Oxford: Oxford University Press.
Swedenburg, Ted. 2003 *Memories of Revolt: The 1936-1939 Rebellion and the Palestinian National Past*, Arkansas: The University of Arkansas Press.
Abū al-Hayjā', Nawwāf. 2015 *Filasṭīnī jiddan: al-Ḍaḥīya fī Sīra Dhātīya*, Beirut: al-Dār al-'Arabīya li-l-'Ulūm Nāshirūn.
Abū Raqaba, Ḥasan. 2010 *Azhār wa Ashwāk: Mudhakkirāt Ḍābiṭ Filasṭīnī*, Beirut: Bāḥith lil-Dirāsāt.
Abū Sharīf, Bassām N.D. *'Ashara Ayyām hazzat al-'Ālam*, Ramallah: Sharika li-l-I'lām wa al-Ṭibā'a wa al-Nashr.
Manṣūr, Aḥmad. 2003 *al-Shaykh Aḥmad Yāsīn Shāhid 'alā 'Aṣr al-Intifāḍa*, Beirut: al-Dār al-'Arabīya li-l-'Ulūm and Dār Ibn Ḥazm.
al-Yaḥyā, 'Abd al-Razzāq. 2006 *Bayna al-'Askarīya wa al-Siyāsa*, Ramallah and Jerusalem: Markaz al-Lāji'īn wa al-Shattāt al-Filasṭīnī and Mu'assasa al-Dirāsāt al-Muqaddasīya.

第9章 その場限りの信頼、断ち切れない不信関係
── 内戦を経て築かれるアルジェリア女性の「つながり」

山本沙希

はじめに

　北アフリカのマグリブ地域に位置するアルジェリアは、1830年から1世紀以上もの間、フランスによる直接的な植民地支配下に置かれていた（図1）。約8年に及ぶ武装闘争を経て1962年に独立を果たしてからは、民衆を独立に導いた民族解放戦線（Front de libération nationale: FLN）が単一政党制下で政権を掌握したものの、地下資源に過度に依存した経済体制に石油価格の下落や対外累積債務の増大が追い打ちをかけ、1980年代後半に同国は深刻な経済危機に陥った。そのような状況を背景にして、物価の高騰や生活必需品の不足、雇用不足に不満を抱いた若者らが暴徒化し、大規模な暴動を首都アルジェの市街地で引き起こす（1988年10月暴動）。街なかの商店や公共物は破壊され、出動した機動隊の発砲により多数の死傷者を出す事態となったこの暴動は、独立以来最大の危機といわれた。

　こうした民衆による暴動と体制不安に対処するための策として、当時のシャドリ・ベンジュディード大統領は単一政党制の廃止と複数政党制の導入を発表し、それらは1989年の憲法改正によって実行された。これにより、それまで秘密裡に活動をおこなっていた社会主義勢力戦線（Front des forces socialistes: FFS）や社会主義前衛党（Parti de l'avant-garde socialiste: PAGS）をはじめ、複数の政党が次々と公的な認可を取得している。アッバーシ・マダニとアリー・ベンハッジ率いる、イスラーム主義政党のイスラーム救済戦線（Front islamique du salut: FIS）も1989年9月に認可を受け、1990年までの約1年間で40以上もの政党が新た

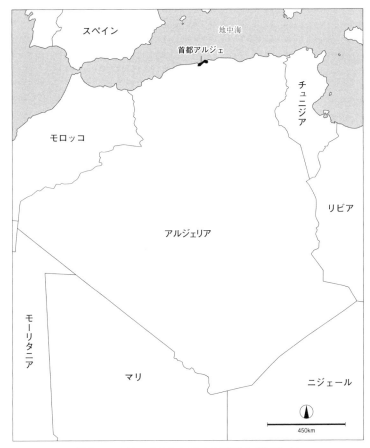

図1 アルジェリアおよびその周辺国（筆者作成）
本章で扱う地域のみ記載。

に登場することとなった［ストラ 2011: 491］。

　アルジェリア内戦は、この複数政党制下で認可を受けたにもかかわらず、1990年の地方選挙において圧勝したFISが非合法化され、選挙結果の無効化と選挙プロセスの中断が一方的に決定されたことに端を発する。イスラーム主義思想に基づく国家建設を掲げていたFISは、当時、それまでのFLN体制に不満を抱えていた民衆の支持を得て、勢力を拡大し続けていた。フランス統治下のアルジェリア生まれである歴史家ストラは、政治経済的不安定性を抱えた当

時のアルジェリアの状況では、イスラーム主義運動が国家に対する反対意思を表明する唯一の手段となり、若者を中心に支持基盤を固めていくという「FIS現象」が生じたと分析している［ストラ 2011: 501］。

　体制による一方的な選挙の無効化と FIS の非合法化により、1990 年代初頭から 2000 年代にかけて同国では国軍とイスラーム主義勢力との武装対立が激化し、のちに「暗黒の 10 年」と呼ばれる内戦状態に突入する。FIS の軍事部門であるイスラーム救済軍（Armée islamique du salut: AIS）及び別組織の武装イスラーム集団（Groupe islamique armée: GIA）のほか、各地でゲリラ的に武装化した集団が多数結成され、略奪や殺害、無差別テロといった暴力行為が、外国人や国内知識人、女性、子どもを含む一般市民にまで及んでいった。この内戦下で発生した暴力や殺戮のなかには真相の解明が困難な事案が多く存在し、それらの動機や背景、加害者の特定にはいまだ至っていない[1]。

　本章の目的は、このように内戦時の多くの事案がいまだに真相解明に至らず、人びとの集団的トラウマ状態や相互不信が指摘されるアルジェリアにおいて、信頼あるいは不信という感情がいかに入り混じりつつ人びとの関係性をつなぎ合わせているかを、首都アルジェにおける女性団体の取り組みを例に提示することである。アルジェリア内戦の特徴はその不可視性にあり［Stora 2001］、「誰が誰を殺しているのか（Qui tue qui?）」が解明困難な点にあるといわれてきた［Lazali 2018: 194］。この内戦による犠牲者数は 10 万人とも 20 万人ともいわれているが、2005 年に採択された国民和解憲章によって多くの政治囚らが釈放されたことで、各地で発生した数多くの誘拐や失踪、殺害に関する証言を収集し、事件にかかわった集団ないし個人を特定することは更なる困難を極めている。

　本章は、内戦時における暴力の脅威が女性にも向けられていったなかで、女性活動家らが中心となって様々な女性団体を設立し、女性同士の連帯を築こうとする動きが相次いだ同国の状況に着目する。それは、イスラーム主義思想に基づく国家建設を掲げた FIS が支持勢力を拡大するにつれ、女性にヴェール着用や家庭への回帰を強要する声が広まることに危機感を抱いた女性たちによる、

---

[1] 一般市民の大量殺戮や失踪については、イスラーム主義勢力のみでなく国家の治安部隊や、対テロ闘争に参加していた武装集団の関与を指摘する証言も寄せられており、人権団体はこれら全ての暴力行為を非難している［Jouaret 2021; Vermeren 2019: 76］。

暴力に抗うための試みとして繰り広げられた組織化の実践である。

　筆者は、2014年10月から12月及び2015年5月から2016年3月にかけて、内戦時に発足した国内女性団体の1つである「語り合う女性たち（仮名）」が運営する女性支援プロジェクトに携わりながら、参与観察と聞き取り調査を中心とするフィールドワークを首都アルジェで実施した。本章では、まず次節において、紛争影響地域の信頼および不信を検討するための既存の議論を援用し、本章の位置づけを整理する。そのうえで、つづく節では同プロジェクトの活動に参加するなかで観察された信頼あるいは不信が表明された出来事を取り上げ、信頼のみでなく不信によっても結ばれるアルジェリア女性の「つながり」の位相を考察分析する。

1　信頼あるいは不信で結ばれる関係

　1962年の独立以来、アルジェリアの国家宗教は憲法によりイスラームと定められてきた[2]。「アルジェリアは人民民主共和国であり、単一国家で分かつことはできない」（同国憲法第1章第1条）との宣言に「イスラームは国教である」（第1章第2条）という条文が続くように、イスラームは独立国家アルジェリアの重要な基盤であり、ナショナル・アイデンティティを支える要素であり続けている。

　本書を含むシリーズ「イスラームからつなぐ」共通のテーマは「ムスリム同士のコネクティビティ」だが［黒木 2023: 4-5］、これは信徒と神との関係は垂直であり、信徒同士は対等な水平関係にあるとするイスラームの宗教的理念によって説明される[3]。しかし、アルジェリア内戦の特徴は、国民の大半をムスリムが占める状況のなかで、イスラーム主義運動が急進化するにつれ個人の装い

---

[2]　アルジェリアが独立した翌年の1963年に制定された憲法第4条において、イスラームは国家宗教と宣言されていた。現行の1996年制定憲法においても、イスラームを国家宗教とする条文は維持されている。

[3]　このような理念の背景には、聖職者と信者が対面して礼拝をおこなうキリスト教会に対して、イマーム（宗教的指導者、導師）と信者が同じ方向を向いておこなうイスラームの礼拝は、貧富や社会階級の差に関係なく、ムスリム同士は平等な同胞であると示しているという解釈がある［フォン・グルーネバウム 2002］。

や行動を規定するようになり、多数の民間人に暴力の矛先が向けられていった点にある。アルジェリア人ムスリム同士で生じたこの内戦は「兄弟殺し」という言葉で度々形容され、近しい関係性のなかで暴力が連鎖したことにより、人びとの心理的な回復はより一層困難なものになっていると考えられてきた。1990年代に10代を過ごしたある男性は、「人生において最も重要であるはずの青年期を内戦に奪われた」といい、いまだに当時の心理的トラウマを抱えていると筆者に述べている。またなかには、外出時の恐怖や、ヴェール着用の習慣を持たないムスリム女性として生活していたにもかかわらず、その着用を義務付けられたことへの屈辱を語る者もみられる。しかし、内戦が収束し「平穏」な日常を送るなかで、個人のこうした記憶や複雑な感情が公然と語られることはあまりない。

　内戦時の記憶やトラウマを潜めながら人びとの日常が紡がれているポスト・コンフリクト的状況下の同地で、女性支援プロジェクトの活動を通じて筆者が観察したのは、信頼と不信という双方の感情が入り混じりながら、人びとの社会関係が構築されている位相である。筆者はこれまで、現地で「手仕事」と総称される裁縫や調理など、零細規模の経済活動を通じて現金収入を獲得するムスリム女性の稼得実践を調査対象としており、その一例として、女性支援団体や外部者による商品化支援といった組織化の取り組みに着目してきた［山本 2024］。同地の女性支援団体が展開するプロジェクトで参与観察をおこなうと同時に零細事業を営む個人事業主にも調査対象を拡げていくなかで、筆者は、付き合いの長さや程度に関係なく信頼が醸成されることもあれば、親しい間柄でも不信感情が芽生えるという、信頼と不信の双方が個々の関係性を築き上げている点を認めるようになっていった。内戦時の経験に基づいて設立された女性団体の活動の場においても、そこに築かれているのは、信頼によってのみ結ばれた関係性とは言い難い有り様が窺える。

　信頼によってのみ結ばれるわけではない個々の関係性を捉えるために、本章では、シリーズ「イスラームからつなぐ」共通のもう1つのキーワードである信頼に、不信という観点も含めて検討する。「誰が誰を殺しているのか」という疑念が払拭できない内戦状態を生きてきたアルジェリアの人びとの間には信頼の欠如と絶望感が浸透し、同国は社会的結束力に乏しい状況にあると説明さ

れてきた[4]。しかし、他者への不信感情を抱くことは、信頼の欠如や、完全に分断化された状態を生きていることを必ずしも意味しないはずである。親しい友人同士であっても不信感情が醸成されることもあれば、人びとの関係性を不信が結び直すこともあり、「信頼か不信か」という二項対立を前提としていては、相対する感情を状況や場面に応じ醸成しながら生きている人びとの日常を見誤ってしまう可能性がある。

　具体的な考察に入る前に、関連する従来の議論を参照しつつ、本章の位置づけを整理する。社会学または人類学的研究において、信頼及び不信は、人びとの行動原理とそのメカニズムへの接近を図るうえで注視されてきた。社会システム論の研究で知られるドイツの社会学者ニクラス・ルーマンは、不信と信頼はいずれも、自分では対処しきれないあらゆる可能性を含む、複雑化した社会のその「複雑性」を縮小するためにとられる戦略であると論じている［ルーマン 1990: 131］。ルーマンの議論で重要な点は、個人間の具体的なやり取りや関係性のなかで構築される信頼のみでなく、信頼と不信はいずれも社会秩序に組み込まれ、システム化されているとする見方を提示している点である。つまりルーマンは、個人によって選び取られる戦略的手段としての信頼とは別に、社会制度や秩序に決定づけられる信頼あるいは不信の性格をも指摘しており、単純に個人の主体な選択と捉える解釈に終始していない。そのうえで彼は、信頼が不信へ、不信は信頼へと変容する可能性を示しながら［ルーマン 1990: 135, 137］、不信が不信を生み出していく連鎖やその増幅を抑止するためのメカニズムにも関心を向けることの重要性を説く［ルーマン 1990: 141］。

　中東・北アフリカ地域の人類学的研究では、アルジェリアの隣国モロッコのアトラス山脈で調査を実施したケアリーが、同地の社会を理解するための重要な概念として、信頼よりも不信に注目している［Carey 2017］[5]。とりわけケアリーは、信頼関係が強固な社会で観察されるようなコミュニケーションや親睦

---

4) アルジェリア内戦が人びとのメンタル・ヘルスにもたらした影響について、首都アルジェで調査をおこなったアート・シドフームらは、男女ともに精神的なトラウマやPTSD、鬱に悩まされていると報告したうえで、信頼や幸福感の欠如、社会的結合の低下が認められると指摘している［Aït Sidhoum et al. 2002: 402］。
5) ケアリーの研究はモロッコとウクライナでの観察記録に基づいてまとめられたものだが、本章の事例となるアルジェリアとの地域的近接性からモロッコの分析のみ参照する。

の深め方は調査地の人びとの間に認められないとしつつも、それらは不在であるというより、異なる形態で存在していると述べる［Carey 2017: 3］。例えば彼が滞在した村落では、近隣の村をはじめ外部からの流入者は「よそ者」であり、潜在的な脅威をもたらす存在として認知される一方で、そのような不信感情は「よそ者である」という他者性に起因して向けられるものではないという［Carey 2017: 9］。ケアリーによれば、同地では個人的に親しく、近しい友人関係であっても互いに不信感情を抱くものだと理解されており、親しくなればなるほど信頼が醸成され、自らをさらけ出すようになるといった単純なものではない。友人に騙され、裏切られるかもしれないという不信を日々抱えながら付き合いを維持するのが彼らの友情の在り方であり、そこでは深い情を支えにした、寛容かつ柔軟な友情関係が築かれているとケアリーは指摘する［Carey 2017: 11-12］[6]。

　嘘やごまかし、騙し合いという行為は親族や友人など親しい間柄であっても日常的に観察され、それは両者の関係を断絶させるものではないとするケアリーの解釈は、モロッコのアトラス山脈という、都市から離れた村落に暮らす男性たちの共同体的紐帯を観察するなかで導き出された考察である。日々の会話のなかで本音を隠したり、嘘をついたりといった行為はアルジェリアの首都アルジェにおいても日常的に観察されるが、内戦によって加害者と被害者が同じコミュニティまたは親族内に属し、既存の社会関係や家族観は消失してしまったと指摘される同国の状況を踏まえたうえで［Aït Sidhoum et al. 2002: 375］、信頼と不信への接近を図る必要がある。そのため本章では、内戦を経て、他者への疑念や不信が人びとの心理に深く刻まれていると強調される現代のアルジェリアにおいて、そのような感情がいかに生成され、また処理されるかという問題を検討することにより、不信という感情が生じながらも分断や断絶ではなく、紛争状態を回避するための行動がとられている特徴を提示する。

　紛争や暴力と平和との関係については、紛争理論の研究で知られる社会学者のコーザーが、紛争を破壊的かつ分断を生み出すものというよりも、調整を図りつつ社会を維持していくための1つの手段とする解釈を示している［Coser 1956: 127］[7]。紛争を社会集団の存続と維持に結びつく建設的なものと捉えるコ

6）モロッコの調査地で観察された不信をめぐる人びとのやり取りとその分析については、本シリーズ第1巻の第6章で詳しくまとめられているため、そちらを参照されたい［池田 2023］。

ーザーの機能主義的な解釈を引き合いにしたうえで[8]、社会人類学者のエルトリンガムは、紛争のない平和はあり得ず、周期的な紛争状態は、社会集団を構成する人びとがいかに互いに平和に生きていくかを学び直すうえで求められるものであると指摘する［Eltringham 2021: 3］。このような議論を通してエルトリンガムは、「破壊的な紛争」に対する「建設的な平和」という、二項対立を批判している。

信頼と不信、そして紛争と平和に関する従来の議論をこれ以上扱うことは本章の目的から逸れるが、これらの研究を通じて見えてくるのは、社会の構造化された論理に導かれた行動として信頼と不信が現れる様相であり、万が一不信による対立や紛争が生じた場合には、その悪化を抑制するための振る舞いも人びとの行動原理に埋め込まれているという点である。信頼と不信は必ずしも個人の選択として選び取られる行動の結果ではなく、集団化された行動原理のなかで決定づけられる側面もあり、それを理解するには不信や対立感情が周囲に向けてどのように表明され、処理されるかという具体的なプロセスに接近する必要がある。

これらの視点を踏まえたうえで、次節では、暴力的な破壊や殺戮といった事実上の内戦状態は収束しつつも、慢性的な相互不信状態が強調されてきたポスト・コンフリクト的状況を生きる現代のアルジェリア女性が、信頼あるいは不信をどのような環境のなかで表明し受容しているかという点について、周囲との相互的なやり取りに注視し考察分析する。

---

7) 紛争を単純に破壊的なものと捉えないコーザーの視点は、暴力や紛争の破壊的な側面のみでなく、既存の課題に対処するための創造的な働きにも目を向けることを促したガルトゥングの視点［ガルトゥング 2000］とも共通する。
8) コーザーのこうした議論は、社会関係やアイデンティティを創造的なものと捉えるホワイトヘッド［Whitehead 2004］によって更に支持された。ホワイトヘッドによれば、暴力の行使は秩序や文化的な教養の不在と同一ではなく、統治された規則性と意味を有するもので「文化的に正しく、重要なもの」であるという。ホワイトヘッドは、個人が行使する暴力には特定の行動様式や象徴的意味、操作性が働いているゆえ、それは文化的な形式や構造化された論理に基づいているという解釈を提示している［Whitehead 2004: 8-9］。

2　分断に抗うための組織化の試み

　アルジェリア内戦時において、女性の身体は、過激なイスラーム主義思想により規範化される象徴として語られた。社会学者のイアマレーヌ゠ジェルバルは、イスラーム主義政党 FIS が支持勢力を拡大していった 1980 年代末以降、同国では宗教的に「穏健か、急進か」という基準で社会を分断・排除する言説が拡散し、女性に対する言説的及び身体的暴力が家内から戸外へと拡がっていったと指摘する［Iamarène-Djerbal 2006: 104］。男性による庇護を受け、家内で夫や子を正しい「イスラーム戦士」に育てることを女性の重要な義務と主張した FIS とその支持者に危機感を抱いた女性活動家らは、一貫して社会のイスラーム化に慎重な姿勢を示してきた。とりわけ、ヴェール着用を拒否した女子学生らがその場で殺害されたり、硫酸をかけられたりする事件が相次いだ 1990 年代半ばには、女性に対する暴力を助長するイスラーム主義思想への抗議行動が、女性活動家を中心に展開される。女性の身体の処遇をめぐる議論が内戦中の分断を生み出す 1 つの象徴的な争点となったこの状況は、同国の女性活動家に深刻なトラウマ的経験として記憶されており、内戦が事実上収束したのちの今日に至るまで、イスラームに対する根強い警戒心を抱かせるに至った要因であると指摘されてきた［Lazreg 2021: 101; Vince 2015］。

　FIS のスポークスマン的立場にあったアンワル・ハッダームが、とりわけジャーナリストを標的とするようにと要請したこともあり、内戦中には男女のジャーナリストが多数殺害された。情報を発信することが自らの身を危険に晒すことを意味していた状況にありながら、同国の女性ジャーナリストらが中心となり設立されたのが「語り合う女性たち」である。同団体は 1995 年に発足して以来、ジャーナリズムという手段を用いて女性による発信の場を確保すると同時に、女性の分断をもたらす急進的なイスラーム主義思想に抗うための手段として、「女性たちがつながり合うこと」をその活動理念の基盤に置いてきた。1990 年に制定された結社法に基づき、「女性団体」としての認可を得ている同団体は、ジャーナリズムに関する活動とは別に、手工芸分野を稼得手段とする女性職人に対して商品化を展開する支援事業「手工芸職人プロジェクト」を運

営しており、筆者は主に同プロジェクトの活動に携わりながら、参与観察と聞き取りを中心とした調査を実施した。

「語り合う女性たち」とその傘下にある手工芸職人プロジェクトの設立背景及びその特徴については、拙著［山本 2024］で詳しく整理しているため、そちらを参照されたい。次節では、筆者が同プロジェクトの活動に参加する過程で観察された 2 つの具体的な出来事を取り上げ、内戦が収束したのちのアルジェリアを生きる同地の女性たちが、いかに信頼と不信の入り混じる関係性のなかで日常を構築しているかを、それらの感情が表出される状況と照らし合わせながら記述する。

3　信頼を生み出す空間としてのイフタール

手工芸職人プロジェクトは、2003 年に発足して以来、代表を務めてきたソニア（40 代、独身者）というアルジェリア人女性が活動の全てに関する決定権を有してきた。唯一の事務局スタッフとしてヒンド（20 代、独身者）という若い女性が雇用されているが、同プロジェクトの活動は代表者のソニアが全体を指揮しており、ヒンド及びほかの女性加入者たちがソニアの決定に意見を述べるような姿は、筆者の調査滞在中には一度も見られていない。このような性格上、同プロジェクトの運営体制は典型的なトップダウン型であるといえるが、その活動理念は一貫して「孤立しやすい女性職人同士のネットワーキング」という、「つながり」形成を重視する点に置かれている。プロジェクト代表のソニアは、設立の動機について、内戦時の自身の経験に基づいて女性職人同士のネットワーキングの必要性を感じるようになったためであると筆者に述べている［山本 2024: 143］。ネットワーキングを重視する彼女の姿勢は、国内にあるほかの女性団体のみならず、ヨーロッパや近隣のマグリブ諸国など国外の女性団体や NGO とも関係を築き、交流を深めてきた点にも認めることができる。以下では、こうした手工芸職人プロジェクトが関与する日々の女性支援活動を通じて、内戦後の女性たちの「つながり」がいかに形成されているかを、合同食事会の開催という取り組みを例に検討したい。

同プロジェクトの代表を務めるソニアは、アルジェリア国内では手工芸職人

プロジェクトの代表として、ほかの女性団体を指揮する女性活動家らとの交流の場を積極的に築いていた。その一例として、イスラームの断食月（ラマダーン）期間中に開催されるイフタール（日没後に行われる最初の食事）の合同主催が挙げられる。それは、アルジェで女性専用のシェルターを提供している女性団体所有の敷地内を会場に催される食事会であり（図2）、ソニアのように国内で活動する複数の女性団体の代表者らが一堂に会する機会でもあった。筆者は、2015年7月に開催された同食事会に、ソニアと共に出席している。手工芸職人プロジェクトからの参加者はソニアと筆者のみであり、ほかの国内女性団体からも、それぞれ代表女性が参加した。そのほかには、筆者のようにこれら代表女性を通じて招かれた個人や、ラマダーン期間中もシェルターに留まらざるを得ない事情を抱えた宿泊者が参加していた。

図2 持ち寄りの料理が並べられた食卓（2015年7月4日筆者撮影）

　この会場となるシェルターは、離婚し実家に戻ることができない女性やDV被害者など、安定した居住先を確保できない女性たちを受け入れるために普段は利用されている。しかし、内戦中に設立された当初は、性暴力を受けて実家にいられなくなった女性や、強制妊娠させられた女性と子どもの避難先として機能していた。一時的な宿泊場所を提供するものであるため長期滞在は原則認められないが、筆者の調査時には、同シェルターに一時滞在していた9人のうち最も長期滞在していたのは地方出身の40代の女性であり、滞在期間は4カ月に及んでいた。また別の宿泊者は、シリアからトルコ経由でアルジェリアに入国してきた20歳くらいの若いシリア人女性であり、彼女は生後10カ月にも満たない乳児を抱えてシェルターに滞在していた。彼女の夫もシリア人であり、アルジェリアへの渡航時は彼も同行したが、同地に長く留まらずに妻と娘を置いてシリアに戻っていったという。イスラム国（IS/ISIS）が一部の領土を実効

図3 遊具が置かれた中庭（2015年7月4日筆者撮影）

支配し激戦地となっていたシリアに戻った理由について質問するのは憚られたが、彼女のようにシェルターに辿り着ける女性はごく僅かであり、当時のアルジェでは、路上で物乞いをするシリア難民の姿が至る所で認められていた。

シェルターがある敷地への出入りは入口の男性警備員によって昼夜管理されているため、この敷地内は外部から隔離された、女性のみの空間となる。屋外には子ども向けの遊具が複数設置されており（図3）、子連れの女性宿泊者を受け入れる環境も整備されている。イフタールを主催するのは、ソニアのほか、それぞれ異なる分野で日々運動を担っている女性団体の代表者兼活動家たちであり、彼女らが持ち寄った料理がイフタールの出席者に振る舞われた。例えば、ソニアはイフタールの定番料理である「ショルバ」（赤パプリカ粉とトマトをベースに野菜と肉を煮込んだスープ）を持参している。女性団体の代表者を除けば参加者はほとんどが初対面であったが、20人ほどの女性がこの宴会に招かれ、その全員分の食事を主催者である女性活動家たちが分担することで、このイフタールは成り立っていた。

こうしてアルジェリア国内の女性活動家たちが主催するイフタールを通じて信頼が醸成される様相を、筆者の隣に座っていたある女性参加者を例に記述したい。この女性は、別の女性団体を運営する代表者の誘いで招かれており、活動関係者ではなかった。彼女は夫を病で亡くし、4カ月と10日の待婚期間（イッダ）を終えた後の初めての外出がこのイフタールであるという。子どもたちは独り立ちし、1人暮らしであるという彼女は、食事の最中、初対面である筆者及び筆者の反対側に着席していたアルジェリア人女性に対して、自身の身の上を語り始めた。

彼女の話によれば、その父親は、アルジェリアの独立を掲げ世界各地にネッ

トワークを拡げていたアルジェリア共和国臨時政府（Gouvernement provisoire de la République algérienne: GPRA）のメンバーであった。しかし、女性が幼い頃に父親は任務のため某国に派遣されるもその道中で事故に遭い、同行していた母と弟妹の家族全員が亡くなっている。この出来事は表向きには「事故」として処理されているものの、女性は、実際には植民地政府側の秘密機関が故意に起こした暗殺だと考えていた。当初は、この女性も家族と共に渡航する計画でいたものの、直前になって祖父が長子である彼女を残していくよう求めたため難を逃れており、その後は祖父のもとで育てられたという。

　さらに、彼女の話は以下のように続いた。

　　両親が亡くなった後に、父親が生前、私たちには内緒でA国にもう1人妻をもち、その妻との子を認知していたことが分かったの。でも父親からそんな話を一切聞いていなかった祖父は酷く怒って、私も異母兄弟との接触を禁じられたわ。祖父が亡くなってから連絡を取り合うようになって、それは今も続いてる。アルジェリアには、すべての家族に歴史があるのよ（家族の数だけ、異なる歴史がある）。

　筆者と共にその話を聞いていたもう1人の女性も、アルジェリアではどの家族も何らかの悲劇を経験しているという、最後のこの言葉に強く頷いた。
　イスラーム暦（ヒジュラ暦）の9月にあたるラマダーンはムスリムにとって最も神聖な時期であり、アルジェ市街地では連夜お祭り騒ぎが続く一方で、この間、イフタールを親族や友人と囲むことにより、人びとは互いに親睦と信仰を深める。知り合ったばかりの相手であるにもかかわらず、容易に他人には語り得ないはずの家庭内の事情をこの隣席の女性が打ち明けたのは、それがイフタールという神聖で特別な共食の場であり、かつイッダ明けの初めての外出の機会であったという点も影響していただろう。だがそれに加えて、この食事の場は女性運動を牽引する女性活動家らが主催する、外部からは完全に隔離された女性のみの空間で催されたものであり、私的な話題も許容される雰囲気がつくり出されていた。こうした複数の条件が重なることにより、女性は自身の生い立ちや複雑な家庭環境について躊躇なく語り始めたのだと思われる。そのよ

うな状況のなかでは、話し相手が特別に親しいどころか、出会って間もないうえにその場限りの関係となる可能性があるにもかかわらず、あるいはその場限りであるからこそ身の上話を打ち明けるだけの信頼が担保されていたといえる。

イフタールの食事を終えると、会場は歌と踊りを交えた賑やかな宴となり、それをはやし立てるユーユーの声（舌と口蓋垂を用いて発される甲高い掛け声）が深夜まで響き渡った。こうした光景は、内戦により穏やかな日常を脅かされた女性たちが、自らの活動の場を築き上げることで社会の分断に抗おうとしてきた1990年代の女性運動の歴史を想起させる。

複数政党制の導入と同時に民主化の試みとして1990年に制定された結社法[9]は、結社の自由を保障するものであった。その後、アルジェリアが事実上の内戦状態に発展していくなかで、女性支援を掲げる女性団体が次々と設立される。この女性団体の設立は、イスラーム主義思想に基づいて女性たちの分断が図られた時代に、そうした分断に抗うための抵抗手段としてとられた選択の1つであった。女性のみの空間で催されるイフタールは、そのような内戦の記憶を継承する女性活動家らが中心となって企画されるものであり、かつては性暴力の被害者を受け入れていた空間に、今日ではシェルターの宿泊者のように、ラマダーンという1年のなかで最も神聖な時期を家族や友人と過ごすことができない事情を抱えた女性たちが招かれている。

このように、普段は異なる分野で女性支援に携わる国内の女性活動家らがシェルターという避難場所を利用して主催するイフタールは、暴力が蔓延する非日常のなかでも「普段通りの日常を生きる」という、前述の組織化とは異なる、内戦時に女性たちが実践していたもう1つの抵抗手段［サルヒー 2012: 358］とも結びつく。1990年代の内戦中にアルジェ市内の大学で文学を専攻していた筆者のある知人は、授業を受けている最中の教室にFISの支持者らが乱入し近代化教育を批判して授業の中断を訴えるため、教員は扉の鍵を閉めて授業を続けていたと語っている。ヴェール着用を拒否した女子学生が暴力の犠牲となる事件が相次いで起きていたこの時期に、通学バスで自宅から離れた大学に通うことは恐怖であったが、それでも自らの普段通りの日常を続けることをやめた

---

9) Loi n° 90-31 du 4 décembre 1990 relative aux associations, Journal Officiel（1990年12月4日第90-31号結社関連法、アルジェリア官報）.

くなかったという。

　激動の 1990 年代を生き延び、「普段通りの日常」を再び取り戻したアルジェリアの女性たちにとって、その日常を当たり前に享受することは暴力に抵抗し、平和を生みだすための実践を次世代に継承していくという意味合いを持つ。またイフタールの時間を共に過ごすことで交流を深める女性活動家同士のこうした試みは、平時における日々の活動を支えるうえでも人材や施設を提供し合うといったかたちで機能しており、そのような交流を通じてソニアたちは連帯意識を醸成してきた。女性活動家らが主催するイフタールは、暴力により傷ついた女性たちが、信頼に基づいた関係性の再構築を試みるための空間として機能しており、隣席の女性が前触れもなく自身の複雑な生い立ちについて語りだしたのも、その場に居合わせた者同士の個人的な親しさの度合いに関係なく、その空間内部で機能し共有される集団的秩序への信頼を前提に、選びとられた行動の結果と考えられる。

4　活動のなかで生まれる不信

　前節で記述したイフタールは、1990 年代に設立された複数の国内女性団体が外部とは隔離された女性のみの空間をつくり、そこで一時的な信頼関係が築かれていた例である。しかし、こうした女性活動家の取り組みに共感し活動に参加するようになっても、女性たちは常に相互に信頼できる関係を築いているとは限らない。手工芸職人プロジェクトの活動に参加する女性のなかには、当初はプロジェクトを信頼して支援を求めてきたものの、徐々にプロジェクトの運営に不信を抱き、それを表明する行動を見せる者も認められた。本節ではその顕著な例として、かつて手工芸職人プロジェクトに加入し、同プロジェクト運営の共同販売店で販売員を任されていたライラという女性と、プロジェクト代表のソニアとが衝突した出来事を取り上げる。それにより、両者をつないでいた関係が容易に信頼から不信へと移り変わる一方で、不信が公然と表明された時、その増幅を抑制するメカニズムがどのように働いているかを、周囲を含めたやり取りを基に検討したい。

　婦人服の仕立てを専業とするライラは、手工芸職人プロジェクトに加入後、

同プロジェクトが提供する共同販売の機会に参加することにより、顧客を得るようになっていた。やがて、彼女はソニアの依頼を引き受けるかたちで同プロジェクト運営の共同販売店で販売員としても働くようになり、婦人服の縫製業と販売員という、2つの仕事を切り盛りすることで収入を得ていた。古い商業施設にある貸しスペースを借りて開業した共同販売店は、同プロジェクトの事業資金で賃貸料と販売員の賃金を賄い、維持されていた。しかし、そうした月々の賃貸料や人件費を含め、プロジェクトの活動に関する経費を支払うための収入源や事業の売上げ、その他の支出入状況について、ソニアは加入者に向けて説明するということをしていなかった。実際には、プロジェクト責任者であるソニアと事務局スタッフのヒンドに対する人件費は母団体「語り合う女性たち」によって支払われていた一方で、プロジェクトの運営に関しては会費と事業収益に加え、国内外の援助機関から不定期に得た資金援助や寄付金を頼りに負担された。だが、こうした収支の詳細について関係者に説明する必要性をプロジェクト責任者であるソニア自身が認識しておらず、トップダウン式で運営が維持されていたこともあり、活動資金はすべてソニアの権限のもとで管理され、その情報が共有されないことに周囲から疑問が呈されることもなかった。

しかしながら、活動資金に関する収支の詳細が不透明な状況のなかで、ライラは徐々にソニアに対する不信感情を醸成させている。彼女は、ソニアが人件費を最小限に抑え、自己利益のために活動資金を着服しているのではないかとの疑念を持つようになり、販売員としての自身に支払われる報酬額に不満を抱くようになっていた。さらに、手工芸職人プロジェクトは欧米のNGOや公的機関から資金援助を受けてきた経歴を有するのだが、ライラは、代表のソニアは国内の政府機関からも特別に資金援助を受けているはずだとも疑っていた。こうして、ソニアのプロジェクト運営方法に不信感を募らせた彼女は、結果として販売員の仕事のみでなくプロジェクトから完全に退会することを決め、個人での活動に専念する道を選択した。

しかし、プロジェクトの退会という関係性の断絶ともとれる手段を選択した後も、ライラはソニアの行動範囲内に居座り続け、彼女に「不信を表明する」という行為を通じてソニアとの接点を維持している。退会後、アトリエを兼ねた婦人服の小売り店を開業するためにライラが借りた物件は、同プロジェクト

運営の共同販売店から僅か数軒先にある貸しスペースであった。別の商業施設に拠点を移すという選択肢もありながらごく近い場所に開業したライラは、以来、ソニアの悪評を立てるという嫌がらせともとれる行動をとる。それは手工芸職人プロジェクトの来客を主なターゲットに、ソニアへの悪印象を抱かせるというかたちでおこなわれた、間接的な不信の表明である。ライラは、プロジェクト関係者に声をかけると「ソニアは女性支援を掲げることで資金を集め、それを着服する悪いやつ」だと言いふらした。このように、ソニアと接点を有する者に近づき悪評を立てることを通じて、ライラはソニアに接触し続けるという行動をとっている。

　筆者の調査滞在中、ライラとソニアが第三者を巻き込んで、特に衝突した出来事がある。ソニアは、普段から「ライラとは会話はおろか、挨拶も交わしてはいけない」とプロジェクト関係者に注意していた。筆者も、同プロジェクトの活動に参加した初日にソニアから同じ注意を受けていたが、すべてのプロジェクト関係者がそうした事務局周辺の人間関係を把握していたわけではない。ある時、ライラとソニアの関係について何も聞かされていなかった地方在住のムニアという加入者が、自身の商品を納品する目的で事務局運営の共同販売店を訪れたことがある。その姿を見かけたライラは、すかさずムニアに話しかけ、ソニアに対する悪口を吹聴していたようだが、2人が話し込んでいる様子を偶然ソニアが発見したことにより、両者は引き離された。そして、ソニアはライラではなく、ムニアに対して怒りの感情をぶつけている。

　ソニアは、ムニアに対し「私がプロジェクトの責任者なのだから、私の話を聞くように。私と仕事をしなさい」と語気鋭く言い放ち、「ライラと会話してはだめ。これは責任者の命令よ」と注意した。その一方で、ソニアの背後では、無理やり会話を中断されたライラが、フロア全体に響き渡る声で「彼女（ソニア）は盗人だ！」と繰り返し叫んでおり、異常を察知して駆けつけた施設の男性責任者がライラを落ち着かせようとするなか、ソニアはその男性責任者に「（ライラに対し）彼女が何をしたいのか聞いてみなさい！」と叫ぶ有り様であった。何も知らずに来訪し、一方的にソニアの悪評を聞かされたかと思えば、そのソニアにライラと会話していたことを叱られたムニアは、弁明の余地も与えられず両者の間で板挟みになり、怯えて泣き出すという事態に陥った。しか

し、筆者が活動に携わるなかでライラとソニアが大きく衝突した出来事はこの一度きりであり、その翌日には、両者は互いに干渉せずそれぞれの仕事に専念していた。

　このようなやり取りから浮かび上がる、手工芸職人プロジェクトという活動を通じてライラとソニアの間で築かれる「つながり」とは、どのようなものだろうか。第一に、プロジェクト加入当初のライラは、販売員の仕事を任されるほどにソニアの信頼を得ており、両者は相互の信頼に基づいた関係性を築いていた。しかし、ライラは次第にソニアの資金着服にかかわる疑いを強めるようになり、両者を取り結んでいた信頼関係は「不信関係」に移行した。ソニアに対しライラが不信感情を強め、それを表明するようになったのは、プロジェクトの活動に具体的にかかわるなかで得られた、資金管理に関する不透明性という情報を基に引き起こされた行動である。資金管理方法に関する疑いが不信に結びつくことはどの社会にも見られるものであり、別の女性支援団体においても、ライラのように不信を募らせた個人が第三者の同席する場で不満を表明する行動が観察されている。女性団体が指揮する活動の現場では、関係者同士が自分たちを「姉妹」または「家族のよう」な関係であると言い親しさを強調する様子が日常的に観察される一方、それが疑いや不信と無縁であるかというと、必ずしもそうではない実情が垣間見える。

　第二に、手工芸職人プロジェクトを運営するソニアにとって、自身の悪評を流すライラは都合の悪い人物であり、ソニアはライラとの接触をもたないように気を配らせていた。しかし、ソニアはライラを「迷惑な厄介者」と認識しつつも、自らの報酬に不満を示すようになったライラを解雇したり、退会後に妨害行為を働く彼女との関係を断つために活動拠点を他所に移したりという行動はとっていない[10]。自身の名誉を脅かすライラとの接触を周囲に禁じはしても、ライラを自身の活動圏から徹底的に排除するには至っていない点は、注目に値する。

　他方で、ライラは「不信を表明する」という手段を通じて、ソニアへの間接的な働きかけを続けていた。ソニアに実害をもたらすという動機が背景にある

---

10) プロジェクト運営の共同販売店は、この後、移転することになるのだが、それは賃貸契約期間の満了に伴い決定されたものであり、ライラとの関係が直接的な原因ではなかった。

としても、近くに店を構えてまで接触を続けるという行為は、やはり関係性を断絶させるものではない。加えて両者は、互いに直接感情をぶつけることはせず、施設の男性責任者や別の加入者など、第三者を介したコミュニケーションを通じて、直接的な対峙を避けながら自身の主張を相手に示す振る舞いをしていた。周囲を積極的に巻き込んでコミュニケーションをとるという方法は、相手との適切な距離を保つことを可能にすると同時に、他者に介入を促すことになり、結果として両者が激しく衝突した際にも、男性責任者を介し事態の鎮静化が図られている。各人のこうした振る舞いは、身体的暴力の伴う直接的な対峙や不信の更なる増幅を抑制するものであり、不信の表明という行為は、コーザーの述べる通り［Coser 1956］、集団的な秩序を遵守する方法で実践されていると考えられる。

おわりに

　本章は、民主化の過程で生じた国内の政治的対立に起因し「兄弟殺し」と呼ばれる内戦状態を経験したアルジェリアにおいて、女性団体の取り組みがその後の女性たちの関係性をいかに取り結んでいるかを、信頼と不信という観点に着目し論じてきた。
　それは、女性の身体の処遇をめぐる議論がイスラーム主義思想に取り込まれ、女性たちの分断が危惧された時代に、組織化を通じて分断に抗い「普段通りの日常」を享受するという、抵抗実践の延長線上に位置づけられるものであった。なかでも女性活動家たちが主催するイフタールには、団体や国籍、宗教といった垣根を越えて様々な事情を抱えた個人が招かれていたが、こうして女性のみの空間をつくり交流を深めることにより、主催者側は、女性の身体が暴力の脅威に晒されていた過去の時代に再び戻ることがないようにとの思いを強めているのである。ムスリムにとって最も神聖な時期に催されるこの宴は、内戦を生き延びた同国の活動家たちが、女性に対するあらゆる暴力に抗議し、拒否する姿勢を体現するという意味においても、特別な意味をもつ。イフタールの機会には、当事者間における親しさの程度に関係なく、信者としての高揚感が得られるラマダーン期間中であることや、女性活動家が主催する共食の場であると

いった所与の条件が根拠となり、相互に信頼できる状況が生み出されている。

　他方で、このように女性運動を通じて築かれる個人間の関係性は、特定の諸条件に応じて信頼あるいは不信が表明されることにより顕在化するものであり、様々な力関係が働くなかで生成される。ライラがソニアに対して資金横領の疑いを抱いていたように、日々の活動では、事業資金をめぐる金銭トラブルや技術の盗用など、水面下で他者への不信を蓄積させているケースは珍しくない。ライラの場合、第三者を交えてソニアと激しく衝突したのは一度きりであったが、既に築かれていた信頼が不信に転化するというのは、別の女性支援団体においても日常的に起こり得るものとして認識されている。だが不信の表明は、関係性の断絶や分断を意味するものではなく、ライラとソニアが衝突しながらも互いの距離を保とうとしていたように異なる次元の「つながり」が新たに結び直され、それが不信の増幅ないし更なる暴力への発展を抑える可能性を含んでいる。

　最後に、第三者の役割について整理したい。ソニアとライラの関係をつないでいた信頼が不信に転化したのは、プロジェクト責任者を務めるソニアが資金運営の透明性確保と説明責任を果たしていなかったことに原因があった。これらの責任をソニアが果たしていれば、ライラの信頼が不信に転化することもなく両者の衝突を防ぐこともできただろう。しかし、トップダウンで女性団体の運営が支えられてきた背景があるからこそ、その運営体制自体を問い直し改善を図ることは、代表女性に容易に受け入れられるものではない。

　筆者が観察してきた女性団体では、いずれも水面下で蓄積された不信の噴出を予防するというより、その不信が何らかのかたちで他者に表明された場合に、周囲が両者の間を仲介することでとりあえずの鎮静化が図られていた。本章で記述したライラの言動も、個人間の紛争を引き起こす行動と解釈されるかもしれないが、第三者の介入を積極的に受け入れるという意味では、紛争を制御するための振る舞いがなされている。こうした日常的な振る舞いは、集団としての秩序を維持し、紛争や対立を処理するための身体化された技法である。他者への疑いや相互不信を表明するうえで、直接的な対峙を回避し、第三者を介して感情をぶつけたり鎮静化のための介入を委ねたりするという行為は、互いに調整を図りつつ、社会を維持していくための手段として機能しているのである。

謝辞　本研究をおこなうにあたり、日本学術振興会特別研究員奨励費による支援を得ました。ここに記して深謝の意を表します。

参考文献

池田昭光　2023「不信から生まれる信頼？——モロッコ、ベルベル人の「寛容」を中心に」『イスラーム信頼学へのいざない（イスラームからつなぐ第1巻）』（黒木英充・後藤絵美編）東京大学出版会、pp. 141-156.

ガルトゥング、J. 2000『平和的手段による紛争の転換【超越法】』（伊藤武彦編、奥本京子訳）平和文化

黒木英充　2023「イスラームから考える「つながりづくり」と「信頼」」『イスラーム信頼学へのいざない（イスラームからつなぐ第1巻）』（黒木英充・後藤絵美編）東京大学出版会、pp. 1-33.

サルヒー、Z.S. 2012「アルジェリアにおけるジェンダーと暴力」『中東・北アフリカにおけるジェンダー——イスラーム社会のダイナミズムと多様性』（ザヒア・スマイール・サルヒー編（鷹木恵子・大川真由子・細井由香・宇野陽子・辻上奈美江・今堀恵美訳））明石書店、pp. 331-375.

ストラ、B. 2011『アルジェリアの歴史——フランス植民地支配・独立戦争・脱植民地化』（小山田紀子・渡辺司訳）明石書店

フォン・グルーネバウム、G.E. 2002『イスラームの祭り』（嶋本隆光監訳・伊吹寛子訳）法政大学出版局

山本沙希　2024『すべての指に技法を持つ——手仕事が織りなす現代アルジェリア女性の生活誌』春風社

ルーマン、N. 1990『信頼——社会的な複雑性の縮減メカニズム』（大庭健・正村俊之訳）勁草書房

Aït Sidhoum, M.A, F. Arar, C. Bouatta, N. Khaled and M. Elmasri. 2002 "Terrorism, Traumatic Events and Mental Health in Algeria," Joop De Jong (ed.), *Trauma, War, And Violence: Public Mental Health in Socio-Cultural Context*, New York: Kluwer Academic/Plenum Publishers.

Carey, M. 2017 *Mistrust: An Ethnographic Theory*, Chicago: Haubooks.

Coser, L.A. 1956 *The Functions of Social Conflict*, London: Routledge and Kegan Paul.

Eltringham, N. 2021 *The Anthropology of Peace and Reconciliation: Pax Humana*, New York: Routledge.

Iamarène-Djerbal, D. 2006 "La violence islamiste contre les femmes," *Femmes et citoyenneté*, Revue d'études et de critique social NAQD. (22-23): 103-142.

Jouaret, M. 2021 "L'Algérie « post-décennie noire »: de l'imposition de l'impunité à la revendication d'une justice transitionnelle," *L'Année du Maghreb*, 26: 77-96.

Lazali, K. 2018 *Le trauma colonial: Une enquête sur les effets psychiques et politiques contemporains de l'oppression coloniale en Algérie*, Paris: La Découverte.

Lazreg, M. 2021 *Islamic Feminism and the Discourse of Post-Liberation: The Cultural Turn in Algeria*, New York: Routledge.
Stora, B. 2001 *La guerre invisible: Algérie, année 90*, Paris: Presses de Science Po.
Vermeren, Pierre. 2019 "Petite histoire des dissidences en Algerie," *Esprit*, no. 455: 71-82.
Vince, N. 2015 *Our Fighting Sisters: Nation, Memory and Gender in Algeria, 1954-2012*, Manchester: Manchester University Press.
Whitehead, N. 2004 "Introduction: Cultures, Conflicts, and the Poetics of Violent Practice," N. Whitehead (ed.), *Violence*, School of American Research Press.

第10章 紛争後の権威主義体制の「正統性」と「信頼性」
——チェチェン住民の視点からの考察

富樫耕介

はじめに

　紛争の結果、一方の側が軍事的に勝利を収め、他方を排除し、権威主義体制を構築することで安定や秩序をもたらす。このような紛争の解決方法が現在、注目を集めている。紛争を「二者以上の行為主体の間で分割・共有困難な価値（争点）をめぐって暴力を用いて展開されている対立」だと捉えるのであれば、他者を排除して自らの利益を確保しようとする誘因は常に紛争当事者に存在する。

　このような紛争解決の試みは、国際社会がこれまで推進してきた自由や民主主義による紛争解決、「リベラル・ピース」（自由主義的平和）に対置する概念として「イリベラル・ピース」（非自由主義的平和）と形容され、研究が進んでいる［Keen 2021; Lewis et al. 2018; Owen et al. 2018; Smith et al. 2020］。その中核を占めるのが、紛争後の権威主義体制による「平和」（武力紛争が行われていないという意味の平和）である。

　国内紛争は一般的に、現状維持を求める（現に権力を有し利益配分のルールを決定している）政権と現状変更を求める（利益の配分見直しなど新しいルールを要求する）反対勢力から構成される。したがって、勝利の後に政権は再び武装蜂起する反対勢力を生み出さないために、彼らを排除・弾圧する政治システム導入の強い動機を持ち得る［Toft 2010: 46-47, 60］。計量研究では、紛争後に成熟した民主主義体制、あるいは強固な権威主義体制であれば、相対的に安定するとされているが［Mason et al. 2011: 186］、それはこれらの体制が平和的な政治参加、もし

くは暴力的な弾圧を行うシステムを有しているためである［Frieden et al. 2018: 253］。

　では、紛争後の権威主義体制は、どのようにして安定や秩序を維持しようとするのであろうか。そして、そのような政策は、紛争地の住民にどのような犠牲や負担を強いるのだろうか。本章では、ラムザン・カディロフ（以下カディロフ）統治下のチェチェン共和国に注目し、権威主義体制による「平和」がどのように機能しているのか、そして住民にどのように受け入れられているのかを明らかにする。その際に既存研究の知見を活用し、カディロフ体制による政策を「抑圧」、「取り込み」、「正統化」という３つの観点から分析する。そのうえで本章は、「正統化」が最も大きな問題になることを指摘する。

　権威主義体制は、抑圧的で一部勢力が利益を独占した体制であるがゆえに自らの統治がいかに正統なものであるのかを強く主張する動機を持ち得る。つまり体制側は、住民側と関係性を構築し、一定の信頼を勝ち取っているかのように演出しようとする。しかし、このような「つながり」（コネクティビティ）が住民にどのように受け止められているのかを考えることなくして、住民は恐怖から支配に屈服しているのか、それとも体制の正統性を受容しているのかへと考察を進めることはできない。体制による弾圧が結果として反対派や住民による抵抗を無効化・不可視化するのであれば、なおのこと、体制による支配は、恐怖から受容されているのか、それとも体制側が主張するように現体制の成果（「正統性」）を認めることで受容されているのかは問い直されなければならない。

　その意味でカディロフ統治下のチェチェンの現状を住民がどう評価しているのかを考察することは、紛争後の権威主義体制の「正統性」を考える上で極めて重要である。だが、このような観点からの考察は、権威主義体制下における住民への調査の困難性という問題があるために、チェチェン研究はもとより紛争後の権威主義体制研究でも、現状ほとんど取り組まれていない。本章では、2018年8月と2019年8月に現地で実施した10人の住民へのインタビューで得られた言説を分析することで、この課題に取り組む。その際に権威主義体制下における調査の制約から現体制に対する直接的評価は、弾圧の恐怖があるなかでは困難であろうという想定のもとに、現体制に対する間接的評価、つまり1990年代の独立派政権時代に対する評価を問うことで現体制への評価を読み取ろうとする。

以上のように本章は、紛争後の権威主義体制下における体制側と住民の「つながり」を問い直すことで、権威主義体制が主張する「正統性」が住民にどのように評価されているのか、を明らかにしようとする。

1　カドィロフ体制下のチェチェンの安定

(1)　チェチェンと紛争後の権威主義体制による「平和」
　本章では、第二次チェチェン紛争後、特にラムザン・カドィロフ統治下（2007年以降）のチェチェン共和国を対象として、上記研究課題に取り組む。チェチェンは、複数の研究［Lewis et al. 2018; Russell 2014］において「イリベラル・ピース」の事例として言及されている。

　チェチェンは、カスピ海と黒海に挟まれたコーカサス地域の北側に位置するロシア連邦の共和国で（図1）、その人口は、紛争開始前に127万人、内訳として23％がロシア人、13％が兄弟民族[1]のイングーシ人、58％がチェチェン人、その他6％で構成されていた。チェチェン人とイングーシ人は、スンナ派イスラーム、特にスーフィズムの神秘主義教団を信奉し、テイプ（氏族）、トゥクム（部族）などの地縁・血縁組織（およびそれらを基盤にした長老会議や軍事同盟）を有し、宗教的規範に加え、「アダト」と言われる慣習法によって秩序を維持していた[2]。これらの中には、「血の復讐」（同害報復）や名誉殺人、誘拐婚など「家父長的な」側面もあったが、家族を守る責任をそれぞれの主（あるじ）（男性）が負うことで、山岳部に拠点をおくチェチェン人コミュニティ間の均衡と秩序、安定に貢献した。だが、これらは、ソ連時代の民族政策と弾圧によって徐々に弱体化・世俗化していった。1980年代後半からのペレストロイカによる自由化と民族運動の高まり、さらに2度の紛争という混沌とする社会状況の中で、ときに拠り所として、あるいはときに政治指導者に利用されることで、民族的文化や慣習、宗教は、復興することとなる[3]。

---

1) チェチェン人とイングーシ人は、同じ北東コーカサス語族に分類されるナフ語族に該当し、両民族をまとめてヴァイナフ民族として形容される。言語的・民族的近似性からソ連時代にも同じ民族自治単位（チェチェン・イングーシ自治共和国）を構成した。
2) チェチェンの歴史、人口・民族構成、氏族や部族などの地縁・血縁組織、イスラーム信奉などについては、富樫［2015: 95-112］を参照されたい。

図1 チェチェン共和国と周辺地域（筆者作成）

---

3) なお、チェチェンにおける民族的文化や慣習、宗教の影響をどのように評価し論じるのかは、それ自体が多分に論争的である。例えば、チェチェンはロシア連邦の民族問題で唯一武力紛争へと発展したため、「チェチェン例外論」（「チェチェンは例外的事例だ」）が、一時期、注目され、チェチェンの特異性が語られる傾向にあった。ただ、こうした議論に現地の研究者が多くの場合、反発したことに加え、文化や慣習、宗教それ自体が強い影響力を持ったというよりも政治指導者に利用された結果、そう見えたという側面もあったことは付言しておきたい。「チェチェン例外論」については、富樫 [2015] を参照されたい。

チェチェン紛争は、1994年にロシアからの独立を目指したチェチェン共和国の分離独立派政権とロシア政府の間で発生した［富樫 2015］。第一次チェチェン紛争は1996年に和平合意に至ったものの、1999年に再び紛争が発生した。第二次チェチェン紛争では、ロシア政府は、軍事力を用いてチェチェン独立派を排除する一方で、独立派と袂を分かったイスラーム宗教指導者（ムフティー）のアフマト・カディロフ（以下、カディロフ父）を頭領とする親露派チェチェン政権を打ち立て、親露派との合意形成による紛争解決を模索した。

　ロシア政府は、2002年に紛争の軍事的段階の終了を宣言すると、2003年には、ロシアとチェチェン（親露派政権）の関係正常化を謳う新憲法の信任投票と大統領・議会選挙をチェチェンで挙行した。以後、チェチェンの統治は、親露派政権に徐々に委ねられ、ロシア政府は独立派指導者の殺害と「対テロ作戦」の継続による独立派勢力の弱体化を目指した。プーチン大統領によってアフマトの息子、ラムザン・カディロフがチェチェンの首長に任命された2007年にチェチェン独立派は瓦解し、北コーカサスにおけるジハードを主張する「コーカサス首長国」へと再編された。以後もチェチェンにおける反乱やテロは減り続け、2009年には恒常的な「対テロ態勢」も解除された。

　現在、チェチェンは大幅に治安が改善し、安定している。特にこうした傾向は、ラムザン・カディロフの首長就任後、顕著に見られる。例えば、首長就任後の8年間（2007-14年）では、それ以前の8年間（1999-2006年）と比してテロは、8割も減少した［富樫 2021］。2020年現在、テロはわずか2件である[4]。武力衝突による死者数も統計が残っている2010年の250人から2022年には2人と大幅に減少している[5]。チェチェンの安定は、ロシア政府による軍事力の行使だけではなく、カディロフ政権による統治の結果でもある。

　以下では、カディロフ統治下のチェチェンにおいて、これまでどのような政策が取り組まれたのかを分析する。その際に、「イリベラル・ピース」研究［Lewis et al. 2018］や権威主義体制研究［Gerschewski 2013］で提示されている3つの分析の観点（表1）、すなわち空間的統制による「抑圧」（repression）、政治・経

---

[4]　Global Terrorism Database 2023. https://www.start.umd.edu/gtd/（2024年9月25日閲覧）
[5]　"Na Ukraine ubito bol'she silovikov, chem na Severnom Kavkaze s 2012 goda," 2023. *Kavkazskii Uzel*, 24 fevralia. https://www.kavkaz-uzel.eu/articles/386200（2024年9月25日閲覧）

表1　紛争後の権威主義体制による「平和」のための政策（筆者作成）

	抑圧 （空間的統制）	取り込み （政治・経済的統制）	正統化 （言説的統制）
主たる対象	潜在的反対派	エリート	大衆
働きかけの内容	・軍や治安部隊による監視 ・反乱鎮圧や潜在的危険分子の排除・弾圧	・体制が政治・経済的資源を集約管理 ・エリートへ資源分配	・代替的な情報源や解釈の弾圧（情報統制） ・支配的言説の拡散・浸透
測定方法 ［質/量的］	・フリーダム・ハウス指標 ・反乱やテロの数 ・反対派やNGO、人権活動家の弾圧 ・人権侵害状況	・体制に挑戦するエリートの有無や数 ・クライエンテリズム ・政治経済利権の支配・集約度合い	・世論調査や選挙 ・抗議の数と強度 ・専門家や2次文献 ・エリートの体制への支持

済的統制による「取り込み」（co-optation）、言説的統制による「正統化」（legitimation）から理解を試みる。

(2)　「抑圧」——独立派の排除から潜在的反対派の排除へ

　ここでは、まずカディロフ体制下における「抑圧」に注目する。「抑圧」は、空間的統制によって実施され、軍や治安機構による監視や移動の制限などに加え、物理的な排除・弾圧も含まれる。「抑圧」は、監視や脅迫など低強度のものから、逮捕・暗殺など高強度のものを含むが、これらは現に政権と対峙する反対派の排除だけではなく、今後、抵抗する可能性がある潜在的な反対派を生まないことも目的としている。

　カディロフ体制下では、独立派だけではなくカディロフに対抗可能な親露派指導者も排除され、独裁体制が構築されている。体制側による弾圧は厳しく、連邦当局と連携した「対テロ作戦」や検問などによる治安確保、人権活動家や国内・国際NGOの活動制限などが行われている。独立派指導者の多くは、カディロフ政権発足前にロシア軍によって暗殺されている。だが、その後も「対テロ作戦」は継続し、また親露派内部でも権力闘争があった。このような中で、カディロフは、自らの勢力を拡大することで対抗勢力を排除してきた。2007年に独立派が分裂し、北コーカサスでの「対露ジハード」を主張する武装勢力「コーカサス首長国」が創設されたが、この指導者らも次々と殺害され、反対派組織事実上消滅へと至った［富樫2021］。こうして、現在のチェチェンでは

カディロフ政権に直接脅威を与える反対派はいなくなった。

　カディロフ政権下の弾圧は、反対派の指導者や兵士だけでなく、市民を含む潜在的な反対派も標的にしてきた。元戦闘員や反体制派、その家族への治安機関による暴力行使や脅迫が行われ［Le Huérou 2014］、チェチェンでは1999-2017年の間に3000人以上が失踪した［Halbach 2018］[6]。弾圧の対象は、現体制に批判的なジャーナリストや人権団体、NGOにも及んでいる。2009年、フリーダム・ハウス［Freedom House 2009］は、チェチェンの政治的自由と市民的自由に関して最低の評価を与えた。しかし以後、同機関は活動できなくなった。2018年にはロシアの人権団体メモリアルも支部長が逮捕され、チェチェンでの活動を休止した。

　このような人権状況のため、紛争の軍事的段階が終了した2002年以後も欧州にはチェチェンからの庇護請求者が継続して流れている［Halbach 2018; Szczepanikova 2014］。現体制に不満を抱く者や反対する者の多くは、国外に脱出しており、在外チェチェン人コミュニティの規模は欧州を中心に20万人とも30万人とも指摘されている[7]。

　政権の弾圧は、体制側の価値規範から逸脱する者にも向けられている。カディロフ体制では、チェチェンの民族的・宗教的規範が復権し、体制の支配を支える要素になっている。「血の復讐」（同害報復）や名誉殺人、誘拐婚などはロシア連邦法に違反するが、カディロフ体制下では許容されている。またカディロフの父がムフティーであったため、宗務権力も「正しいイスラーム」を広め、カディロフ体制を支えるうえで大きな役割を果たしている。このようにして現体制は、「伝統的なイスラーム」[8]を重視し、ジェンダー規範（男女のあるべき姿）や民族文化の規範を強制している。よって、このような民族文化的、宗教的規範から逸脱する性的マイノリティなどは、当局による厳しい弾圧の対象に

---

6)　ただし、失踪者の数は、もっと多いとの指摘もある。人権団体 Human Rights Watch は、1999-2005年の時点で3000-5000人が失踪していたと指摘している。失踪には当局が関与しているとされ、カディロフ体制下でも大きな問題となっている。"Ralatives fear missing Chechen man has joined thousands of 'disappeared'," 2019 Radio Free Europe/Radio Liberty, 25 October. https://www.rferl.org/a/chechen-shaikhayev-disappearance-kadyrov-human-rights/30236674.html（2024年9月25日閲覧）。

7)　なお2度にわたる紛争で、ソ連時代に共和国人口の23％を占めたロシア人の大部分はチェチェンを離れたため、現在、チェチェン人口（約145万人）の96％はチェチェン人が占めている。

なっており［Scicchitano 2019］、2023 年には LGBT を取材するロシア人記者に対する襲撃事件も発生した。

(3) 「取り込み」——カディロフ一派による政治・経済的支配

次にカディロフ政権による「取り込み」に注目したい。「取り込み」は、体制にとって脅威になり得るエリートを体制内に抱え込むことを意味し、よって忠誠を誓わせるために体制側は、政治・経済的利権や資源を独占し、管理する必要がある。利益の分配によってエリートと体制を結びつけるのである。「取り込み」は、戦略的に重要なアクターを汚職などの収益で非公式に体制に結びつける方法から、議員などの地位を通して公式に体制に結びつける方法がある。

カディロフ政権も、脅威とみなした指導者を徹底的に弾圧する一方で、恩赦によって政権に忠実な指導者を取り込んできた。そもそもカディロフ父をはじめとする親露派はもともと独立派（非合法武装勢力）だったため、彼らに政治権力を持たせることはロシアの刑法上問題になる。そのため、ロシア政府は 1999 年、2003 年、2006 年に恩赦を適用した。人権団体メモリアル［Memorial 2006］によれば、さらに私的な恩赦も親露派によって実施され、これは父のもとで大統領警護隊を率いたカディロフが主導した。恩赦は、カディロフ父子の政治的および軍事的基盤を強化し、非カディロフ系親露派指導者との権力闘争を勝利に導いた。

2007 年にラムザン・カディロフが首長に就任すると、チェチェンの政治・経済的権力は彼に集約されていく。2018 年までに、共和国の高官 158 人のうち 30％がカディロフの親族、23％が彼の同郷、12％が彼の友人とその家族で占められるようになった[9]。2023 年には、カディロフの 15 歳の息子が治安部門の司令官に、22 歳の娘が副首相に任命され、翌年には 18 歳の息子が若者担当相

---

8) ここで述べる「伝統的なイスラーム」とは、元来チェチェンで信奉されていたスーフィズムなどを指し、紛争の過程でチェチェンに浸透した急進的なイスラーム主義（サラフィー主義）とは一線を画す。サラフィー主義は、次第にチェチェン独立派闘争の中心を占めるようになり、これが 2007 年に「コーカサス首長国」へと結実した。よって、現体制は、サラフィー主義を「危険なイスラーム」だと主張する。なお、現地ではサラフィー主義など急進的イスラームを「ワッハーブ主義」（Vakhkhabizm=Wahhabism）と形容する。

9) "Chechnia prestolov: kto i kak upravliaet respublikoi. Podrobnaia karta," 2018. *BBC*, 25 iiulia. https://www.bbc.com/russian/features-44576739（2024 年 9 月 25 日閲覧）

に就任している。婿たちも閣僚である。

　カディロフの地縁・血縁グループ（氏族や部族）[10]が共和国の権力を掌握していることは、政治エリートたちが政権に忠誠を誓う動機を形成している。カディロフ政権は、紛争後の復興事業や開発プログラム、民間投資など経済利権を独占しているが、共和国予算の8割は連邦からの補助金で賄われている。このような仕組みは、体制による汚職や不正と結びついている［Basnukaev 2014; Zabyelina 2014］。

　政治・経済的利権がカディロフに集約され、対抗できる指導者も存在しない状況は、利益を得るためには体制に忠誠を誓う必要性を生み出した。政治エリートは、体制に協力するか、それを拒否し、弾圧されるかを選ばざるを得ない。これは、住民についても同じである。自立した産業基盤がないチェチェンでは公的部門が経済に占める割合が多く、公務員や国営企業従業員も多い。チェチェンで生活するためには現体制を強く否定することは困難である。

　以上のようにカディロフ政権下で「抑圧」と「取り込み」は機能し、それが体制の存続と安定に貢献している側面がある。では「正統化」はどうだろうか。権威主義的で人々を弾圧し、あらゆる利権を独占する体制をいかにして、政権は「正統化」しているのだろうか。

2　体制側による「正統化」の試みと抱える課題

(1)　「正統化」——混沌からの安定と復興

　「正統化」は、言説的統制によって試みられ、主に体制による情報操作と支配的言説の拡散・浸透が行われる。当然、自由な言論やコミュニケーションは脅威とみなされ、代替的な情報ソースや解釈は許されない。「正統化」は、体制側が言説的な戦略によっていかに大衆に働きかけるのかだけではなく、実際に体制側がいかなる成果を生み出し、それによって支持を調達しようとしているのかにも注目する必要がある。つまり、体制側による言説的実践とは、「正

---

[10]　上記分類のうち、「親族」・「同郷」に加え、「友人とその家族」のうち同じ出身地や氏族・部族に該当する人が、カディロフの地縁・血縁グループに該当する。なお、カディロフの氏族（テイプ）は、チェチェンで最も有力な氏族の1つである「ベノイ」（Benoi）である。

統化」できる政策的成果があった時に機能するのである。

　カディロフ政権下では、カディロフ父子の神格化が進んでいる［富樫 2019; Iliyasov 2021］。独立派（1990 年代）は住民に「戦争、破壊、不安定化、無秩序、テロ」などをもたらしたが、現体制（2000 年代以降）は「平和、復興、安定、秩序、繁栄」をもたらした。独立派は西側諸国のエージェントとしてロシアに脅威を与えたが、現体制は父子で「ロシアの英雄」であり、ロシアに貢献している。独立派は、ワッハーブ主義など「危険なイスラーム」（註 8 参照）を広めたが、現体制は伝統的なイスラームによって倫理や道徳を守っている、などというものである。

　このように現体制は住民に「否定的な過去」（独立派政権と戦争）を思い起こさせ、「肯定的な現在」（現体制と安定・復興）を対比させようとしている。しかし、独立派政権時代を単に「否定的な過去」と否定するのみならず、この政権との断絶を強調することは、カディロフ政権にとって死活的に重要な問題を大衆に提起してしまう。それは、彼らが独立派から親露派に転向したという背景を持つからである。ここでは、独立派こそ国民を裏切り、カディロフ父子が民族の危機に立ち上がったという説明がなされる。これが体制側によって提示される支配的言説である。

　カディロフが実際にメディアで語った言説を取り上げて、支配的言説を読み取ってみたい。

> チェチェンで戦争が始まった時、私は若く 16-17 歳であったが、すべてを見てきた。いわゆるイチケリア[11] 国家の真の顔を見た。彼らは私たちの国民、歴史、名誉や尊厳をさまざまな国に切り売りしている。私たちの初代大統領、アフマト・ハッジはそう理解し、全ての問題に対処することで、民衆の支持を得た。

11）　チェチェン・イチケリア共和国とは、独立派が主張した国家であり、「イチケリア」とは独立派政権のことを指して使われることが多い。なお、元来、イチケリアは「山岳チェチェン」（チェチェン南部の山岳地域）を意味する。山岳地域は、19 世紀のカフカース戦争において、チェチェン人をはじめとするコーカサス諸民族が抵抗した際の拠点であった。

父がイチケリアを裏切ったのではない〔……〕イチケリアを代表している
と主張する人々には、モラルも良心も名誉も、神聖なものはなにもない。
私はその時、16歳で、彼らの近くにいて、寝食を共にしていた。そして、
彼らは何者でもなく、腐敗したエージェントであるとわかり、尊敬するの
をやめた。そして彼らと戦うことを開始したのだ[12]。

　他方で、この文脈では住民の犠牲という視点は欠落している。現体制は、紛争の被害を不可視化し、人々が思い起こすことのないように戦争の痕跡を共和国から除去しようとしている。復興した近代的な首都やインフラの整備された農村部には戦争の痕跡はなく、博物館や記念碑にも戦争を思い起こさせるものはほとんどない。首都にある唯一の慰霊碑（図2、上）は、「戦争によって犠牲になった住民」ではなく、ロシアが主導する「『対テロ作戦』を実行する過程で死去したカディロフ政権の軍人や警察」の慰霊碑である［富樫 2019］。

　体制側による支配的言説は、ニュースなどのテレビ番組、新聞、雑誌、インターネット空間でも溢れている。例えばカディロフのイニシャルがついた雑誌『KRA』では、「戦時中」と「平和な時代」を対比し、紛争後の現体制でいかに街が復興したのかを示す写真が頻繁に掲載されてきた（図2、下）。

　近年は、カディロフは自らを「住民に寄り添い、住民のために立ち上がる指導者」として演出することも少なくない。住民とSNSを通してやり取りすることで、直接的な「つながり」を作り出し、住民から信頼を得ている正統な指導者として自らを演出することに専心している［Avedissian 2016; Rodina and Dligach 2019］。自由なメディアが存在せず、ジャーナリストが逮捕・暴行され、人権団体も活動を停止しているチェチェンでは代替的な情報源も存在しないため、体制側のこのような一方的な働きかけが功を奏しているのかを外部から観察することは困難である。

(2)　「正統化」の成功をどう評価するのか？

　カディロフ体制による「正統化」は成功を収めているのだろうか。それを考

---

[12]　"Ramzan Kadyrov: Ia videl istinnoe litso tak nazyvaemogo gosudarstva Ichkeriia," 2020. *Groznyi TV*, 24 aprelia. https://grozny.tv/news/main/37393（2024年9月25日閲覧）

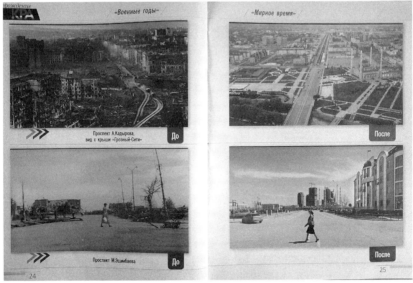

図 2 「対テロ作戦」殉職者の慰霊碑（上、2018 年 8 月筆者撮影）と雑誌『KRA』2011 年第 5 号[13]（下）

---

13) KRA, No. 5, 2011 g.

察するためには住民側の反応を見なければならない。

　2000年代以降、チェチェンなどで定期的に実施されてきた研究者による世論調査［Khaikin and Cherenkova 2003; Khaikin 2009; Popov and Khaikin 2014］では、確かに人々はチェチェンの独立を望んでおらず、徐々にその関心も治安や安全保障から経済社会問題へと移行し、カディロフへの支持も高まっている傾向が読み取れる。これは、まさに体制側の支配的言説と一致した回答の傾向である。だが、このような回答は、政権が望む回答をしなければ弾圧されるという「恐怖からの支持」の表明なのか、それとも現体制が強調するような彼らの偉業を評価した「成果に基づく支持」なのだろうか。この疑問を考察することは極めて重要である。

　カディロフを信頼するという回答がどれだけあるのかという量的な世論調査では、政権による「正統化」の試みが住民に浸透しているように観察できてしまう。しかし、それが「恐怖からの支持」であれば、表面的には正統性を高めることに成功していても、人々からの信頼性を欠いたまま、権威主義体制が存在していることになる。あるいは、「成果に基づく支持」という側面があっても「最悪よりはまだマシ」という評価では、信頼性を伴わないことになる。紛争後の権威主義体制の正統性を考える上で、信頼性にかかわる問題は避けては通れない。

　だが、権威主義体制下の住民の反応を考察する方法は限られている。公開情報は少なく、制度や選挙を通じてでさえ、政治の現実を外部から把握することは困難である。逆説的だが、このことが現地調査の重要性を高めている。権威主義国家における調査では「情報収集」が問題となり、現地調査で徐々に集める必要がある［Morgenbesser and Weiss 2018］。権威主義的体制下では、量的調査は本質的に困難であり、質的調査に対する重大な制限も研究を妨げている［Clark 2006; Goode 2010］。研究者自身が監視され、個人の安全が問題になり、体制側による説明責任や市民的自由の提供もなく、暴力やハラスメントに晒される。しかし、外部から得られる情報がほとんどなく、量的研究でも住民の論理にまでは迫れないことが、逆説的にインタビューなど現地調査の重要性を高めている。

(3) インタビュー調査の評価と信頼性問題

　他方で、権威主義体制下のインタビュー調査にはいくつか問題がある。第一に、サンプル母数の少なさと回答者の属性による回答の偏りである。権威主義体制下では、事前にインタビュー対象者の人数や属性を決定することは困難であり、人脈を通じてインタビュー対象者を見つけることになる［Morgenbesser and Weiss 2018］。本調査でも筆者の友人・知人を介して回答者を見つけた。サンプル母数の少なさは、確かに問題だが、本調査はチェチェン住民が「どれほど」権威主義体制下の「平和」を受け入れているのかを問うのではなく、調査対象住民がカディロフ体制下の「平和」を「どのように」受け止めているのかに迫るものである。よって、本調査においてはサンプル母数の少なさは死活的問題にはならないと考える。

　また回答者の属性による回答の偏りについては、まず、既述のように現在、チェチェンに居住している住民は、国外に脱出した住民と異なり、積極的か消極的かは別にしてもチェチェンで生活することを選択した住民である。チェチェン経済は公的部門に支えられており、調査対象者も公的機関や国有企業で働いている者が少なくない。よって、彼らの属性によって回答にバイアスが生じるとすれば、監視と弾圧の恐怖から、現体制を称賛する動機を有するということである。

　第二に、回答の信頼性をめぐる問題である。回答者は自らの身が危険に晒されると考え、また調査者を信頼できないが故に、本音を述べずに権威主義体制下で許容される発言をしようとするかもしれない。これも回答者の発言を現体制の称賛へと向かわせる動機を持ち得る。

　これらの問題をできるだけ回避・克服するために本調査では、3つの対応を行った。第一に、既述のように本調査では、調査者と信頼関係を有する現地の数名の調査対象者を起点とし、スノーボウル調査法を用いて対象者を発掘している。第二に、調査者は、チェチェン現代史、特に独立派政権時代を中立的観点から長年研究し、博士号を授与されたことなどを説明し、可能な限り信頼を得る努力をした。これは、独立派政権時代が現地で公的空間から除去されている中で、日本から「私たちの国」、「私たちの生きた時代」を研究する人が来たという強い関心を調査対象者に呼び起こした。第三に、調査対象者に関する情

報は、性別、年齢層、職業に限り、インタビュー日時も示さず、録音もしないことを約束した。権威主義体制下では、研究者も監視下におかれるため、回答者の安全を保証し、自由なコミュニケーションを行うために匿名性を確保した。これは権威主義体制下の調査で一般的に行われている方法である[Clark 2006; Goode 2010; Morgenbesser and Weiss 2018]。

(4) インタビュー調査の内容

　上記のような対応を行っても、言論統制と弾圧下にある状況で現体制への評価を直接的に尋ねれば、住民は体制を称賛すると予想される。現在のチェチェンにおいてカディロフ体制を直接批判することは困難であり、回答者にとって危険ですらあるからである。よって本調査では、「独立派政権時代（1990年代の政治・経済・社会状況と紛争の経験）をいかに評価するのか」と尋ねることで、間接的に現体制への不満を読み解こうとした。当然、その意図は、現体制による支配的言説と住民の回答が一致するのかを観察するためである。

　よってインタビューは、1990年代の独立派政権期を経験した30代以上の住民を対象とし半構造化形式で実施した。調査は、2018年と2019年の8月にそれぞれ2週間程度現地に滞在し、知人・友人を介して知り合った10人にロシア語で行った。調査対象者10人の内訳は、作家や学者などの知識人4人（60代男性2名、50代女性2名）、行政職員4名（40代男性1名、30代男性2名・女性1名）、技師1名（50代男性）、旅客業1名（40代男性）である。女性が3名と少ないのは、イスラームを信仰するチェチェンでは、女性が単独で外国人男性の調査に応じることが困難なためである。

　インタビューは、独立派政権時代の生活、第一次紛争の開始と終結、戦間期の様子、第二次紛争の開始と終結、現代のチェチェンに対する評価などの10の質問項目で構成した。筆者は回答者の語りを重視し、話が継続する限り、話を遮らず、聞くように努めた。当然、個人の体験の語りには過去と現在との対比や、「良い」、「悪い」などの自身の経験に基づく評価が伴う。そこから独立派政権時代や現在への評価を読み取ろうとしたが、その言説的反応は3つの形態が想定される。

　第一に、現体制下の平和を称賛し、独立派政権時代を批判するという回答で

ある。これは、体制にとっての模範的回答である。この回答は、体制側による支配的言説が住民にも浸透していると思わせる回答である。だが、この回答だけでは住民の反応が弾圧の恐怖によるものなのか、体制の成果を評価したものなのか判然としない。

　第二に、現体制下の「平和」を称賛しつつも、独立派政権時代を評価するという回答である。独立派政権時代を肯定的に評価することは、現体制への批判と解釈することが可能である。故に、この回答は体制側による支配的言説に住民が翻弄されているわけではないことを示す。より重要なことは、この回答は現体制の問題点を暗に指摘しながらも、現体制の成果（紛争後の安定等）を認めている点である。よってこれは、恐怖から政権を評価しているのではなく、体制側が部分的とはいえ支持の調達に成功している可能性も示唆している。

　最後に、独立派政権時代のみを評価し、現体制についての評価を直接下さないという回答である。強固な権威主義体制下では直接的に体制を批判することはできないため、独立派政権時代への肯定的評価を通して間接的に現状への不満を表明するという方法が考えられる。この回答は、弾圧の恐怖はあるものの、体制側による「正統化」も十分に住民に受容されておらず、現体制に住民が反発していることを示していると考えられる。

3　チェチェン住民の言説分析

(1)　独立派政権時代についての言説の分析

　本節では、1990年代の独立派政権時代から現在までの政治的展開をインタビュー対象者の談話に基づいて要約し、回答者がどのような評価をしているかを明らかにする。その際に、同種の回答を可能な限り相互に比較しながら取り上げる。

　なお調査では、回答者の主張や評価が回答する状況で変化する可能性があると考え、正式なインタビューを依頼し質問したケースと、雑談の中で質問したケースがある。以下では前者を(1)、後者を(2)と記載している。回答者の身の安全のため、属性については談話を記載したあとに（　）内で年代、性別、職種のみを示し、面談日時は不記載とする。同じ年代・同じ性別だが、回答者が異

なる場合は、判別できるように便宜的にA、Bなどの記号を付した。なお、以下引用する発言中における（　）は引用者によるものである。

さて、1990年代初頭、チェチェンはロシアから事実上の独立状態にあったが、この状態に対する受け止め方はさまざまだった。ある回答者は、当時の社会状況は混沌としていたが、自由はあったと評価した。しかし、性急な政治的要求がなされた状況を批判した。

> ペレストロイカで出版物が増加し、自由な経済、貿易取引などが始まった。私は修士課程を終えて図書館で働いていたけれども、92年に給与の支払いがストップしたの。93-94年に教育、文化、芸術、図書館などさまざまな仕事についたけれども、現物支給はあっても現金は未払いだった。それでも何でも自由に語ることができたわ。だから、政治的な側面は別にして文化面では素晴らしかったと思うわね。私は、人々にとっての自由、つまり文化面での自由には賛成だったけれども、国家や集団にとっての自由、つまり独立やそのための戦争には反対だった。(50代女性A・知識人(1))

別の回答者は、1990年代は自由で活気があり、混乱期に助け合った時代だったと回想している。彼は政治的自由についても好意的に評価している。

> イチケリア時代には自由があった。ミーティングやデモなども自由にできていた。90年代前半はトルコや中東から無関税で物を仕入れ、チェチェンで売っていた。この頃はロシアの方が大変な状況で、物不足に陥っていた。ロシアからグローズヌィ[14]に買い出しに来る人も多かった。当時は、チェチェンでも物不足や給与の未払いもあったけれども、人々がとにかく助け合っていた。(40代男性・旅客業(2))

別の50代・知識人女性は、上記男性と異なり政治運動やデモをあまり評価せず、自分と縁遠いものだと考えていたという。

---

14) チェチェンの首都。

> 私は当時、図書館で働いていたけれども、1992-94 年は最も苦しい時期だった。カオスと言っても良いわね。戦闘員たちが徐々に増えてきて、いろいろな会合やデモなどが行われていたけれども、自分とは縁遠いものだと思っていた。ドゥダーエフ[15]は色々と良いことを言っていたけれども、何も実現しなかったわ。友人が「戦争が始まるから逃げなさい」と私に言ってくれたけど、私には実感が湧かなかった。（50 代女性 B・知識人(2)）

1990 年代を「カオス」と捉える言説は、体制側の支配的言説に近い。また住民は、紛争を予期できず、またこれに反対する世論が大きかったということは既に多くの研究で指摘されているが、60 代・知識人男性は以下のように述べている。

> 1990 年代前半の空気感として戦争は始まらないと思っていた。しかし、戦争が始まったら、全てが変わっていた。戦争反対の世論も凄まじいものだった、それはイングーシやダゲスタン[16]でも展開された。しかし、それでも戦争は止められなかった。私たちと兵士たちの論理は違う。だから、世論が当時どれだけの意味を持ったのかと私は聞きたいよ。（60 代男性・知識人(1)）

この言説は、自分たち住民が 1990 年代には無力だったことを示唆している。ロシアは、独立を掲げ政治的要求を突きつけるドゥダーエフ政権に対して反ドゥダーエフ派を支援し、分断と内紛による独立派の排除を画策したが、これらの作戦は失敗した。結果として、ロシア兵が捕虜となり、ロシア政府はチェチェンへの軍事介入を決定する。1994 年 12 月にチェチェンへの大規模な軍事作戦が開始された。ロシア政府は、紛争の早期終了を想定していたが、紛争は長期化・泥沼化した。多くの住民も一時避難と思い隣国に逃れたが、思いのほか、長期化し自ら戻ってきたようである。当時、幼かった 30 代・公務員女性

---

15) ジョハル・ドゥダーエフ（1944-96 年）。チェチェン独立派の初代大統領（1991-96 年）。
16) イングーシとダゲスタンは、チェチェンと隣接するロシア連邦内の民族共和国。

は涙を流しながら以下のように述べた。

> 「こんな様子だから、もう戦争になりそうだ」という時に親族の車でグルジア[17]に逃れたの。自分は子どもだったから、その時はよくわからなかったけれど、1週間ほどのつもりで、食糧から何から何までかき集めて向こうで過ごす予定だったらしい。でも、1週間のつもりが半年になって。グローズヌィも少し落ち着いたと聞いて、これ以上グルジアにもいられないってこともあって戻ったのよ。街は完全な廃墟だった。それからは、ほぼ毎日殺人事件や死体を目にするような悲惨な日々だった。（30代女性・公務員(2)）

甚大な被害を生み出した紛争は、1996年にロシアとチェチェン独立派の間で和平合意が締結され終結した。独立問題は、5年間のうちに合意を得るとし棚上げされた。ロシア軍の撤退が完了後の1997年1月には、チェチェンで民主的な大統領選挙が実施された。しかし、1997-99年のマスハドフ[18]政権（独立派）は、紛争後に荒廃し課題が山積したチェチェン国家を運営し、ロシアとの困難な交渉、そして国内での過激派からの突き上げに対処することができなかった。1999年8月にチェチェンの過激派は、マスハドフ政権を無視し、隣接するダゲスタンに進軍した。さらにテロも頻発し、ロシアは平和条約を破棄、チェチェンへ再び進軍した。

(2) 現体制にかかわる言説の分析

ロシア軍の進軍後、カディロフ父は独立派から離反し、親露派行政府長官に任命された。よって、第二次チェチェン紛争の発生は、現在のカディロフ体制の起源にかかわる極めて重要な出来事である。前節で支配的言説について述べたように、カディロフ父子は独立派という「犯罪者集団」、「テロリスト」に立ち向かい、戦争終結へと導いた指導者として現体制下では讃えられている。

独立派指導者の無為無策と、カディロフの功績の対比はインタビューでも明

---

17) チェチェン共和国の南にある独立国。現在は、ジョージアと呼称されることも多い。
18) アスラン・マスハドフ（1951-2005年）。チェチェン独立派の第3代大統領（1997-2005年）。

らかで、60 代・元政治家の発言は、独立派に対し最も辛辣である。

> （97 年の選挙での）マスハドフへの支持は、彼自身や彼の公約を支持したのではない。ヤンダルビエフ[19]の継続を期待していなかったのだ。マスハドフは、何をするべきかわかっていなかった。大統領になる器ではなかったのだ。マスハドフは、大統領をやるべき人間ではなかった。大統領は責任のある人がするべきだ。神の前でその責任を引き受けることを表明したのは、アフマト・カディロフただ 1 人だった。（60 代男性・元政治家(1)）

他の調査対象者も 1997 年の選挙そのものは自由だったが、マスハドフは無能か、少なくとも問題を解決できなかったと述べる。そして、カディロフ父は問題を解決したと言及した。これらは体制側の支配的言説と一致している。

> あんなに自由な選挙は今までなかった。人々は、マスハドフに投票したのではなく、平和に投票したの。大変な時だった。武器は流通していて……。でも、厳しい処置が必要だったのに、マスハドフは非常に弱い指導者だった。イチケリア時代は私にとってはカオス。チェチェンに平和をもたらしたという意味では、カディロフには感謝している。もう武器の流通やお酒の問題、治安について心配する必要はないから。（50 代女性 A・知識人(1)）

> 私はマスハドフの時にだけ選挙に参加した。彼だけが戦争をやめさせることができると思っていたから。でも、かわいそうなマスハドフは反対派の抵抗に遭って、どうしたら良いのかわからなくなったのね。彼は強い指導者ではなかった〔……〕。マスハドフの後は、誰も信じることができなくなった。だから、その後、選挙にも参加しなかった。でも選挙後の（アフマト）カディロフの国民へのメッセージが戦争に疲れていた人々に強く訴えかけたの。（50 代女性 B・知識人(1)）

---

19) ゼリムハ・ヤンダルビエフ（1952-2004 年）。チェチェン独立派の第 2 代（臨時）大統領（1996-97 年）。

30代・公務員女性は、戦禍の激しさを思い出し嗚咽しながら、カディロフ父への感謝を表明した。

　　2度目の戦争では、毎日掃討作戦が行われた……。戦争がどんなにひどいものだったか……。でも私たちの大統領、先代のカディロフのおかげで戦争は終わったの。(30代女性・公務員(2))

　こうした話を聞くと、現体制下の「平和」を積極的に受け入れ、種々の問題には目をつぶっているか、あるいは認識していないような印象を与えるかもしれないが実際は違う。現体制の問題点を認識しつつ、相対評価を下しているのである。例えば、40代・公務員男性は冷静に以下のように述べる。

　　カディロフ体制に問題はあると思うし、独裁者だとも思うけれど、国が安定し、経済が良くなったことも確かだろ。自由だ、独立だと言っても国が良くならなければ意味はない。もちろん、独立や自由が達成できるのであれば、それに越したことはないけれど、それが混乱や経済的な破滅を意味するならば、そんなことはできない。独立や政治的自由については、十人十色の考え方があると思う。自分も海外で生活していたから、海外の友人の中には現在の体制を批判して、そんな国には戻りたくないという人たちもいる。確かに汚職もあるし、問題は山積しているとは思う。(40代男性・公務員(2))

　これは体制側による支配的言説が必ずしも住民に浸透しているわけではないことを示唆している。他の回答者も自らの経験した独立派政権時代との比較に基づいて冷静に現体制を見ている発言が多かった。例えば、知識人たちは、現体制下ではチェチェンの近現代史（独立派政権時代を含む）に関する歴史的記述、博物館での展示、学校での教育などが不十分であること、中立的・客観的研究が困難なことに苦言を呈していた。現体制は、独立派政権期を混沌の時代として描き、次世代が自分たちの歴史について学ぶ機会を制限している。現体制は、歴史を忘却させ、チェチェンから戦争の痕跡を消そうとし、復興と発展を強調

している、などの意見である。

こうしたことに危機感をあらわにする回答者もいた。

> 確かに、インフラ整備は猛烈な勢いで進んでいる。それは無賃金でも労働者が働いているからだ。そもそも戦争の被害は、本来、目に見えないものだろう。(60代男性・元政治家(1))

> 戦争で皆、兄弟や家族を失ったんだ。必ず皆、親戚の誰かを失っている。現在の政府は、過去をなかったことのようにしている。俺の兄弟は、戦って死んだんだ。あの出来事をなかったことになんてできない。一体、どれだけの人々が死んだんだ。全部なかったことにするのか？そんなことできるはずがないじゃないか。(40代男性・旅客業(2))

以上の言説はいずれも体制側による言説的統制の問題点を住民が認識していることを示唆している。しかし、このような認識は公的空間で表明されることもなければ、私的な空間で共有されることも少ないようである。筆者がインタビューした人の多くは、自らの経験を家族に語ることはないと断言した。その理由について、「辛いことを共有して何になるのか」といった意見や、「強く生きるべき男性には過去を嘆くなどできない」などの意見もあった。戦争体験の共有は辛い過去と向き合うことを余儀なくさせるが、「家父長的な」文化や慣習が一部残るチェチェン社会では、自らの苦悩や悲しみ、葛藤を、家族であれ共有することが困難なのかもしれない。あるいは、伝えることができないのではなく、「平和」な世を生きる子どもたちの世代に不安を抱かせたくないから、伝えないのかもしれない[20]。

---

20) 筆者が現地で話を聞いた学生は、戦争経験について親から直接聞いたことはないが、大変な経験をしたであろうことは、多くの親族が犠牲になったことで予想がつくとも述べていた。しかし、親が話そうとしないことを、こちらから聞くことはしないし、できないとも述べていた。

おわりに

　本章では、紛争後の権威主義体制下の「平和」がどのように評価されているのかを考察するためにカディロフ体制下のチェチェン住民の言説分析を行った。1990年代の独立派政権期に対する住民の認識を問うことで、現体制下で提供されている「平和」に対する住民の反応を理解することを目的とした。その際に独立派政権を批判し現体制を称賛する言説、両政権を評価する言説、現体制の評価を避け独立派政権のみ評価するという言説を事前に想定し、分析に当たった。分析の結果、2つの重要な特徴が浮かび上がった。

　第一に、多くの回答者はカディロフ政権下の「平和」を、独立派政権時代の戦争や無秩序と対比して評価していた。彼らは独立派政権下の問題点や指導者の政治的責任の欠如を指摘しながら、現政権を評価した。この論理構成は、カディロフ政権から提示されている支配的言説と一致しており、体制側による「正統化」の試みは一定の効果をあげているように思われる。だが、その理由は、弾圧による恐怖からだろうか、それとも体制側の成果を住民も認めているのであろうか。これを読み解く鍵は、体制への批判の有無にあると本章は想定した。

　第二に、現体制に対する直接的または間接的な批判も存在し、無批判に称賛する回答者は限られていた。何人かの回答者は、体制側の情報操作や支配的言説を問題視し、懐疑的な態度を示した。このような態度は、独立派政権時代の問題を認める一方で、その時代に経験した自由を評価する言説にも表れていた。これは、暗に現在、自由がないことを示唆している。したがって、本調査の回答者は現体制の問題を認識し、それを表明しているのである。

　これは筆者の当初の予想を大きく超える回答であった。つまり、回答者は、客観的に現体制の問題を理解しているだけではなく、それを第三者である筆者に間接的、もしくは直接的に伝えているのである。

　現体制に対する間接的な批判は、以下の言説からも捉えることができる。

　　（90年代は）とても興味深い時代だったわ。そう、あらゆる立場からの言

論があった。それは、私たちが一度も経験したことのないものだった。嵐のようだった。あらゆる自由があったのよ。その多様性といったら、右から左まで全ての政党や団体が自分の新聞を持っていたのよ。あんな時代は私の生きていた中で一度だけね。私たちは、あの時代を明るく生きていたのよ。貧しく、パンはなく、お金もなく、何もなかったけれども、それでも輝いて生きていた。残念だけど、今はそんな自由はないわね。戦争が全てを破壊し、取り除いていった。そして現在の……。こんなこと言ってはならないわ。(50代女性A・知識人(2))

　ある回答者は、現体制の成果を認めながら、その問題点も指摘し、カディロフを「独裁者」とすら評していた。これは雑談の中で出たものだが、現体制への直接かつ厳しい批判であり、筆者の予期しないものであった。加えて、この回答者は、以下の発言のように現体制の主張とは異なり、独立派の指導者を「テロリスト」や「犯罪集団」のリーダーと見なしていない。つまり、現体制による支配的言説と明確に不一致な発言をしつつ、独立派政権も評価しながら、それでも現体制を受容するのである。

マスハドフが完全な独立を求めていたという意見もあるけど、それは真実じゃないと思うよ。僕は、ある時にどこかでロシアとの合意文書を見たんだ。そうしたら、そこにはロシアとの正常な経済協力体制を築こうとしていた形跡があった。……そういった意味でもマスハドフは立派な指導者だったと思う。ただ、国内が混乱し、マスハドフの言うことを聞かない指導者がいる以上、彼はもっと厳しい対処をするべきであった。当時求められていたのは、強いリーダーシップだったんだ。そう結果的に、現在のカディロフのようなね。これにも問題はあるけれども、少なくとも必要だったんだ……。マスハドフの死は本当に残念だよ。(40代男性・公務員(2))

　現体制の問題点を認識しながらも、現体制が達成した「平和」「安定」「復興」を回答者たちは認めている。こうした反応は、現体制がチェチェンの非自由主義的平和を抑圧だけで達成したのではなく、たとえそれが消極的であり、

相対的なものに過ぎないとしても、住民から現体制への一定の支持を得ることに成功してきたことを示唆している。このような理解は、政権の努力のみに焦点を当てた先行研究からは得られない知見だろう。

権威主義体制下の「平和」は、一方で政治的代替性や自由の欠如をもたらし、他方で安定と復興をもたらしている。住民は、この矛盾を認識しているが、権威主義体制下における「抑圧」と「取り込み」によって現状を改善する術も能力も奪われている。そのような中で、単純に体制側の支配的言説を鵜呑みにするのではなく、問題がある現状にも首肯できる一定の意味を探すことで、回答者たちは権威主義体制下の「平和」を受容する理由を見出しているようにも思われる。つまり、紛争後の権威主義体制による「正統性」獲得の試みは、住民に他の選択肢がないため、一部受容されている素地はあるが、支配的言説の拡散と言説的統制では体制側が「信頼性」を勝ち取ることはできないことも、本章の考察から明らかになったといえる。

本章は、紛争後の権威主義体制下における政権と住民の「つながり」を問い直すことで、権威主義体制が主張する「正統性」が住民にどのように評価されているのかを考察した。権威主義体制下では、住民と体制側の「つながり」は、体制側から一方的に構築されるものである。本章では、この体制側から構築されている一方的な「つながり」を住民側の視点から評価しなおすことを試みた。そのため、チェチェン住民の現状に対する評価をインタビュー調査による言説分析から読み取った。

その結果、体制側による「正統化」の試みは、部分的には、調査対象者の住民の言説の中に浸透している要素が読み取れたものの、住民側は現体制の問題点も認識していることがわかった。それでも、現体制を受け入れざるを得ないのは、強固な権威主義体制による支配の中で他に選択肢がないという否定的な理由だけではなく、過去の戦争という悲惨な経験との対比のなかで現状にも首肯できる要素があると自らを納得させている側面があるのではないかと、本章では理解した。紛争後の権威主義体制下の「平和」では、住民側の反応が可視化されないことが多いが、体制側と住民の「つながり」の内実とその複雑性を本章は明らかにした。特に、紛争後の権威主義体制は、いかにその「正統性」を主張し働きかけても、それだけでは住民の「信頼性」を獲得し得ないという

事実は重要な発見ではないだろうか。

　　付記　本章は、筆者がこれまで研究助成を受けた以下の研究プロジェクトの成果の一部である。科研費・若手研究（18K12729）および基盤研究 C（21K01360）、JFE21 世紀財団 2020 年度アジア歴史研究助成。

参考文献
富樫耕介 2015『チェチェン——平和定着の挫折と紛争再発の複合的メカニズム』明石書店
――― 2019「マイノリティの掲げる『国家』が変化するとき」『ロシア・東欧研究』47:81-97
――― 2021『コーカサスの紛争』東洋書店新社
Avedissian, Karena. 2016 "Clerics, Weightlifters, and Politicians," *Caucasus Survey* 4(1): 20-43.
Basnukaev, Musa. 2014 "Reconstruction in Chechnya, at the Intersection between Politics and the Economy," *Chechnya at War and Beyond*, London and New York: Routledge.
Clark, Janine. 2006 "Field Research Methods in the Middle East," *Political Science and Politics*, 39(3): 417-423.
Freedom House. 2009 *Worst of the Worst: The World's Most Repressive Societies*. https://freedomhouse.org/sites/default/files/inline_images/WoW2009.pdf（2024 年 9 月 25 日閲覧確認。以下、URL 確認日は同じ）
Frieden, Jeffry, David Lake and Kenneth Shultz. 2018 *World Politics (4th edition)*, New York: W. W. Norton & Company.
Gerschewski, Johannes. 2013 "The Three Pillars of Stability," *Democratization*, 20(1):13-38.
Goode, Paul. 2010 "Redefining Russia," *Perspectives on Politics*, 8(4):1055-1075.
Halbach, Uwe. 2018 *Chechnya's Status within the Russia Federation*, Berlin: SWP Research Paper.
Iliyasov, Marat. 2021 "Security and Religion: The Discursive Self-legitimation of the Chechen Authorities," *Journal of Muslims in Europe*, 10: 247-275.
Keen, Michael. 2021 "Assessing Authoritarian Conflict Management in the Middle East and Central Asia," *Conflict, Security & Development*, 21(3): 245-272.
Khaikin, S.R. 2009 Zhizn' posle mira (vospriiatie tekushchei situatsii naseleniem Chechenskoi Respubliki), *Politika*, 2(53): 158-176.
Khaikin, S.R., N.A. Cherenkova. 2003 Izuchenie obshchestvennogo mneniia Chechenskoi Respubliki, *Mir Rossii*, 3: 3-34.
Le Huérou, Anne. 2014 "Between War Experience and Ordinary Police Rationales," *Chechnya at War and Beyond*, London and New York: Routledge.
Lewis, David, John Heathershaw and Nick Megoran. 2018 "Illiberal Peace? Authoritarian Modes of Conflict Management," *Cooperation and Conflict*, 53(4): 486-506.

Mason, David, Mehmet Gurses, Patrick Brandt, Jason Quinn. 2011 "When Civil Wars Recur," *International Studies Perspectives*, 12: 171-189.

Memorial. 2006 O proekte amnistii v otnoshenii lits, sovershivshikh prestupleniia v period provedeniia kontrterroristicheskikh operatsii na Severnom Kavkaze. http://old.memo.ru/hr/hotpoints/caucas1/msg/2006/09/m58618.htm

Morgenbesser, Lee and Meredith Weiss. 2018 "Survive and Thrive," *Asian Studies Review*, 42 (3): 385-403.

Owen, Catherine and Shairbek Juraev. 2018 *Interrogating Illiberal Peace in Eurasia*, London: Rowman & Littlefield International.

Popov N.P., S.R. Khaikin. 2014 Aktual'nye problemy severnogo Kavkaza v otsenkakh zhitelei respublik, *Monitoring Obshchestvennogo Mneniia*, 2(120): 131-163.

Rodina, Elena and Dmitriy Dligach. 2019 "Dictator's Instagram: Personal and Political Narratives in a Chechen Leader's Social Network," *Caucasus Survey*, 7(2): 95-109.

Russell, John. 2014 "Ramzan Kadyrov's 'Illiberal' Peace in Chechnya," *Chechnya at War and Beyond*, London and New York: Routledge.

Scicchitano, Dominic. 2019 "The 'Real' Chechen Man," *Journal of Homosexuality*, 68(9): 1545-1562.

Smith, Claire, Lars Waldorf, Rajesh Venugopal and Gerard McCarthy. 2020 "Illiberal Peace-Building in Asia," *Conflict, Security & Development*, 20(1) 1-14.

Szczepanikova, Alice. 2014 "Chechen Refugees in Europe," *Chechnya at War and Beyond*, London and New York: Routledge.

Toft, Monica. 2010 *Securing the Peace*, Princeton: Princeton University Press.

Zabyelina, Yuliya. 2014 "'Buying Peace' in Chechnya," *Journal of Peacebuilding & Development*, 8(3): 37-49.

第11章 新疆ウイグル自治区の民族幹部
――「両面人」批判に見る排除と入れ替えの歴史的過程

熊倉 潤

はじめに

　本章が取り上げる新疆ウイグル自治区は、現在、中国の一部とされているが、古来、東トルキスタンと呼ばれた地域に重なり、ウイグル人をはじめとするムスリムが多く住む（図1）。2020年現在、自治区の人口2585万人のうち、ウイグル人は1162万人で、全体の約45％を占めている[1]。これにカザフ人らその他のムスリムを含めると、ムスリムは自治区の人口の過半数を占める。この新疆のムスリムと中国共産党政権のあいだの信頼、不信の問題の一端を解き明かすのが、本章の課題である。

　しかし、新疆に住むムスリムが中国共産党を本当のところどう思っているのか、彼らの本音を聞くことは至難の業である。体制の宣伝媒体に登場する人物の発言は、中国共産党への賛美一色であり、一方で亡命者の証言、海外団体の報告書は、中国共産党への批判一色である。こうした状況では、新疆ウイグル自治区に現在住むムスリムが、中国共産党を信頼しているのか、そうでないのかといった問題について、分析を深めることは困難である。

　それでは中国共産党の側から見た場合、どうであろうか。支配者である中国共産党の側から見ると、信頼できる現地ムスリムを幹部に据えるという人事を1949年から行ってきた。この幹部の人事に、中国共産党から見た信頼、不信の問題がひそんでいることが考えられる。

---

1) 2020年の第7回全国人口調査の結果に基づく。なお、「漢族」の人口は1092万人で、自治区全体の約42％を占める。

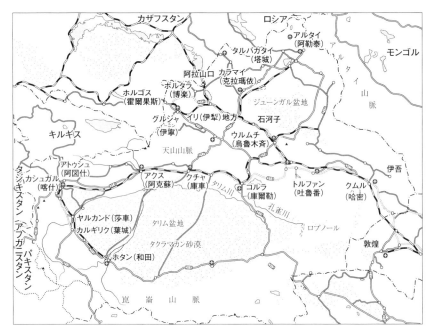

図1　新疆ウイグル自治区

出典）『地球の歩き方　西安　敦煌　ウルムチ　シルクロードと中国西北部』を基に筆者作成。
注）河川は主なものに限った。

　中国共産党は2024年現在、1億人近い党員を有する世界最大の政党で、党員の大半は漢人（漢族）である。非ムスリムが中心の集団といってよい。その中国共産党は、この新疆ウイグル自治区において、ウイグル人をはじめとする現地ムスリム出身の幹部を起用し、彼らの言葉で言えば民族間の「団結」、つまり信頼関係を構築しようとしてきた。言い換えれば、中国共産党は、自らが信頼できる人からなる「幹部の隊伍」をいかにして創り出すかという課題をこれまで常に抱えてきた。

　本章では特に、ウイグル人をはじめとする現地ムスリム出身の幹部、すなわち「民族幹部」[2]に着目する。中国共産党が民族幹部を信頼できる者だけで固めようとするとき、一部の信頼できない民族幹部の排除とそれに伴う「入れ替え」の現象が生じた。この問題は、非ムスリムを主体とする集団がムスリム地域をいかに統治するか、間接統治者、コラボレーターをどのように作り出し、

作り替えるか、という統治の問題に通じる。したがって本章は、信頼に基づく統治、不信に基づく排除の論理をテーマにしているともいえる。

　新疆ウイグル自治区といえば、2017 年にウイグル人を中心とする多くの現地ムスリムが、「職業技能教育訓練センター」などと呼ばれる施設へ収容されたことが知られる。収容者数については 100 万人ともそれ以上ともいわれ、確定しないが、収容（中国では職業訓練施設での「学習」とされる）があったことは間違いないだろう[3]。本章はこの大規模収容を主題とするものではないが、収容と同時に、2017 年には、中国の国家権力と地元のムスリムをつなぐ存在であった多くの民族幹部が、「両面人」というレッテルを貼られて断罪され、失脚する事態が発生した点に着目する。

　そのなかでとりわけ重要なのは、2017 年 5 月、自治区教育庁元庁長サッタル・サウトが収賄の嫌疑で拘束された事案である。はじめは収賄の罪であったが、その後国家分裂罪が加わり、2021 年 4 月、自治区高級人民法院が国家分裂罪と収賄罪により死刑、執行猶予 2 年の判決を下していたことが明らかになった。サッタル・サウトは、「両面人」というレッテルを貼られ、具体的には教材発行の責任者としての権限を悪用して、新疆の小中学校で使用される教科書に、「民族分離主義」の思想を盛り込んだとして断罪された。『人民日報』はサッタル・サウトのもとでつくられた教材について、「民族分裂、暴力テロ、宗教極端思想などの内容を盛り込まれた少数民族の言語教材は、新疆で 2500 万

---

2) 「民族幹部」とは、漢人以外の少数民族出身の幹部という意味で、少数民族幹部といわれることもあるが、少数民族という言葉は、やや漢人中心のきらいがある。全国レベルでは少数民族の人口はたしかに総人口の 10% に満たないが、新疆ウイグル自治区などでは、少数民族のほうが漢人より多いことが一般的である。そのため、少数民族幹部というより、民族幹部あるいは現地民族幹部という表現が、新疆の実態からして比較的よいと思われる。

3) この問題は本章の主題ではないが、中国政府も職業訓練とテロ対策の名目で、職業訓練施設での「学習」が行われていたこと自体は認めている。一例として、2019 年 12 月 9 日の中国側の記者会見を紹介したい。この記者会見で、当時、新疆ウイグル自治区人民政府主席であったショフレトゥ・ザキルは、アメリカの記者の質問に答えるかたちで、職業訓練の学生数が 100 万人を超えるというのは根拠のない嘘で、「三学一去」に参加した学生は全員卒業し、政府の援助のもとで就業し、幸福な生活を送っていると述べた［中華人民共和国中央人民政府 2019］。ここでいう「三学一去」とは、中国語・漢字、法律知識、職業技能の 3 つの学習と脱過激化（中国語では去極端化）を指しており、脱過激化の観点から教育改造、職業訓練を受けた収容者は全員出所したというのが、ザキル、つまり中国政府側の主張である。全員出所したという主張が本当かどうかはわからないが、職業訓練とテロ対策の名目で再教育施設が開設されていたこと、そこに収容者がいたことは、中国政府も認めていることがわかる。

冊余り印刷され、232万人のウイグル族在校生及び数万人の教育関係者によって13年もの長きにわたり使用された」と非難した［人民日報編輯部 2021: 6］。

　新疆ウイグル自治区の問題は、主に人権問題の観点から世界的注目を集めているが、本章で取り上げる民族幹部に対する非難、断罪は、単に人権問題というだけでなく、本章の課題である中国共産党とムスリムとの関係、とりわけ中国共産党のムスリムに対する信頼を考えるうえでも重要な意味を持っている。ここでは特に「両面人」というレッテルに注目してみたい。「両面人」とは、一般に共産党の幹部でありながら、党に対し絶対の忠誠心を持たず、党に隠れて不正を犯すなどした、腐敗幹部の意味で使われることが多い。しかし新疆の場合、党幹部でありながら「分離主義者」の面も持っているとの嫌疑をかけられた人々も含まれている。「両面人」とされた人たちは、そもそも地元のムスリム社会のエリートであり、共産党が許可した枠内で活動してきた民族知識人、あるいは共産党体制が養成してきた体制内エリートである民族幹部である。その彼らが突如として失脚したということは、中国共産党と新疆ウイグル自治区の現地ムスリムとのあいだの信頼関係にかかわる問題である。

　結論を先回りして述べるならば、中国共産党は2017年前後において、信頼に値しないと見なした人物を「両面人」であると断罪して排除すると同時に、信頼に足ると見なした人間を残し、あるいは新たに起用、補充した。そうすることで、中国共産党は党の統治を安定ならしめていると考えられる。なぜそのようにいえるかといえば、20世紀における中国共産党の歩みが基本的にそうした「入れ替え」を伴ってきたからである。中国共産党の歴史を踏まえれば、2017年に発動した幹部の「入れ替え」のメカニズムが、今に始まったものではないことも明らかだろう。

　本章では、歴史をさかのぼり、民族幹部の形成と「入れ替え」の歴史をひもといたうえで、2017年に新疆ウイグル自治区において生じた「両面人」批判に伴う民族幹部の「入れ替え」が持つ意味を分析したい。

1　新疆における民族幹部の原型の形成

　現在の新疆、あるいは東トルキスタン一帯の歴史を概観すると、新疆は昔か

ら中国の領土の一部であったといわれるにもかかわらず、中華王朝が支配していた時期はそれほど長くなかったことがわかる[4]。たしかに漢と唐の勢力が拡大したときに、その版図に組み込まれた時期はあった。その意味では、中華世界の強力な統一政権の支配下に入ることがあったが、中華王朝の勢力が弱まれば、その支配は持続しなかった。

18世紀中葉に新疆を支配下に組み込んだ清朝の新疆統治は、間接統治の色彩が強かった。当時、南路と呼ばれたタリム盆地一帯には、ベグ官人制度が敷かれた。この制度は、民政には清朝の駐屯軍を直接関与させず、現地の有力者、とりわけ征服の際に清軍に協力した人とその子孫に委ねるものであった。各オアシスの最高位はハーキム・ベグと呼ばれ、駐屯軍の司令に服属した。新疆では内地（甘粛省以東）と異なり、一般人が辮髪にすることは禁止されていたが、ハーキム・ベグは特権として認められた辮髪を結っていた。一方、彼らは自らの小宮廷を営み、モスクや聖者廟の修復、マドラサ（学校）の建設、その維持のためのワクフ（寄進財産）の設定などを行うことができた。彼らのもとでは、中央アジアで伝統的に使われてきたテュルク語文章語であるチャガタイ語が引き続き用いられ、清朝の統治下にありながら独自の文化が花開いた。

1860年代に中国西部一帯で回民（ムスリム）の反乱が起こると、新疆にも反乱が拡大し、回民だけでなくウイグル人も各地で反乱を起こした。各地のスーフィーらがジハードを鼓吹するなか、清朝の新疆駐屯軍は壊滅した。新疆一帯が混乱に陥るなか、新疆の西隣に位置するコーカンドの軍人ヤクブ・ベグが、反乱軍の要請を受けて新疆に到来、カシュガルで政権を確立した。

こうして一時、新疆は清の支配から離脱したが、10年ほどで清軍が再征服し、東トルキスタンの「独立」は夢に終わった。1884年、新疆では省制が施行され、新疆省が設置された。統治は満洲人ではなく、漢人官僚に委ねられるようになった。ベグ官人制は廃止され、従来と異なる直接統治が行われるようになった。教育の面では、現代風にいえば同化政策に相当するような儒学に拠った「教

---

[4] 本章の歴史的事実の紹介は、基本的に拙著［熊倉 2022］に基づいている。直接的な引用ではないため、逐一脚注を付すことはしないが、拙著［熊倉 2022］の記述のうち、1949年以前に関しては、小松［2000］を参照した箇所がある。また拙著校正時に新免康氏からコメントをいただき、反映した記述も含まれる。ここに記して感謝したい。

化」が行われた。漢人官僚は自らが奉じる「礼」「儀」といった儒教的観念に基づいて統治を再建しようとしたのである。こうした儒教道徳による「教化」の影響は、ムスリムの学生が漢人の名前（漢名）を用いるようになるなど、当時の社会の各所に見られるようになった。

そうしたなか、まだ民族幹部という言葉こそなかったが、現地のムスリム出身で、儒教的な教育を受け、漢語を習得し、漢人官僚とともにはたらき、社会的上昇を遂げた人もいた。この時期の新疆社会の下級官僚や民衆の生活に着目した Schluessel [2020]、許臨君 [2023] によれば、漢語教育を受け、辛亥革命後には沙雅県で最初のテュルク系ムスリム出身の地方官に任命されたが、腐敗を摘発され失脚した、艾学書という漢人風の名前の現地民族の「公務員」がいたことがわかる。この人物などは清朝の新疆再征服後、漢語教育を受け、「教化」され、時代の流れにうまく乗ることができた新しい世代であったのだろう[5]。漢人に協力的で、漢人の政権に迎合する現地のムスリム出身の官僚、いわば民族幹部の原型は、この時期既に登場しつつあったことがわかる。

1911 年、辛亥革命が起こると、内地では新たに中華民国が成立し、新疆もその一部に含められることになった。新疆でも、辛亥革命を機にイリ、クムル（哈密）で蜂起が起こるなど変化の兆しが見られたが、そうした動きはウルムチの漢人勢力によって短期間で平定された[6]。これ以降、新疆では、漢人の勢力あるいは軍閥による支配が、基本的に続くことになる。1933 年秋には新疆南部で東トルキスタン・イスラーム共和国がつくられたが、短命に終わった。

その後も漢人の軍閥支配が続いたが、1944 年夏以降、新疆北部のソ連と国境を接する地域において、ソ連の支援のもと、現地のテュルク系民族が相次いで蜂起した。同年 11 月、同地区の中心都市グルジャ（伊寧）において東トルキスタン共和国の建国が宣言された。東トルキスタン共和国は漢人による新疆支配の転覆を図り、民族軍を編制し、迪化（現在のウルムチ）に向けて進撃したが、ソ連側の意向により、進軍を停止した[7]。その後、東トルキスタン共和国はソ

---

5) この点については、筆者による新刊紹介 [熊倉 2024] を参照。
6) その顛末は、日本語にも翻訳されたアブドゥレヒム・オトキュルの歴史小説『足跡（Iz）』（邦題は『英雄たちの涙』［オトキュル 2009]）に詳しい。クムルの蜂起で民衆を率い、漢人勢力やそれと結託する封建領主に勇敢に立ち向かったティムル・ヘリペ（ハリーファ）は、死後伝説的な存在となり、その後の東トルキスタン独立運動に多大な影響を与えた。

連の圧力を受けて解散を決議した。しかし共和国の実力者らは残存し、国民党政権に懐柔されずにいた。

1949年に入り、国共内戦で優勢に転じていた中国共産党は、イリの旧共和国側と交渉を開始した。同年8月、毛沢東は旧共和国首脳に書簡を送り、北京で開催される政治協商会議に招待した。旧共和国側はこれに応じたが、指導者たちを乗せた飛行機は、北京に向かう途中で遭難し、彼ら全員が犠牲となった。ソ連領内で墜落したと発表されたが、真相は明らかでない。こうして旧共和国の指導層は、突如消滅した。このとき同行せず、難を逃れた旧共和国幹部のセイフディン・エズィズィが急遽北京に赴き、毛沢東に面会し、中国共産党の指導に服することを表明した。9月下旬には、省政府主席ブルハンらも共産党側につくことを声明した。

2　中国共産党による民族幹部の養成の始まり

近年の人権状況からすれば奇異に思われるかもしれないが、中国共産党には民族幹部の養成を重視し、これを利用しようとする一面があった。中華人民共和国が建国され、新疆に人民解放軍が進駐しつつあった1949年秋、毛沢東は、「大規模な少数民族出身の共産主義幹部がいなければ、徹底して民族問題を解決し、民族反動派を完全に孤立させることは不可能である」と指示を出していた（1949年11月14日付の毛沢東の指示）［中共中央文献研究室 1992: 39-40; 中共中央文献研究室ほか 2010: 27-28］。しかも毛沢東は、同じ指示のなかで、少数民族地域の幹部の民族構成は人口の民族構成に比例すべきであるという見解も示していた。当時の新疆ウイグル自治区の人口の大半はウイグル人で、漢人はごく少数であったため、相当膨大な数の民族幹部を作ろうとしていたことが窺われる。

その後、1949年12月17日に新疆省人民政府が成立すると、毛沢東の指示の影響で、多くの現地ムスリムが新政府の指導的地位に起用された。新疆省人民

---

7) 進軍停止の背景には、ソ連が蔣介石政権とのあいだで、モンゴルの独立、中国東北部における権益などと引き換えに、共和国を支援しないという約束があったとされる。その後、ソ連の調停により共和国と省政府のあいだで和平交渉が行われたが、和平交渉をめぐって共和国政府内部で激しい対立が起こった。

政府主席は、国民党時代の省政府主席ブルハンがそのまま留任するかたちとなった。中華人民共和国建国後もその任にあり続けることができた国民党時代の省政府主席は、全国でブルハン1人だけであった。

　旧国民党系の他にも、ソ連の支援を受けた旧東トルキスタン共和国から合流した現地ムスリムも要職に起用された。またウイグル人以外にもカザフ人、ウズベク人らにポストが分配された。党組織においても、1949年12月30日、前述のブルハンら15人の入党の儀式が開かれた。彼らは候補期間を経ずに入党を果たし、新疆で最初の少数民族の中国共産党党員となった［中共新疆維吾爾自治区委員会組織部ほか 1996: 23］。

　それに続いて農村に党支部を設置し、農村の労働者を党員に引き入れる党建設（建党工作）が進められた。1952年末から53年末までの1年で、新疆の少数民族の党員数は約2000人から5000人に増加した。この約5000人のうち4003人がウイグル人であった。漢人の党員数も同時に5094人から7295人に増加し［中共新疆維吾爾自治区委員会組織部ほか 1996: 231］、絶対数では漢人が少数民族を上回っていたが、これまで共産党がほとんど根拠を持たなかった新疆の農村に、現地ムスリムの党員が作り出されたことの意義は大きかった。この時期誕生した新疆の党員は、長期的に見れば、現地の既得権益層の裾野となり、共産党対少数民族の対立構図では捉えきれない中間的存在に成長していった。後年、「両面人」と呼ばれ断罪されることになる人たちが生まれたのも、このような中間的存在のなかからであったと考えられる。

3　民族幹部の2回の大規模な「入れ替え」

　しかし中国共産党が新疆で作り出した少数民族幹部は、その後2回の大きな「入れ替え」を経験することになる。反右派闘争と文化大革命である。反右派闘争とは、中国共産党への批判の高まりに対する対抗措置として行われた全国的な粛清運動である。ここでいう共産党への批判とは、主として1957年前半に共産党が、自由で多様な言論活動を容認する政策方針（百花斉放・百家争鳴）をとったことで噴出したものであった。そのなかには、共産党が国家を自らの所有物とするような傾向への批判、共産党だけが政策を決定していることへの

批判などがあった。これに対し共産党は、1957年6月以降、苛烈な弾圧をもって応えた。特に都市の知識人がターゲットとなり、冤罪を含め、実に55万人もの人々に右派のレッテルが貼られ、従来の職場や住まいから追放されたといわれる。

　新疆においても、未だに全貌は明らかでないが、『中国共産党新疆ウイグル自治区組織史資料』によれば、約3200人が誤って右派とされたという［中共新疆維吾爾自治区委員会組織部ほか 1996: 109］。新疆の場合、反右派闘争で特に狙い撃ちにされたのは、「地方民族主義者」とみなされた少数民族の人々であった。ここでいう「地方民族主義者」とは、新疆ウイグル自治区党委員会第一書記の王恩茂の言い方にならえば、分離主義を主張し、国家の統一と「民族団結」に反対する勢力であった［王恩茂 1997: 295-333］。これはつまり、党の民族政策や漢人幹部の専横に対し不満を抱いていた広汎なムスリムに、「地方民族主義者」のレッテルが貼られる可能性があるということであった。中国共産党に忠誠を誓いつつ、「地方民族主義」の面も持っているという意味では、後年、「両面人」として断罪された人たちと類似する。

　反右派闘争を通じて、共産党に忠実でないと目された民族幹部が追放され、指導部の純化が進められた。自治区の指導層でも複数の逮捕者が出た。しかしここで重要なことは、民族幹部全員が追放されたわけではないことである。さいわいターゲットにされなかった少数民族幹部は、率先して「地方民族主義」を批判し、共産党の民族政策を擁護する役回りを演じることで生き延びた。拙著『民族自決と民族団結』で統計的に示したように、新疆ウイグル自治区の少数民族幹部の大部分は、結果的に失脚を免れた［熊倉 2020］。しかし反右派闘争を通じて、共産党の政策方針に異論を許さない雰囲気が醸成された。

　1966年から76年に至る「プロレタリア文化大革命」（以下、文化大革命）の間、新疆も全国各地と同様に混乱と迷走のなかに陥った。人々の相互監視や密告が推奨され、多くの無辜の市民が、「ソ連修正主義者」などのレッテルを貼られて批判闘争の渦中に放り込まれ、障害を負い、命を落とした。ソ連と国境を接する新疆が、「ソ連修正主義」に対抗する最前線、すなわち「反ソ反修の長城」と位置づけられていたことが、事態をいっそう悪化させた。新疆にはそもそも中ソ国境をまたいで行き来していた人が多く、親戚関係も含めれば、膨大な現

地住民がソ連領中央アジアとつながりを持っていた。そうした人たちは、いつ「ソ連に内通」している罪をでっち上げられ、攻撃されるかわからなかった。

　さらにいえば、内地と同様、旧地主、宗教家、知識人らは当然迫害を免れなかった。伝統文化の破壊も、少数民族自治区であるからといって容赦なく進められた。宗教は封建思想とされ、多くの宗教施設や文化財が無惨に破壊され、貴重な文献が焼却された。ムスリムの「思想改造」のために、モスクを敢えて養豚場に転用する事例さえ見られた。新疆社会は、現地民族と関わりなく発動された文化大革命によって、内地に勝るとも劣らない膨大な犠牲を払わされたのである。こうして中国共産党と民族幹部のあいだの信頼は大いに損なわれたといえよう。

　一方で、これと矛盾するようだが、周恩来ら最高指導層は、新疆社会の混乱にソ連がつけこむことがないよう注意を払い、文化大革命の動きを抑制した面もあった。その結果、新疆社会のなかにも保護を受け、場合によっては昇進を遂げる受益者が、一定数現れた。建国後に人格形成された若い世代などには、毛沢東思想に心酔し、文化大革命を支持する人も少なからず存在した。1972年頃になると、文化大革命前に行われていた民族政策が再開されるようになり、民族幹部の抜擢が進んだ面もあった。漢人の幹部が失脚した後に、ウイグル人のセイフディンが新疆ウイグル自治区の党委員会第一書記に就任したのも、この時期のことである。総じて文化大革命は、破壊と抑圧だけではないさまざまな面をあわせ持っていたのであり、民族幹部のなかで淘汰された人間もいれば、最高指導層に信頼され、前例のないほどの昇進を遂げた人物もいたことがわかる。

4　文化大革命後の調整

　文化大革命が終わると、中国全土で長く続いた政治的混乱は徐々に終息に向かった。それに伴い、新疆でもこれまでの政治闘争で批判を受けた人々の名誉回復が本格的に進められるようになった。文化大革命や反右派闘争などの被害者の名誉回復が推進され、1978年以降、新疆ウイグル自治区党委員会は幹部の名誉回復に関連する指示を出すようになり、1979年1月19日に「新疆の『文

化大革命』及び歴史が残した重大問題の処理に関する決定」を発出した。この決定は、文化大革命中に多くの幹部らに向けられた批判が冤罪であったと認め、彼らの名誉を回復するとした［中共新疆維吾爾自治区委員会組織部ほか 1996: 386］。なかには既に亡くなっている人もいるため、この時期追悼行事が公式に営まれ、犠牲者の名誉回復が図られた。

名誉回復の動きは、間もなく基層幹部や末端の党員にまで及んだ。『中国共産党新疆ウイグル自治区組織史資料』によれば、1980 年 3 月までに新疆だけで実に 20 万件の冤罪が認定され、被害者の名誉回復がなされ、さらに党員の身分を剥奪されていた 6658 人が、党員身分を回復したという［中共新疆維吾爾自治区委員会組織部ほか 1996: 386］。

以上から、中国共産党と民族幹部のあいだに信頼が築かれる可能性があったことはわかる。しかし、政策調整と並行して、前任の第一書記であるセイフディンに対する批判が進められ、民族間関係に禍根を残すこととなった。セイフディンは文化大革命中に自治区党委員会第一書記として新疆における政治闘争を率いていたことから、文化大革命中に多くの無実の人を失脚させ、死に至らしめた悪名高い「四人組」とつながっていたと見なされたのである。

さらに攻撃対象はセイフディン 1 人にとどまらず、他の民族幹部まで芋づる式に批判される事態となった。多くの文献は沈黙しているが、内部発行資料である『中国共産党新疆ウイグル自治区組織史資料』は批判がいかに広範に及んだかを伝えている。それによれば、1978 年 8 月に自治区党委員会が開催した会議では、自治区の各庁・局、各州・市の指導者らの 85％になんらかの問題があるとされ、翌 79 年 1 月には、自治区党委員会上層部にいた常務委員ら 6 名が批判を受ける事態となった［中共新疆維吾爾自治区委員会組織部ほか 1996: 387］。

一連の動きは社会の末端にも及び、指導者だけでなく基層幹部のなかにも、文化大革命中に生じたさまざまな問題の責任を転嫁され、追放、降格などの処分対象となる人が現れた。前出の『中国共産党新疆ウイグル自治区組織史資料』も、民族幹部が打撃を受けたことを認めている［中共新疆維吾爾自治区委員会組織部ほか 1996: 387］。文化大革命後の調整は、必ずしも民族幹部にとってよい展開を約束したとは限らなかった。文化大革命後、用済みとされ、お払い箱になった民族幹部もいたことから、中国共産党と民族幹部のあいだに相互信頼

が確立されたとはいえない。

5　鄧小平による幹部政策の定式化

　1980年2月に党総書記に就任した胡耀邦は、みずから民族政策の調整に乗り出し、チベットなど少数民族自治区ではたらく漢人幹部を内地へ転勤させる方針を打ち出した［毛里 1998: 123］。同年7月4日、新疆ウイグル自治区党委員会は、党・政府機構の少数民族幹部の比率は、人口の民族比率に比例すべきであり、2、3年以内に60％まで引き上げること、1985年までに県の党委員会書記のうち半数から3分の2程度、地区（州）の党委員会書記のうち3分の1から半数程度を少数民族幹部とすることなどの数値目標を提起した。

　これを受けて胡耀邦率いる中央書記処は、新疆政策の基本方針に関する「新疆工作問題の討論の紀要」を作成した。紀要には、少数民族幹部を指導的地位に就かせ、漢族幹部はそれを支える助手ないし顧問とすること、少数民族が多い地区の人民公社以下の漢族幹部については内地への転勤を検討することが記された［朱培民ほか 2004: 185］。

　この紀要が出されると、新疆では、自治区およびその下の各地区、各県の幹部が参加する「三級幹部会議」が開催された。そこでは大多数の民族幹部が紀要に対し支持を表明する一方、少なからぬ漢人幹部は別の受け止め方をした。後年『中国共産党新疆ウイグル自治区組織史資料』は、この会議によって「漢族幹部は不安になり、少数民族幹部のあいだにも思想的混乱が生じ」、「民族団結が深刻に損なわれた」とまとめている［中共新疆維吾爾自治区委員会組織部ほか 1996: 387］。同じ頃、内地に帰りたいと主張する下放青年によるデモや、「打倒漢人」をスローガンに掲げた現地ムスリムのデモなどが続けざまに盛り上がった。さらには紀要に触発されて、ソ連の連邦制を導入し、新疆をソ連式の共和国にすべきであるという議論が再燃し始めた［哈日巴拉 2008: 27］。

　鄧小平は、この混乱を収拾するため、1981年8月10日から19日にかけて新疆を視察した。鄧小平の視察の主眼の1つは幹部政策で、前述の漢人幹部の転出論を抑えこみ、幹部政策の基本的指針を打ち出すことにあった。視察のひと月ほど前、7月6日に中国共産党中央書記処会議において、胡耀邦総書記の主

催のもと新疆政策が討議された。その場で提起されたのが、「漢族幹部は少数民族幹部から離れれば仕事がうまくできない」との観点と、「少数民族幹部も漢族幹部から離れれば仕事がうまくできない」との観点を、それぞれ打ち立てるべきである、という指針である［『民族政策文選』編輯組 1985: 21］。

これはもともと南疆軍区政治部副主任のウイグル人幹部の言葉として新華社が取り上げたもので、鄧小平の目にとまり、採用されたのであった。ここでいう漢人幹部と少数民族幹部は相互に離れてはいけないという言い回しは、「二つの離れず」と称されるスローガンの原型となった。鄧小平は新疆において、この考えをみずから説いてまわり、漢人幹部の転出論を抑えこもうとした。同時に民族幹部を注意深く養成することも指示し、幹部の「民族団結」を徹底させたのである。こうして民族幹部は漢人幹部と「団結」して存在しなければならないとされた。ここで民族幹部の側が中国共産党を信頼するかしないかが問われた形跡はなく、「団結」とはいえ、相手の意向を考慮しない一方的な「団結」であった。

1984年5月、民族区域自治法が全国人民代表大会で採択され、今に至るまで続く、民族区域自治の基本的なあり方が制度化された。法律には民族の平等、少数民族の自治権の保障などが謳われ、自治権の内容として、民族言語での教育から遊牧民の生活空間である草原の保護などに至るまで、かなり細かく規定された。一方、民族区域自治法第17条では、自治区、自治州、自治県などの政府機関の長に現地民族を就けることが明記されたが、その地域の党委員会書記（第一書記）に現地民族が就くとは定められなかった。党委員会に実権がある以上、政府の長が現地民族であっても、党書記が漢人であれば、その地域の自治は有名無実となりかねない。新疆に関していえば、自治区の政府主席は当時イスマイル・エメトであったが、自治区の党第一書記は王恩茂が務めていた。党のトップは漢人で、政府主席はウイグル人という分担は、その後も続いている。州、県レベルでも同様で、表向き州長、県長は現地民族だが、その裏にいる党書記は基本的に漢人である。

それでも漢人の指導者のもとで、民族幹部が存在したことも事実である。民族幹部は党委員会などではおおむね全体の半数近くを占めるように配置された。自治区政府では、政府主席を頂点に、自治区政府の各機関の長に民族幹部が起

用され、また党委員会の構成メンバーにも民族幹部が任命された。こうしてその後も現在まで続く基本的な構造ができあがったのである。

　その後2017年に至るまで、民族幹部は比較的穏当な世代交代を続けていた。反右派闘争や文化大革命期の民族幹部の「入れ替え」は過去のできごととなった。人権活動家として知られるラビア・カーディルは、中国人民政治協商会議全国委員会委員であったという意味で、新疆の民族幹部の1人であった。彼女が逮捕された1990年代後半、多くの民族幹部がパージされることはなかった。2009年のウルムチ騒乱後も、民族幹部が減らされるようなことはなかった。2012年に筆者がウルムチで行われた国際シンポジウムに参加したときも、自治区政府や自治区内の大学で多くの民族幹部が精力的に仕事をしていた。それゆえに2017年の「両面人」批判は大きな衝撃として、またこれまでの約40年間になかった急激な変化として受け止められた。

6　2017年、「両面人」批判の衝撃

　冒頭で紹介したように、2017年5月、自治区教育庁元庁長サッタル・サウトが失脚した。サッタル・サウトは教科書発行の責任者としての権限を悪用して、新疆の小中学校で使用される教科書に、「民族分離主義」の思想を盛り込んだとして断罪された。その前後に新疆大学学長はじめ多くの民族幹部、民族知識人が姿を消した。なかには有罪判決を受けたことが明らかになるケースもあった。排除された民族幹部には、今回は「右派」や「ソ連修正主義者」ではなく、多くの場合、「両面人」というレッテルが貼られた。自治区教育庁元副庁長アリムジャン・メメティミン、新疆教育出版社元社長アブドゥラザク・サイムらも、同じく教科書に「民族分離主義」などの思想を盛り込んだとして、「両面人」であると断罪された。

　「両面人」とはなにか。ここで改めて確認したい。「両面人」が処罰の対象になることは、中国共産党紀律処分条例に明記されている。もともと同条例には「両面人」の語はなかったが、2018年に改正された同条例51条（2023年の改正後は58条）において、「両面派」「両面人」は、警告、あるいは厳重警告の処分とすると明文化された［中華人民共和国中央人民政府 2018］。

「両面人」の意味するところは、共産党の党員でありながら、党に対し絶対の忠誠心を持たず、党に隠れて背信行為をはたらく、いわば面従腹背（中国語では陽奉陰違）の徒である。紀律に反して私腹を肥やすなどした、汚職幹部の意味で使われることが多い。新疆に限らず、中国全土で反腐敗キャンペーンが展開されるなか、こうした汚職幹部に「両面人」というレッテルが貼られた。もっとも、「両面人」批判には、汚職撲滅だけでなく、実際には習近平政権に対する忠誠心に疑問のある幹部を失脚させ、その後任に政権に忠実な人物を据えるという側面もあった。忠誠心の定義は曖昧であったため、政権に睨まれた人物は誰しも「両面人」ということになりかねなかった。

新疆の場合、この「両面人」には汚職幹部だけでなく、党幹部でありながら「分離主義者」に近いとの嫌疑をかけられた人々も含まれることとなった。2017年2月にウルムチで行われた自治区紀律検査委員会の全体会議において自治区党書記の陳全国（ちんぜんこく）は、政治紀律に違反した案件だけでなく、「反分離闘争の紀律に違反した『両面人』の案件も取り調べ処分しなければならない」と明確に述べている［中華網2017］。そのためこの「両面人」には、単なる汚職幹部だけでなく、実に多くの民族幹部が含まれることとなった。「新疆文書」(The Xinjiang Papers) として知られる流出資料の第9号（Document No. 9）によれば、ヤルカンド（莎車）県では、2017年の1年間だけで「両面人」として1139人が摘発されたという［自治区党委 2018: 4］。これほど多くの数に上ったのは、共産党政権の枠組のなかで行政、教育、文化活動などに携わってきた民族幹部、文化人、知識人らが根こそぎ審査され、曖昧な容疑で「両面人」とされたからであると考えられる。

「両面人」批判の政治キャンペーンが吹き荒れるなか、各機関で「発声亮剣宣誓大会」などと呼ばれる、「両面人」と一線を画し、党に絶対の忠誠を誓う集会が催された。2017年8月には広範な動員を呼び掛ける文章が発出され、現地のムスリムに「分離主義」に反対する決意を確認させた［中国共産党新聞網 2017］。同時に、漢人の幹部であっても、「両面人」の摘発に消極的とみられれば容赦なく処分されたようである。前述の「新疆文書」によれば、ヤルカンド県で1000人を超える「両面人」が摘発された背景には、カシュガル地区党委員会委員、ヤルカンド県党委員会書記を務めた王勇智（おうゆうち）という名の漢人官僚が、

自分の同僚、部下にあたる民族幹部を庇い続けたからであると告発されている［自治区党委 2018: 3-4］。もちろん王勇智に対する根拠のない誣告の可能性もあるが、「両面人」やそれを庇った人を見せしめにすることで、陳全国指導部は残された人々に対し絶対の服従を求めたことがわかる。

　一方、ここで見せしめとされたこれら「両面人」、またそれを庇った人は、2017 年まで特に政治的な問題はない人たちであった。自治区教育庁元庁長サッタル・サウトらの監督下で出版された教科書は、もともと共産党体制の枠組のなかで出版を認められ、実際に 10 年以上も使用され続けたものであった。それがまるで大変な悪事であるかのように党の宣伝ではいわれているが、問題のある出版物であれば、なぜ検閲を突破し、それほど長期にわたって批判を招かずに使用ができたのかについては、党の宣伝は沈黙している。自治区人民政府の一介の庁長クラスの民族幹部に、検閲を操作し、批判をすべて握りつぶす権力があるわけがないのである。考えられるのは、問題か問題でないかの基準が変わり、以前は問題視されなかったことが、2017 年には問題視される状態に引き上がったことである。

　2012 年の第 18 回党大会以降、習近平総書記の指導下で、中国人ないし中華民族としての認識の統一が強力に進められるようになっていく過程で、この問題か問題でないかの基準は引き上げられた。ウイグル人の子弟に、ウイグル人としてのささやかな誇りを抱かせるとも受け取られるような教科書の記述は、それが童話であっても、詩であっても、小説であっても、大変な紀律違反であるということになり、教育庁元庁長、同副庁長、新疆教育出版社元社長らが失脚する事態となった。これは一例に過ぎず、新疆ウイグル自治区全体で、これまで許容されてきた境界線の変更が行われ、それに合わない幹部の淘汰、つまり、信用できない幹部を追放し、残された幹部に絶対の服従を求めるプロセスが進んだ。

　このプロセスは、たしかに習近平体制下での現象だが、その根本原理においては中国共産党の歴史において新しいものではなく、共産党が繰り返してきた「入れ替え」のメカニズムが再び発動したものに他ならない。信頼できない幹部は淘汰され、排除された民族幹部のポストを埋めるために、別の民族幹部が起用された面があることもこれまで同様である。実際に、新疆ウイグル自治区

教育庁長をはじめ、自治区政府のポストの多くは、今も民族幹部によって占められている。民族幹部は 2023 年 3 月の自治区人民代表大会を経て発足した新疆ウイグル自治区政府において、秘書長、主任、庁長の合計 23 ポストのうち 16 ポスト（約 70％）を占めている［改革網 2023］。もちろん書記には漢人が就いているため、民族幹部に実権があると考えることはできないが、だからといって、民族幹部が全て排除されたわけではない。反右派闘争のときのように、失脚した幹部は全体の一部に過ぎないともいえる。

　一方で、今回の「入れ替え」に関しては、民族幹部から民族幹部への「入れ替え」にならなかった部分もある。たとえば、2017 年には、新疆大学の学長であったウイグル人研究者タシュポラト・ティプも拘束されている。若い頃に東京理科大学に留学していたことから、日本とも縁の深い人物である。新疆大学の学長はウイグル人はじめ民族幹部が就くことが多かったが、この学長の座には、現在では漢人が就くようになった。民族幹部のポストに、漢人が入り込むようになったのである。こうした現象は近年、国家民族事務委員会主任の人事でも起きており[8]、習近平政権のもとで、民族幹部のポストがこれまで以上に侵食されている。

おわりに

　本章の論述から明らかなように、中国共産党は、信頼に値しないと見なした民族幹部を排除する際に、信頼に足ると見なした民族幹部を残し、あるいは新たに民族幹部を抜擢し、補充することで、党の統治を安定ならしめてきた。近年では民族幹部の後任に漢人があてられる場合もあり、漢人幹部が民族幹部のポストを侵食する傾向が一部に見られるが、民族幹部が漢人幹部によって完全に入れ替えられるという事態は、未だに起こっていない。

　2017 年に発生した「両面人」批判は、中国共産党が設定した許容範囲を一方

---

[8]　2020 年 12 月、国家民族事務委員会主任がモンゴル族のバータル（巴特爾）から漢人の陳小江に代えられた。同主任はウランフ（烏蘭夫）以来、長きにわたって少数民族出身者が就いていた。そこに漢人の、しかも一貫して水利畑を歩んできた人物を起用したことになる［熊倉 2021: 46-47］。

的に変更し、激しい批判キャンペーンとなった点で衝撃的であったが、歴史を振り返れば、1950年代から70年代にかけて、幹部の「入れ替え」は何度か行われてきた。中国共産党は新疆ウイグル自治区の統治機構において、自分たちと地元のムスリムをつなぐ存在である民族幹部を信頼できる人たちで固めようとしている。つまり民族幹部を完全に根絶やしにして、そのすべてを漢人に置き換えるということはない。この点は、いわゆるジェノサイドの議論と異なるところである。

　ここでもう一度、新疆ウイグル自治区における民族幹部の「入れ替え」のメカニズムを振り返っておこう。「入れ替え」が発生すると、時の政権が設定した許容範囲から外れた幹部は淘汰されるが、許容範囲内の幹部は別の幹部に置き換えられることなく存在し続ける。一般に、「入れ替え」の犠牲になるのは、民族幹部とは限らない。現に習近平政権のもとで行われている反腐敗闘争では、全国で多くの漢人幹部が失脚している。

　しかし2017年に新疆で起こった幹部の「入れ替え」は、「両面人」批判キャンペーンが「分離主義」に反対する闘争としての性格を強く帯びていた。そのためターゲットとされた「両面人」は、主として民族幹部であった。一部では民族幹部を庇った漢人幹部を巻き込みつつ、「両面人」は断罪され、排除され、別の幹部に置き換えられたのである。地元のムスリム社会の意見、特に「両面人」として排除されることになった当事者の主張などは完全に無視して一連の「入れ替え」が強行されたことは、改めて指摘しておきたい。

　最後に、信頼という本プロジェクトのテーマに即していえば、本章で見てきた幹部の「入れ替え」のメカニズムは、中国共産党という本質的に非ムスリムの統治集団が、新疆ウイグル自治区のムスリムのなかから、信頼できる幹部をふるいにかける作業である。その過程において、信頼できないと見なされた人間には、以前であれば「地方民族主義者」「ソ連修正主義者」などのレッテルが、今回であれば「両面人」というレッテルがはられた。「両面人」というレッテルには、党中央、中国国家に良い顔をしておきながら、腹の中では党、国家に対する忠誠心とは別の、イスラームの教義やウイグル人としての民族主義などに忠誠を誓っている「裏切り者」という意味合いがある。中国共産党の許容範囲内で非ムスリムとムスリムをつなぐ役割を担ってきたムスリムに、中国

共産党によってこうした一方的な断罪が行われていることは、現地ムスリムの側からすれば重大な信頼破壊行為である。同時に、中国共産党は自らが信頼に足ると一方的にみなした別の民族幹部を起用し続け、あるいは新たに登用しており、「両面人」批判には、他の幹部の忠誠心を確認する見せしめの面もある。

　中国共産党の信頼とは、非ムスリムの強権的政権の側からの一方的な信頼である。他の章に見られるようなムスリムと非ムスリムのあいだの、あるいはさまざまなアクター間の双方向的な信頼ではなく、政権側による一方的な評価である。現地のムスリムの側は、党の宣伝に載るような声は別として、沈黙を保っている。現地のムスリムが中国共産党を信頼しているというための論拠は、党のプロパガンダにしかないというのが現状である。本章で取り上げた新疆は1つの極端な例かもしれないが、このような信頼とそれに対する沈黙が、非ムスリムに統治されたイスラーム世界の一角に存在することを最後に指摘して、筆をおきたい。

参考文献

オトキュル、アブドゥレヒム　2009『英雄たちの涙――目醒めよ、ウイグル』（東綾子訳）まどか出版

熊倉潤　2020『民族自決と民族団結――ソ連と中国の民族エリート』東京大学出版会

─── 2021「習近平政権下の国民統合――新疆、香港政策を中心に」『習近平政権が直面する諸課題』研究会報告書、日本国際問題研究所：43-47。https://www.jiia.or.jp/pdf/research/R02_China/07-kumakura.pdf（2024年8月31日閲覧）

─── 2022『新疆ウイグル自治区――中国共産党支配の70年』中央公論新社

─── 2024「学会展望：許臨君『異郷人之地：清帝国在新疆的教化工程』（苑黙文訳）台北：黒体文化、2023年、328頁」『國家學會雜誌』137（5-6）：182-184.

小松久男編　2000『中央ユーラシア史』（新版世界各国史4）山川出版社

毛里和子　1998『周縁からの中国』東京大学出版会

Schluessel, Eric. 2020 *Land of Strangers: The Civilizing Project in Qing Central Asia*, New York: Columbia University Press.

改革網　2023「新一届新疆維吾爾自治区政府秘書長及組成部門主任、庁長名単」『改革網』2023年3月31日。http://www.cfgw.net.cn/2023-03/31/content_25039824.htm（2024年8月31日閲覧）

哈口巴拉　2008「新疆的政治力学与中共的民族政策」『二十一世紀評論』2008（5）：26-35.

『民族政策文選』編輯組編 1985『民族政策文選』新疆人民出版社

王恩茂 1997『王恩茂文集 上冊』北京：中央文献出版社

許臨君 2023『異鄉人之地：清帝国在新疆的教化工程』（苑黙文訳）台北：黒体文化

人民日報編輯部「新疆打掉教育系統以沙塔爾・沙吾提為首的分裂国家犯罪集団」『人民日報』2021 年 4 月 7 日

朱培民・陳宏・楊紅 2004『中国共産党与新疆民族問題』烏魯木斉：新疆人民出版社

中国共産党新聞網 2017「新疆日報評論員：堅定堅決把発声亮剣引向深入——三論全面深入推進発声亮剣」『中国共産党新聞網』2017 年 8 月 7 日。http://dangjian.people.com.cn/GB/n1/2017/0807/c117092-29454848.html（2024 年 8 月 31 日閲覧）

中共中央文献研究室編 1992『建国以来重要文献選編（第一冊）』北京：中央出版社

中共中央文献研究室・中共新疆維吾爾自治区委員会編 2010『新疆工作文献選編（1949-2010)』北京：中央文献出版社

中共新疆維吾爾自治区委員会組織部・中共新疆維吾爾自治区委員会党史研究室・新疆維吾爾自治区檔案局編 1996『中国共産党新疆維吾爾自治区組織史資料』北京：中共党史出版社

中華人民共和国中央人民政府 2018「中共中央印発《中国共産党紀律処分条例》」2018 年 8 月 26 日。https://www.gov.cn/zhengce/202203/content_3635317.htm（2024 年 9 月 17 日閲覧）

中華人民共和国中央人民政府 2019「新聞弁就新疆穩定発展有関情況挙行新聞発布会」2019 年 12 月 9 日。https://www.gov.cn/xinwen/2019-12/09/content_5459657.htm（2024 年 8 月 31 日閲覧）

中華網 2017「陳全国：新疆厳査反分裂闘争中的両面派、両面人（3）」『中華網』2017 年 2 月 7 日。https://news.china.com/domestic/945/20170207/30237060_2.html（2024 年 8 月 31 日閲覧）

自治区党委 2018「自治区党委関於王勇智厳重違紀案及其教訓警示的通報」(The Xinjiang Papers, Document No. 9) 2018 年 3 月 8 日

あとがき

　残忍なテロリストのイメージとは違う……
　とは、2024 年 12 月上旬にシリアのバッシャール・アサド政権を崩壊に追い込んだ反体制派の主導的勢力「シャーム解放機構」のアフマド・シャルア（アブー・ムハンマド・ジュラーニー）氏に対して多くが抱いた印象ではなかっただろうか。シャルア氏はかつて、「過激」な路線を貫くと喧伝されていた「ヌスラ戦線」に属していたといわれる。しかし、一躍時の人となってメディアに映し出された彼の表情は穏やかであり、堰を切ったように暴露され始めたアサド政権下の政治犯拷問や集団墓地等についての報道との対比で、「テロリスト」のイメージが薄められていくのには、不思議な感覚を覚える。
　というのも私は実は、かつてはテロリストとのかかわりを疑われていたモロイスラム解放戦線（MILF）にお世話になりながらフィリピン南部で現地調査を行っている。MILF は 2014 年 3 月にフィリピン政府との和平合意に署名し、汚職にまみれたフィリピン政治を改革しようと「モラル・ガバナンス」をスローガンに新しい自治政府を設立しようと奮闘している。しかし、親しい友人が MILF にかかわるまで、彼らに接近することを躊躇し、どこか遠くから疑いの目で彼らを眺めていた私がいた。
　ここでは、シャーム解放機構と MILF を並べて、両者が同じように誤解されていた組織であったと主張したいわけではない。前者については私は専門外であり、アフガニスタンで復権したターリバーン同様、どのようなガバナンスを打ち立てていくかは予断を許さないであろう。
　しかし、テロリストとはつねに他者によるラベリングであり、かつ「他人によって、何よりもその『テロリスト』を排斥する政府によって命名されるものである」（チャールズ・タウンゼント『テロリズム』宮坂直史訳・解説、岩波書店、2003 年）というテロリズムの言説の危うさについては、今一度、警鐘を鳴らす必要がある。自らが振るう暴力を棚に上げ、他者が行う暴力を「テロリズム」

と非難することは、二重基準の問題としてガザでの大量虐殺とウクライナ戦争を通じてより一層明らかになっている。武力紛争がより認識戦の特徴を強めるなか、偽情報やプロパガンダに流されず、二重基準の矛盾に疑問を持ち続けるために求められることは、不信の力といえるのだろうか。そして、それらに対する「不信力」を鍛えるためには、パソコンや携帯だけで情報を入手するのではなく、なるべく対象に近づいて現場で検証を行い、その内在的な声に耳を傾ける実証的な研究が重要であるように思われる。

　本巻は、文部科学省科学研究費・学術変革領域研究（A）「イスラーム的コネクティビティにみる信頼構築：世界の分断を乗り越える戦略知の創造」（代表：黒木英充、課題番号 20H05823）計画班 B03「紛争影響地域における信頼・平和構築」（課題番号 20H05829）の研究分担者に加え、富樫耕介さんを研究協力者に迎えて寄稿をお願いして完成した編著である。武力紛争地を対象として多義的な信頼をテーマにした本を編集することは私の手に余るものと不安であった。が、各執筆者が対象地域に長年向き合ってきたことから紡ぎ出された洞察力に富む論考に助けられ、まとめ上げるための助言や文献を紹介していただいたことで、地域横断的に読み通すと武力紛争における信頼の機能について興味深い知見をえることができる内容に仕上がったのではないかと感謝している。とくに、本科研のポストドクトラル・フェローの山本沙希さんには、すべての原稿に目を通していただき、編者と同様の作業をしていただいた。山本さんのきめ細やかなサポートなしには、本科研の運営も、本書の出版もなしえなかった。東京大学出版会の山本徹さん、神部政文さんには、適切なスケジュールの管理と丁寧な原稿のチェックをしていただき、心から感謝申し上げる。またこの場をお借りして、科研プロジェクトにご協力くださったすべての方に対しても、謝意を表したい。ありがとうございました。

2024 年 12 月

石井正子

索　引

あ　行

アイデンティティ　53, 84-87, 114, 119, 133, 134, 136, 163, 168, 182, 206
アウン、ミシェル　74-76
アサド、ハーフィズ　59, 66, 74
アサド、バッシャール　57, 65-73, 78
アスタナ会議　58, 59, 70-74, 77-79
アナン、コフィ　66, 67, 70
アブー・シャリーフ、バッサーム　185, 186, 197-200
アフガニスタン　2, 70, 87, 150
アブドゥルラフマン、オマン　91, 93, 94, 96, 97
アブドゥンナースィル、ガマール　194, 195
アフリカ連合（AU）　42, 150
アミール（司令官）　94, 105, 112
アメリカ　18, 22, 44, 59, 65, 66, 68, 69, 71, 76, 83, 88-91, 119, 187
アラカン・ロヒンギャ救世軍（ARSA）　127-129, 139
アラファート、ヤースィル　186, 196
アラブ諸国　59, 68, 69, 188, 191, 193, 195, 199, 200
アラブ連盟　58, 59, 65-67, 70, 73, 74, 76, 77, 79
アルカーイダ　71, 87, 88, 91, 93, 95, 97, 150
アルジェリア共和国臨時政府（GPRA）　215
アワミ連盟（AL）　128, 129, 131, 135
安全保障理事会、安保理　1, 187, 66, 69, 74
アンチバラカ　41-44, 50, 52-54, 58
イギリス／英国　14, 16, 17, 22, 33, 65, 66, 160, 185, 189-191, 195
イスラーム救済戦線（FIS）　203-205, 211, 216

イスラーム主義　7, 18, 24, 131-135, 138, 145, 150, 172, 203-206, 211, 216, 221
イスラーム法　84, 93, 95
イスラエル　2, 59, 68, 69, 74, 182-193
イスラム国（IS/ISIS）　67, 86, 91, 101, 105, 106, 113, 150, 213
イチケリア　234, 235, 241, 244
イデオロギー　84-86, 88, 89, 93, 94, 97
イフタール　212-217, 221
イマーム　104, 117
イラク　76, 91, 93, 106, 150, 194, 195
　　──のアルカーイダ　91, 94
　　──戦争　66
イラン　59, 66, 69, 71, 73, 78
イラン・イラク戦争　66
イリベラル・ピース　4, 225, 227, 229
インティファーダ　186, 187, 193
インド　125, 128, 129, 131, 133, 146
ウバンギ・シャリ　45, 46
ウラマー　95, 104, 110
エジプト　16, 17, 59, 66, 74, 77, 79, 191, 194, 195
エルドアン、レジェップ・タイップ　70, 73
欧州国境沿岸警備機関（Frontex）　160
オスマン帝国　167, 171, 184

か　行

カーフィル、不信仰者　92, 94, 96
介入　5, 38, 53, 54, 59, 61, 63-65, 69, 73, 77, 86, 87, 221, 222, 242
　　軍事──　20, 42, 43, 49, 50, 52, 74, 150
外部勢力介入型内戦　59, 61
賭け　4, 5, 7, 8, 181-185, 187, 197-199

275

カドィロフ、アフマト（カドィロフ父）　229, 232, 234, 243, 244, 245
カドィロフ、ラムザン　6, 226, 227, 229-235, 237-239, 243, 244, 247, 248
カナファーニー、ガッサーン　181, 182, 200
カネム・ボルヌ帝国　45
キール（サルヴァ・キール・マヤルディ）　19-24, 27-30, 32
クウェート　181
クーデタ　2, 17, 18, 20, 24, 26, 27, 32, 48, 49, 51, 53, 172, 195
クルド　58, 67-73, 150
黒い九月　185, 187, 197, 200
結社、結社法　211, 216
ゲリラ　17, 20
　——戦　63, 106
権威主義体制　4, 6, 57, 84, 86, 92, 225-227, 229, 230, 237-240, 247, 249
国共内戦　259
国際移住機関（IOM）　130
国内避難民　87, 101
国民和解憲章　76, 79, 205
国連　1-3, 20, 42, 52, 57-59, 65-67, 69, 70, 73, 74, 76-78, 126, 127, 130, 131, 133, 152, 159, 160, 187
　——中央アフリカ安定化統合多面ミッション（MINUSCA）　42-44
　——難民高等弁務官事務所（UNHCR）　126, 129, 130, 149-151, 163
コネクティビティ　3, 4, 8-10, 58-60, 64-66, 69, 73, 77-79, 103, 105, 117, 119, 206, 226
胡耀邦　264
コンゴ民主共和国　21, 45, 47, 52

さ 行

再活性化された南スーダンにおける紛争解決合意（R-ARCSS）　16, 23, 24, 27, 33
サウジアラビア　59, 66, 74-79, 89, 150
サッタル・サウト　255, 266, 268
サラフィー・ジハード主義　84, 88
サラフィー主義　84, 88, 90, 95
ザルカーウィー、アブー・ムスアブ　91
暫定軍事評議会（TMC）　21, 26-29, 31, 32
サムドラ、イマム　90-92, 96
信頼　3-10

ジェノサイド　2, 42, 270
　——条約　1, 3
シェンゲン条約　157
シオニスト　91, 183, 190, 191
シオニズム　192
自爆テロ、自爆攻撃　83, 89, 90, 92, 96
ジハード　18, 84, 88-93, 131, 229, 230, 257
　——主義　88-97, 150
シャーム解放委員会　71
ジャマーア・アンソール・ダウラ（JAD）　94, 95
ジャマーア・イスラミヤ（JI）　86-95, 97
自由シリア軍　68
自由と変革勢力（FFC）　21, 26-31
宗教戦争　5, 37, 38, 44, 52-54
習近平　128, 267-270
集合的記憶　7, 8, 105, 119, 120, 125, 133, 135, 138, 145
住民交換　165-172
ジュネーブ会議　58, 59, 65, 67-70, 73, 77-79
ジュマイル、アミーン　74
ジョコ・ウィドド　94-96
女性運動　215, 216, 222
女性活動家　205, 211, 213-217, 221
女性支援団体　207, 220, 222
ジョトディア、ミシェル　40-43
シリア国民連合　68
人権　7, 152, 153, 159, 196,
　——活動家　154, 230, 266
　——侵害　111, 116, 128, 152, 159, 172, 230
　——団体、——擁護団体　111, 154, 163, 231, 232, 235
人身売買　143, 161-163
迅速支援部隊（RSF）　25, 27, 31, 33
身体化　222
人道　7
　——に対する罪　127
　——危機、——的危機　58, 63, 126, 130, 153, 156, 166
　——支援、——支援団体　66, 129, 132, 152, 154, 162-164
　——主義　153, 157, 162
　——的課題　146
　——的解決策　158
　——的配慮　131
浸透された国家　5, 59

スーダン革命戦線(SRF)　13, 16, 17, 21, 25-32
スーダン軍(SAF)　21, 26-28, 31, 33
スーダン内戦　17-19, 20, 32, 39
スーダン民族解放運動(SPLM)　18, 28
スーダン民族解放運動／戦線(SPLM/A)　17-21, 23-25, 27, 28
スーダン民族解放戦線(SPLA)　18, 25, 28
スーフィー　257
スーフィズム　227, 232
スンカル、アブドゥラ　88, 92
スンナ派　44, 66, 74, 76, 77, 79, 88, 227
　──コミュニケーション・フォーラム(FKAWJ)　88, 89
政府間開発機構(IGAD)　20-23
世界人権宣言　1, 152, 153
セレカ　38, 40-44, 50-54
ソ連　6, 227, 258, 262, 264, 266, 270

た 行

ターイフ会議　73, 75-79
ターゲート(邪神)　93, 94, 96
ダールクティ　46
ダールフール、ダルフール　14, 18, 19, 25, 27, 29, 31, 45, 46, 51
　──国　46
　──紛争　39
対テロ戦争　2, 7, 101-103, 105, 120, 149
ダガロ、モハメド・ハムダン　25, 27-31
ダッカ襲撃テロ事件　127
チェチェン紛争　227, 229, 243
チャド　38-40, 42, 45-47, 49-53
中央アフリカ平和確立ミッション(MICOPAX)　41, 42
仲介　5, 14, 20, 22, 23, 26, 27, 29, 73, 222
　──サービス　161
　──業者　162
　──者　30, 32
　──役　5, 14, 20, 22, 27, 28, 63-65, 69, 72, 74, 77-79
中国共産党　6, 253, 254, 256, 259-271
中部アフリカ諸国経済共同体(ECCAS)　41, 42
調停　18, 30, 41, 66, 89
つながり　4, 5, 7, 9, 32, 38, 44, 53, 54, 103, 114, 118, 119, 144, 165, 203, 206, 211, 212, 220,

222, 226, 227, 235, 249, 262
抵抗、抵抗実践　6, 7, 16, 152, 165, 171, 190, 216, 221
停戦　20, 22, 23, 66, 71, 73, 109, 110, 118
デビィ、イドリス　38-40, 42, 50-54
テロ
　──攻撃　85, 90
　──事件　83, 84, 88, 90, 127
テロリスト　57, 65, 83, 91, 92, 101-103, 105, 107-111, 118, 119, 135, 243, 248
ドイツ　152, 157, 192, 208
トゥアデラ、フォスタン＝アルシャンジュ　43, 44, 50, 52, 53
鄧小平　264, 265
ドゥテルテ、ロドリゴ　101, 106, 108, 110, 110, 119
トランスナショナルな関係　58, 60
トルコ　58, 59, 68-71, 73, 78, 149, 154, 155, 157, 160, 161, 165-172, 213, 241

な 行

ナイム、バフルン　94, 95
ナクバ　182, 194-196
ナセル　→アブドゥンナースィル
南北スーダン　13-17, 19, 32, 33, 51
難民
　──支援　130, 131, 135, 155-157, 163
　──条約　2, 152, 160
ヌスラ戦線　95, 150
ノン・ルフールマン原則　160

は 行

バアシル、アブ・バカル　88, 90, 92, 94, 95
バギルミ・スルタン国　45
バクダーディー、アブ・バカル　94, 96
バシール、オマル　17, 18, 23-26, 32
ハシナ、シェイク　131
ハピロン、イスニロン　105-107, 112
ハマース、イスラーム抵抗運動　190
ハラカーアルヤキーン　126
バリ島、バリ島事件　83, 87, 89-91
バルカン・ルート　149, 151, 161, 163
バルカン諸国　149, 164
パレスチナ解放機構(PLO)　186-188, 190, 191, 196

索 引 ── 277

パレスチナ解放人民戦線(PFLP)　181, 185, 186, 193, 196
ハワーリージュ、逸脱者　90, 95
東トルキスタン　253, 256-258, 260
避難民　29, 87, 102, 103, 105, 108, 110-112, 114-119, 149-151
ファシズム　152, 153, 163, 173
ファタハ　186, 193
プーチン、ウラジミール・ウラジミーロヴィチ　70, 73, 229
不信　4, 6-9, 10, 101-103, 105, 106, 108, 111, 112, 116, 119, 120, 123-125, 146, 170, 205-210, 212, 217-222, 253, 255
フッス、サリーム　74
プラボウォ・スビアント　95, 96
フランス　42, 43, 45, 46, 48-53, 59, 65, 66, 164, 171, 191, 203, 204
ブルガリア　149, 161, 162, 165, 168, 172
ブルハーン、アブドゥルファッターハ　26, 27, 29, 30
文化大革命　260-264
平和構築　3, 33, 149, 184, 189
ヘメティ　→ダガロ
ペレストロイカ　227, 241
変革愛国者同盟(CPC)　43, 44, 50, 51
ボカサ、ジャン＝ベデル　48, 59, 52, 53
ボジゼ、フランソワ　38-41, 43, 44, 46, 48-54
ポスト冷戦　59, 65, 69

ま　行

マウテ・グループ　101, 105, 107
マグリブ　203, 212
マチャル(リエック・マチャル・テニィ)　18, 20-24
マドラサ　104, 110, 117, 134, 144, 257
マフナイミ、ウズィ　185, 186
マラウィ復興タスクフォース、タスクフォース　107, 108
マラウィ包囲戦　7, 101-103, 105-108, 110, 112, 114, 118, 120
マルコス Jr.、フェルディナンド　114, 119
マロン派　74, 76
南スーダン内戦　13, 17, 20, 23
民主主義　39, 84, 86, 93, 153, 225

民族解放戦線(FLN)　203, 204
民族幹部　6, 253-256, 258-271
ムセベニ、ヨウェリ　23, 24
毛沢東　259, 260
モロイスラム解放戦線(MILF)　112-114, 119

や　行

ヤースィーン、アフマド　189-191, 193
ヨルダン　183, 185, 187, 188, 191, 196-199

ら　行

ラスカル・ジハード　88-90
ラマダーン(断食月)　109, 110, 195, 213, 215, 216, 221
リビア　52, 150
リベラル・ピース　3, 225
両面人　253, 255, 256, 260, 261, 266-271
ルーマン、ニクラス　208
ルワンダ　43, 44, 51, 52
ローザンヌ協定　170
ローザンヌ条約　165, 172
ロールモデル　8, 85, 86, 91-94, 96, 97
ロシア　2, 3, 43, 44, 52, 58, 59, 65, 66, 69-73, 77, 78, 107, 197, 227-232, 234, 235, 239, 241-243, 248
ロヒンギャ　2, 8, 123

わ　行

ワグネル　43, 44, 51
ワダイ・スルタン国　45
和平
　――協定　14, 29, 31, 39, 40, 87, 89
　――交渉　4, 5, 13, 14, 16, 20, 23, 24, 27-33, 113, 184, 188, 189
　――合意　5, 13, 27, 30-33
湾岸アラブ諸国　59, 68, 69
湾岸戦争、湾岸危機　2, 76
1988年10月暴動待婚期間(イッダ)　214, 215
9.11同時多発テロ事件　2, 83, 88, 90
IS ラナオ　101, 102, 105-112, 118
NGO　40, 41, 44, 103, 114, 127, 129, 131, 133, 135, 142-144, 156, 163, 164, 212, 218, 230, 231

執筆者紹介 （*は編者、以下掲載順）

石井正子（いしい まさこ）* 総論、第 5 章
立教大学異文化コミュニケーション学部教授。上智大学大学院外国語学研究科国際関係論専攻博士後期課程。博士（国際関係論）。地域研究（フィリピン）、紛争研究。〈主要業績〉『甘いバナナの苦い現実』（分担執筆、石井正子編、コモンズ、2020 年）、『イスラームからつなぐ 1 イスラーム信頼学へのいざない』（分担執筆、黒木英充・後藤絵美編、東京大学出版会、2023 年）。

飛内悠子（とびない ゆうこ） 第 1 章
1979 年生。盛岡大学文学部教授。上智大学大学院グローバル・スタディーズ研究科博士後期課程。博士（地域研究）。文化人類学、アフリカ地域研究。〈主要業績〉『未来に帰る——内戦後の「スーダン」を生きるクク人の移住と故郷』（風響社、2019 年）。

武内進一（たけうち しんいち） 第 2 章
1962 年生。東京外国語大学現代アフリカ地域研究センター教授。東京大学大学院総合文化研究科国際社会科学専攻博士課程。博士（学術）。アフリカ研究、国際関係論。〈主要業績〉『現代アフリカの紛争と国家——ポストコロニアル家産制国家とルワンダ・ジェノサイド』（明石書店、2009 年）、*African Land Reform Under Economic Liberalisation - States, Chiefs, and Rural Communities*（編著, Springer, 2021）。

小副川琢（おそえがわ たく） 第 3 章
1972 年生。日本大学国際関係学部准教授。英国立セント・アンドリュース（St Andrews）大学大学院国際関係学研究科博士課程。Doctor of Philosophy（International Relations）。国際関係論、東地中海地域研究。〈主要業績〉*Syria and Lebanon: International Relations and Diplomacy in the Middle East*（I. B. Tauris Publishers, 2013 年）、"Coping with Syria: Lebanese Prime Ministers' Strategie", *Syria Studies*, 7(2), 2015,『世界情勢を読み解く国際関係論——主体・歴史・理論』（五月書房新社、2024 年）。

見市建（みいち けん） 第 4 章
1973 年生。早稲田大学大学院アジア太平洋研究科教授。神戸大学大学院国際協力研究科博士課程後期。博士（政治学）。東南アジア政治・社会運動研究。〈主要業績〉『新興大国インドネシアの宗教市場と政治』（NTT 出版、2014 年）、"Indigenizing Islamism in Indonesia: Prosperous Justice Party's Approaches Towards Traditionalist Muslims," *Politics, Religion and Ideology*, 24(1), 2023．

モクタル・マトゥアン（Moctar I. Matuan） 第 5 章
1952 年生。MARADECA コンサルタント。元ミンダナオ国立大学マラウィ校教授。ノートルダム大学大学院博士課程。博士（平和と開発）。〈主要業績〉"Inventory of Existing Rido in Lanao del Sur (1994-2004)," *RIDO: Clan Feuding and Conflict Management in Mindanao*（Ateneo de Manila University Press, 2007 年）、"Responses to Interkin Group Conflict in Northern Mindanao," *RIDO: Clan Feuding and Conflict Management in Mindanao*（共著）。

モバシャル・アッバス　（Mobashar M. Abbas）　第 5 章
　MARADECA コンサルタント。Jamiatul Philippine Al-Islamia 大学。修士。元ミンダナオ国立大学マラウィ校プロジェクト評価オフィサー、ダンサラン・カレッジ・ピーターガウィング記念研究所フィールドリサーチャー、Jamiatul Philippine Al-Islamia 大学講師など。

ターミジー・アブドゥッラー　（Tirmizy E. Abdullah）　第 5 章
　1990 年生。ミンダナオ国立大学社会科学人文学部歴史学科教授。ミンダナオ国立大学大学院博士課程。博士（フィリピン地域研究）。フィリピン・ムスリム社会研究。平和研究。〈主要業績〉*Children of War: A Rapid Assessment of Orphans in Muslim Mindanao*（共著、The Asia Foundation、2020 年）、"Dibolodan: The Qur'an of Bacong, Marantao," in *The Qur'an and Islamic Manuscripts of Mindanao*（Monograph Series No.10, Institute of Asian Cultures, Sophia University, 2012 年）。

日下部尚德　（くさかべ　なおのり）　第 6 章
　1980 年生。立教大学異文化コミュニケーション学部准教授。大阪大学大学院人間科学研究科博士課程。博士（人間科学）。南アジア地域研究、開発社会学。〈主要業績〉*The Rohingya's Predicament from Bangladeshi/Japanese Perspectives: Between Acceptance and Friction*（編著、APPL、2024 年）、『アジアからみるコロナと世界――我々は分断されたのか』（編著、明石書店、2022 年）、*Disaster Vulnerability and Poverty: Cyclone Damage and Resilience in Bangladesh*（ICON Press、2020 年）、『新 世界の社会福祉――第 9 巻 南アジア』（編著、旬報社、2020 年）、『ロヒンギャ問題とは何か――難民になれない難民』（編著、明石書店、2019 年）、『わたし 8 歳、職業、家事使用人。――世界の児童労働者 1 億 5200 万人の 1 人』（合同出版、2018 年）。

佐原徹哉　（さはら　てつや）　第 7 章
　1963 年生。明治大学政治経済学部教授。東京大学大学院人文科学研究科西洋史学専攻博士課程中退。博士（文学）。東欧史、中東史、比較紛争。〈主要業績〉『ボスニア内戦――グローバリゼーションとカオスの民族化』（有志舎、2008 年）、『中東民族問題の起源――オスマン帝国とアルメニア人』（白水社、2014 年）、『極右インターナショナリズムの時代――世界の右傾化の正体』（有志舎、2025 年刊行予定）。

鈴木啓之　（すずき　ひろゆき）　第 8 章
　1987 年生。東京大学中東地域研究センター特任准教授。東京大学大学院総合文化研究科博士課程。博士（学術）。地域研究（中東地域）、中東近現代史。〈主要業績〉『蜂起〈インティファーダ〉――占領下のパレスチナ 1967-1993』（東京大学出版会、2020 年）、『パレスチナを知るための 60 章』（共編著、明石書店、2016 年）、『パレスチナ／イスラエルの〈いま〉を知るための 24 章』（編著、明石書店、2024 年）、『ガザ紛争』（編著、東京大学出版会、2024 年）、ラシード・ハーリディー『パレスチナ戦争――入植者植民地主義と抵抗の百年史』（共訳書、法政大学出版局、2023 年）。

山本沙希　（やまもと　さき）　第 9 章
　立教大学異文化コミュニケーション学部ポストドクトラル・フェロー。お茶の水女子大学大学院人間文化創成科学研究科ジェンダー学際研究専攻博士後期課程。博士（社会科学）。北アフリカ・マグリブ地域研究、ジェンダー。〈主要業績〉『すべての指に技法を持つ――手仕事が織りなす現代アルジェリア女性の生活誌』（春風社、2024 年）、「現代アルジェリアにおける機織り女性のコロニアルな遺産の利用と組織化の実践――カビリー地方「絨毯の村」を事例に」『日本中東学会年報』38 (1)、2022 年。

富樫耕介 （とがし こうすけ）　第 10 章

　1984 年生。同志社大学政策学部准教授。東京大学大学院総合文化研究科国際社会科学専攻博士後期課程。博士（学術）。紛争研究、旧ソ連地域研究。〈主要業績〉『チェチェン　平和定着の挫折と紛争再発の複合的メカニズム』（明石書店、2015 年）、『コーカサスの紛争——ゆれ動く国家と民族』（東洋書店新社、2021 年）、『激化する紛争への国際関与——仲介の理論と旧ソ連地域の事例からの考察』（編著、晃洋書房、2025 年）。

熊倉潤　（くまくら じゅん）　第 11 章

　1986 年生。法政大学法学部教授。東京大学大学院法学政治学研究科博士課程。博士（法学）。中国の民族政策、中ソ関係。〈主要業績〉『民族自決と民族団結——ソ連と中国の民族エリート』（東京大学出版会、2020 年）、『新疆ウイグル自治区——中国共産党支配の 70 年』（中央公論新社、2022 年）。

イスラームからつなぐ7　紛争地域における信頼のゆくえ

2025 年 2 月 27 日　初　版

［検印廃止］

編　者　石井正子

発行所　一般財団法人　東京大学出版会

代表者　中島隆博
153-0041　東京都目黒区駒場4-5-29
https://www.utp.or.jp/
電話　03-6407-1069　Fax　03-6407-1991
振替　00160-6-59964

組　版　有限会社プログレス
印刷所　株式会社ヒライ
製本所　誠製本株式会社

©2025 Masako Ishii, Editor
ISBN 978-4-13-034357-2　Printed in Japan

JCOPY〈出版者著作権管理機構　委託出版物〉
本書の無断複写は著作権法上での例外を除き禁じられています．複写される場合は，そのつど事前に，出版者著作権管理機構（電話 03-5244-5088, FAX 03-5244-5089, e-mail: info@jcopy.or.jp）の許諾を得てください．

イスラームからつなぐ [全8巻]

[編集代表] 黒木英充
[編集委員] 後藤絵美・長岡慎介・野田 仁・近藤信彰・山根 聡・石井正子・熊倉和歌子
Ａ５判・上製・各巻平均300頁／＊は既刊

1 イスラーム信頼学へのいざない*
黒木英充・後藤絵美 [編]

2 貨幣・所有・市場のモビリティ*
長岡慎介 [編]

3 翻訳される信頼*
野田 仁 [編]

4 移民・難民のコネクティビティ*
黒木英充 [編]

5 権力とネットワーク*
近藤信彰 [編]

6 思想と戦略
山根 聡 [編]

7 紛争地域における信頼のゆくえ
石井正子 [編]

8 デジタル人文学が照らしだすコネクティビティ
熊倉和歌子 [編]